河南大学地学博士文库编委会

名誉主任：孙九林（院士）　许靖华（院士）　王家耀（院士）
主　　任：秦耀辰（教授）
副 主 任：秦明周（教授）　朱连奇（教授）
编委成员：王发曾（教授）　李小建（教授）　苗长虹（教授）
　　　　　　秦明周（教授）　朱连奇（教授）　马建华（教授）
　　　　　　丁圣彦（教授）　孔云峰（教授）　秦　奋（教授）
　　　　　　乔家君（教授）　傅声雷（教授）　冯兆东（教授）
　　　　　　翟秋敏（教授）　刘玉振（教授）　徐晓霞（教授）

转型期区域中心城市生产性服务业空间重构研究

——以郑州市为例

杨建涛 著

·郑州·

图书在版编目(CIP)数据

转型期区域中心城市生产性服务业空间重构研究:以郑州市为例/杨建涛著. —郑州:河南大学出版社,2018.6
ISBN 978-7-5649-3397-5

Ⅰ.①转… Ⅱ.①杨… Ⅲ.①城市经济－服务业－研究－中国 Ⅳ.①F726.9

中国版本图书馆 CIP 数据核字(2018)第 138884 号

责任编辑　董庆超
责任校对　薛建立
封面设计　马　龙

出　版	河南大学出版社
	地址:郑州市郑东新区商务外环中华大厦 2401 号　邮编:450046
	电话:0371－86059701(营销部)　网址:www.hupress.com
排　版	郑州市今日文教印制有限公司
印　刷	开封智圣印务有限公司
版　次	2018 年 11 月第 1 版　　印　次　2018 年 11 月第 1 次印刷
开　本	787mm×1092mm　1/16　　印　张　15.75
字　数	242 千字　　定　价　39.40 元

(本书如有印装质量问题,请与河南大学出版社营销部联系调换)

序

地理学是河南大学开办最早的学科之一。20 世纪初,我国高等地学教育创建伊始,杰出的地质地貌学家、中国科学院院士冯景兰教授在中州大学开拓了自然地理研究的新方向。1953 年,全国院系调整,河南大学地理系被国家高教部确定为中南地区重点建设的两个地理系科之一。当时的湖南大学、武昌中华大学、新乡师范学院、郑州大学等高校的地理专业人才合并到本系,使河南大学地理系成为实力强大的院系之一。1978 年后,地理系逐步建起了现代地理学的本科生、硕士研究生人才培养体系以及相邻配套学科专业。1998 年地理系更名为环境与规划学院。进入 21 世纪之后实现跨越式发展,逐步走向学科前列,建成了本、硕、博到博士后完整的人才培养体系。经过几代地理人的奋力拼搏,环境与规划学院在地理学科基础上,逐渐壮大为以地理学为主体,包括环境与生态科学、遥感与测绘科学、区域经济与城市科学等交叉融合的综合研究型学院。

面临全球气候变暖、经济全球化的发展机遇与挑战,地处快速发展的中原地区的河南大学地理学人勇敢地走向人地关系研究的主战场,围绕黄河中下游地区、中原经济区、中原城市群、大数据试验区等区域战略需求,开展了一系列基础与应用研究,不仅丰富了新时期中国地理学的理论研究,而且为政府决策咨询提供了智力和技术支撑。同时,注重国际同行交流,与世界一流的美国环境系统研究所(ESRI)、德克萨斯州立大学(UTD)、迈阿密大学(UM)、全球华人地理信息科学协会(CPGIS)等机构开展联合培养、合作交流。以地理学为核心,已经建成了教育部、河南省级重点和国际联合实验室 8 个,提供了高层级的人才成长平台,培养出了学术基础扎实、视野宽阔、品质优秀的本硕博毕业生,这些毕业生遍及全国各地,乃至美国、澳大利亚等许多国家。地理学在教学科研、学科建设、人才培养、社会服务等方面取得了突出的成绩,得到社会各界的一致赞誉。2006年6月,学院党总支被授予"全国先进基层党组织"荣誉称号。2009年4月,国家副主席习近平在河南省委书记徐光春等的陪同下来学院视察。2017年在教育部学科评估中心的全国学科评估中,河南大学地理学科并列第7。地理学优异的成绩获得了社会高度认可,先后被评为国家特色专业、河南省重点学科等。在创建双一流大学学科中,连续获得河南省人民政府"河南省优势特色学科建设经费"的支持,河南大学也入选双一流学科建设高校。

  本次出版"河南大学地学博士文库",旨在展示地理学人才培养的成绩,支持地理学特色优势学科建设。希望这套文库的出版能够为我校双一流学科建设作出更大贡献,祝愿我们的地理学未来更辉煌、明天更美好。

编委会
2017年11月16日

目 录

摘要 ·· （1）
ABSTRACT ·· （4）

1 引言 ·· （9）
  1.1 转型背景 ·· （9）
    1.1.1 经济转型与生产性服务业发展 ························ （9）
    1.1.2 城市转型与产业空间不断重构 ························ （11）
    1.1.3 城市可持续性建构的时代诉求 ························ （13）
    1.1.4 郑州市国家区域中心城市建设 ························ （15）
  1.2 问题的提出 ·· （16）
  1.3 研究意义 ·· （18）
    1.3.1 理论意义 ·· （18）
    1.3.2 现实意义 ·· （19）
    1.3.3 方法论意义 ··· （20）
  1.4 研究内容与方法 ·· （20）
    1.4.1 论文结构 ·· （20）
    1.4.2 主要研究内容 ·· （21）
    1.4.3 研究方法 ·· （23）

2 文献综述 ……………………………………………………（27）

2.1 转型发展与产业空间重构研究 ………………………（27）
2.1.1 转型：内涵、模式与空间视角 …………………（27）
2.1.2 转型与城市产业空间重构 ……………………（35）
2.1.3 城市产业空间重构：耦合机理与动力机制 ……（40）
2.1.4 城市产业空间重构：测度与模拟 ………………（41）
2.1.5 小结 …………………………………………（44）

2.2 生产性服务业空间结构与重构研究 …………………（45）
2.2.1 生产性服务业产业关联及其效应 ……………（45）
2.2.2 生产性服务业空间格局与城市系统的关系 …（48）
2.2.3 生产性服务业空间集散理论与机制研究 ……（50）
2.2.4 生产性服务业经验分析与案例研究 …………（52）
2.2.5 小结 …………………………………………（56）

2.3 述评 ……………………………………………………（56）

3 区域中心城市生产性服务业空间重构理论分析框架 …（59）

3.1 概念解析与界定 ………………………………………（59）
3.1.1 生产性服务业 …………………………………（59）
3.1.2 转型与定型 ……………………………………（61）
3.1.3 空间结构与重构 ………………………………（63）
3.1.4 区域中心城市 …………………………………（65）

3.2 理论基础 ………………………………………………（68）
3.2.1 区位论与空间优位 ……………………………（68）
3.2.2 产业转型理论 …………………………………（69）
3.2.3 产业集群理论 …………………………………（70）

3.3 生产性服务业空间重构理论分析框架 ………………（71）
3.3.1 生产性服务业空间重构内涵 …………………（71）
3.3.2 逻辑框架 ………………………………………（72）

目录

3.4 生产性服务业空间重构价值取向 …………………………（79）
 3.4.1 创新集聚 ………………………………………………（79）
 3.4.2 多元竞合 ………………………………………………（79）
 3.4.3 有序网络 ………………………………………………（80）
3.5 本章小结 ……………………………………………………（81）

4 宏观尺度：区域中心城市生产性服务业空间格局与过程 …………（82）

4.1 全球生产性服务业空间发展 ………………………………（82）
 4.1.1 概述 ……………………………………………………（82）
 4.1.2 全球城市：综合竞争力与网络 ………………………（84）

4.2 我国生产性服务业空间发展 ………………………………（88）
 4.2.1 生产性服务业的功能与定位 …………………………（88）
 4.2.2 我国生产性服务业发展演进 …………………………（90）

4.3 区域中心城市生产性服务业空间发展 ……………………（94）
 4.3.1 区域中心城市经济结构 ………………………………（94）
 4.3.2 区域中心城市人地结构 ………………………………（95）
 4.3.3 区域中心城市生产性服务业就业结构 ………………（99）
 4.3.4 区域中心城市生产性服务业空间格局 ………………（101）
 4.3.5 区域中心城市生产性服务业区位选择 ………………（104）

4.4 典型区域中心城市生产性服务业空间对比 ………………（105）
 4.4.1 对比城市选择 …………………………………………（105）
 4.4.2 对比城市分析 …………………………………………（106）

4.5 本章小结 ……………………………………………………（112）

5 微观尺度：郑州市生产性服务业空间格局与过程 ………………（114）

5.1 郑州市生产性服务业发展概况 ……………………………（116）
5.2 郑州市生产性服务业空间格局 ……………………………（119）
 5.2.1 交通运输、仓储和邮政业 ……………………………（122）
 5.2.2 信息运输、计算机服务和软件业 ……………………（123）

  5.2.3 金融业 …………………………………………………… (124)
  5.2.4 房地产业 ………………………………………………… (125)
  5.2.5 租赁和商务服务业 ……………………………………… (126)
  5.2.6 科学研究、技术服务和地质勘查业 …………………… (127)
  5.2.7 生产性服务业 …………………………………………… (127)
 5.3 郑州市生产性服务业微区位分析 …………………………… (128)
  5.3.1 火车站—二七商圈 ……………………………………… (132)
  5.3.2 CBD ………………………………………………………… (132)
  5.3.3 高铁、地铁与航空港 …………………………………… (135)
 5.4 郑州市在城市—区域中的产业空间演进 …………………… (136)
  5.4.1 郑州市流的空间分析 …………………………………… (136)
  5.4.2 郑州市域产业空间演进 ………………………………… (139)
  5.4.3 郑州市在中原城市群中产业空间的演进 ……………… (140)
 5.5 本章小结 ……………………………………………………… (147)

6 郑州市生产性服务业空间演进的动力机制与综合绩效 ………… (149)
 6.1 生产性服务业空间重构的市场机制 ………………………… (149)
  6.1.1 全球化与信息化 ………………………………………… (149)
  6.1.2 国际产业分工与产业转移 ……………………………… (150)
  6.1.3 科技创新 ………………………………………………… (153)
  6.1.4 社会资本网络 …………………………………………… (154)
 6.2 生产性服务业空间重构的政府机制 ………………………… (156)
  6.2.1 城市规划新思维 ………………………………………… (156)
  6.2.2 制度与体制改革 ………………………………………… (159)
  6.2.3 重大事件 ………………………………………………… (162)
 6.3 生产性服务业空间响应 ……………………………………… (164)
  6.3.1 点—面:空间优位 ……………………………………… (164)
  6.3.2 面—体:区位协同 ……………………………………… (165)
  6.3.3 体—动:流的空间 ……………………………………… (166)

目录

- 6.4 生产性服务业综合绩效 ……………………………………… (169)
  - 6.4.1 产业关联效应 …………………………………………… (169)
  - 6.4.2 经济绩效 ………………………………………………… (171)
  - 6.4.3 空间绩效 ………………………………………………… (173)
- 6.5 本章小结 ……………………………………………………… (176)

7 转型期郑州市生产性服务业空间重构模式与调控 ………… (178)

- 7.1 转型发展的目标与思路 ……………………………………… (178)
  - 7.1.1 总体目标 ………………………………………………… (178)
  - 7.1.2 基本思路 ………………………………………………… (178)
- 7.2 城市生产性服务业空间重构的发展取向 …………………… (180)
  - 7.2.1 高度集聚的产业空间内核 ……………………………… (180)
  - 7.2.2 紧密关联的产业空间网络 ……………………………… (180)
  - 7.2.3 有序分布的产业空间层级 ……………………………… (181)
  - 7.2.4 动态转型的产业空间建构 ……………………………… (181)
- 7.3 城市生产性服务业空间重构的模式选择 …………………… (182)
  - 7.3.1 城市生产性服务业多中心网络化发展模式 …………… (182)
  - 7.3.2 郑州市 T 形生产性服务业空间建构 …………………… (183)
- 7.4 郑州市生产性服务业空间重构政策建议 …………………… (187)
  - 7.4.1 生产性服务业发展适度超前规划 ……………………… (187)
  - 7.4.2 适时推进区划调整与功能区建设 ……………………… (187)
  - 7.4.3 开放生产性服务业发展与竞合 ………………………… (188)
  - 7.4.4 推进产业分工协作与职能分解 ………………………… (189)
  - 7.4.5 有序承接生产性服务业产业转移 ……………………… (189)
- 7.5 本章小结 ……………………………………………………… (190)

8 结论与讨论 ……………………………………………………… (192)

- 8.1 主要结论 ……………………………………………………… (192)
- 8.2 创新点 ………………………………………………………… (196)

8.3 展望 …………………………………………………………（197）

图索引 ……………………………………………………………（198）

表索引 ……………………………………………………………（200）

附表………………………………………………………………（202）

参考文献 …………………………………………………………（209）

后记………………………………………………………………（238）

摘　　要

随着我国由计划经济向市场经济的转型,以服务贸易和外包为载体的生产性服务业发展成为经济发展的主要内容,其地位日益重要,并呈现出信息化、网络化、智能化和集群化发展的趋势。由城市转型带来的城市产业(包括生产性服务业)空间发展基础、模式、格局等诸多方面的根本变化与重构,已成为我国区域中心城市现代战略定位的最主要选项。本书以我国区域中心城市郑州市生产性服务业为例,运用经济地理学、城市地理学等多学科的相关理论,利用从宏观到微观的多尺度透视与互动关系,采用结构主义分析、系统分析与比较分析、定性与定量集成分析等方法,并结合地理信息系统空间分析、投入产出模型、空间计量等分析工具,以人口经济普查数据、实证调研材料等为源数据,依托ArcGis10、SPSS17.0、NoteExpress等软件平台,从生产性服务业发展的全球—国家—区域中心城市—郑州市的尺度聚焦入手,通过对郑州市生产性服务业发展现状格局、1996—2012年的17年间人口—产业—用地的系统结构分析、动力机制与空间响应,以及综合绩效的评价,探讨我国区域中心城市在转型背景下全球化、流的空间、市场化、城市规划等多元空间要素作用于城市生产性服务业空间发展的理论建构,通过"地理—经济动力"实现区域中心城市生产性服务业的空间重构。

本书共分8章。除第1章(引言)和第8章(结论与讨论)外,由3部分构成:一是文献述评与理论分析框架(第2、3章);二是区域中心城市生产性服务业实证研究(第4、5、6章),以问题为导向,系统分析了郑州市生产性服务业空间的多维尺度与互动关系;三是区域中心城市生产性服务业空间重构的模式与调控(第7章),理论与实证相结合,建构了区域中心城市生产性服务业空间重构的理论模式。全书主要研究内容与结论包括：

第一，生产性服务业空间重构研究基于城市产业空间的多尺度分析框架。

通过对国内外转型发展与产业空间的关系和中心城市生产性服务业空间发展的系统分析，明晰了区域中心城市生产性服务业空间重构的学科前沿、关注热点、研究方法与存在问题；基于"地域分工—贸易联系—空间集聚"城市区域产业空间集散的一般逻辑，建立了区域中心城市生产性服务业空间重构的理论分析框架。研究认为，城市生产性服务业空间重构应立足于城市之外的宏观视域，包括产业空间格局—过程—机理—绩效的系统联系；应立足于城市内部微观层次，即对点—面—体—动的多维动态结构的描绘；同时也应立足于产业空间多尺度的有机连接与互动整合。

第二，多维解析郑州市生产性服务业（行业）空间结构的水平、格局、机制与绩效。

从国际、国内和我国区域中心城市三个维度展现了生产性服务业发展的空间视域，并以郑州市为案例进行典型区域中心城市的生产性服务业产业关联与空间绩效对比。提出了郑州市城市空间扩张有着比其他中心城市更为现实的紧迫性，建设国家区域中心城市，承载更大人口规模和更高水平的产业发展需要应立足于更大的城市发展空间；应立足于城市产业空间发展点—面—体—动逻辑，以 ArcGis 为技术支撑，运用统计、企业数据得出郑州市生产性服务业各行业空间格局，提出了生产性服务业空间高度集聚但又和而不同的特征。基于 1996－2012 年人口—产业—用地的系统分析结果表明，服务业与人口、工业和用地的空间演进逻辑不同，（生产性）服务业呈现持续高度集聚的发展动态。基于区域中心城市生产性服务业多尺度的格局与过程分析，系统剖析了郑州市生产性服务业空间发展的市场机制和政府机制，建立了区域中心城市点—面—体—动的不同阶段的三级空间响应机制，即空间优位、区位协同以及流的空间动态建构。我国区域中心城市产业发展的多元动力机制已然形成，一定程度上代表了区域中心城市发展的成功转型。利用 TOPSIS 方法对 2011

年我国区域中心城市生产性服务业空间绩效进行了分析,研究发现郑州市在我国区域中心城市中的绩效水平较为靠后,且处于"弱核牵引"态势。对区域中心城市生产性服务业多尺度空间系统的研究是进行区域中心城市生产性服务业空间重构的前置性条件。

第三,生产性服务业空间重构是实现城市产业空间可持续性建构的有效途径。

在前述研究的基础上,系统提出了郑州市生产性服务业空间重构的发展取向,即高度集聚的产业空间内核、紧密关联的产业空间网络、有序分布的产业空间层级和动态转型的产业空间重构,建构了城市多中心网络化产业空间发展的重构模式(郑州市 T 形生产性服务业空间),指出生产性服务业空间重构所隐喻的多中心网络化发展模式应成为未来产业空间政策的主要方向。

关键词:产业空间重构;生产性服务业;区域中心城市;郑州市;转型

ABSTRACT

With the transition from planned economy to market economy in China, the Producer services carried by service trade and outsourcing become the main content of economic development, its position and demand increasing rapidly, and showing the trend of information technology, networking, intelligent and clustering. However, insufficient supply has become bottlenecks that hinder its further development; the global level industrial division and mobility networks bring significant changes of economy and society and urban regional spatial pattern. As a functional architecture profound change, urban transition will bring fundamental changes and reconstruction in many aspects, such as the development basis for urban industrial space, modes, patterns and so on, which has become the inevitable premise for the regional center cities realizing the strategic positioning of modern international metropolis. Under this premise, based on different stages of the regional center city's spatial development of producer services, empirical analysis mode and route, as well as the positive analysis of the regional centers urban construction in Zhengzhou City, we design the theory model for Central China's urban industrial space restructure, so that to promote regional sustainable economic and social development, which is the thrust of the urban industrial space development research.

Based on the producer services development of our nation's regional central cities, under the guidance of economic geography, urban geography, sociology and other disciplines related to the theory, we adopt the perspective

ABSTRACT

from the macro to the micro-economic entities sight, approaching to the use of structuralism analysis, system analysis and comparative analysis, qualitative and quantitative methods, combined with GIS spatial analysis, spatial econometric analysis and other new tools, relying on software platforms like ArcGis10, SPSS17.0, NoteExpress, this article analyzes the situation, the structure of population-industry-landuse system in 1996 — 2012, evaluating dynamic mechanism, spatial response, and integrated performance, exploring the theoretical construction of urban morphology which is affected by globalization, spatial streams, market, city spatial planning and other elements under the background of regional central cities transition and realizing the urban industrial space restructuring through its "geography-economic power".

This book is divided into eight chapters. In addition to the first chapter (introduction) and the eighth chapter (conclusion and discussion), it consists of three parts: First, Literature Review and Theoretical Framework, including the second and third chapters. Second, the empirical research of production service in regional center cities, including the fourth, fifth and sixth chapters, which gives a systematic analysis of multidimensional space scales and interaction about producer services in Zhengzhou City with problem orientation. Third, space reconstruction mode and regulation of producer services in the regional center city (Chapter VII). We construct a reconstruction theory model of producer services space with combination of theory and practice. The main contents and conclusions are as follows:

First, multi-dimensional theoretical analytical framework of production service in regional center cities.

By summing up the space development research about center city services both at home and abroad, we believe that urban economic restructuring provides a unique theoretical perspective for a better understanding of the development of urban industrial space, evolution and the dynamic reconfiguration under large-scale institutional change. Based on the "geographical division of labor-Trade Connections-Spatial agglomeration", the general logic of industrial space distribution in urban areas, we continuously push forward the formation of a rising spiral cycle. By endogenous, exogenous and embedding modes, producer services intervenes regional labor division system, acceleration loop at the role of technology change and economic restructuring, and dynamic construct and reconstruct urban areas, "point-line-Surface-net" spatial form, driven by the government and the market together, shapes the sustainable forms of urban industrial space of innovation cluster, multivariate competition and orderly network.

Second, multidimensional analysis of spatial structure, pattern, mechanism and performance of producer services (industry) level in Zhengzhou City.

From three dimensions of space, international, national and regional center city, the paper shows the spatial sight of the producer services development. Zhengzhou City, to build national and regional center city, the expansion of urban space has a more realistic urgency than other center cities, in needs greater urban development space for carrying more population size and a higher level of industrial development. Again, multivariate dynamic mechanism of regional urban centers development is already taking shape, to some extent, it also represents a successful transition to the regional center cities development patterns.

Based on the basic features and development practice of Zhengzhou City in the late development stage of industrialization, combining the producer services development situation of Zhengzhou City, the paper analyzes the spatial pattern of producer services and finds that although the spatial distribution characteristics vary for each producer services industry, it still shows highly concentrated form. Along with the evolution of strategic space of Zhengzhou City and provincial government station moved to the east, producer services space pattern will also presents clearly and accelerates gathering again, and the pattern that the single center bearing producer services transforms to urban multi—center network structure. Industrial space of Zhengzhou city in the urban area shows that the centrality position of Zhengzhou city in the development of Central Plain urban agglomeration is already presented, and the rapid development of industry and population agglomeration needs more space in order to realize the moderate expansion and reasonable planning of Zhengzhou urban construction land scale. But the comparison on the level of regional center city also shows that there is a big gap between Zhengzhou city and other cities on the aspect of the industrial development mode and service performance.

Under the dual role of market and the government, the space response mechanism of producer services space is analyzed, including priority choices of the main economic body, the regional collaboration, space network building of flow under the dynamic effects, and the decisive status of producer services in the economy development does not exist. Finally, as a central city, the central role of producer services in Zhengzhou has emerged, but still in the "weak nuclear traction" situation. Finally, the research of multiscale space systems of producer services in the regional central cities is the precondition for producer services space reconstruction in regional center city.

Third, space reconstruction of producer services is an effective way to achieve sustainable urban industrial space construction

Based on the target location of urban economy transition, the book concludes that the development orientation of the space industry restruction includes high concentrated industrial spatial kernel, closely related industrial spatial network, orderly distribution and dynamic transition of industrial space restruction. The book puts forward the multi-center network restructuring mode, and constructs the T spatial structure of Zhengzhou City industrial development, and shows that multi-center network industrial spatial development pattern metaphor by industrial spatial restruction should be the important direction of the industry space policy.

KEY WORDS: Industrial space restructuring; Producer services; Regional center city; Zhengzhou; Transition

1 引言

在城市化快速发展的今天,世界各国,尤其是面临经济社会深刻转型(transition)的国家与地区均面临着城市人口不断增加、城市产业空间不断扩展的压力。根据诺瑟姆(1975)城市化三阶段理论,城市化水平处于30%—70%时,人口向城市转移和集聚的速度最快。全球城市化水平较高的国家的发展经验也验证了以上理论。经济全球化进程中资本、信息、技术与人才形成的流的空间(space of flow)使得城市化的浪潮快速推进,由此带来生产性服务业蓬勃发展、经济结构转型、城市转型发展与产业空间形态的剧烈变化与重塑,甚至呈现出一种"令人担忧的"、"爆炸性的"加速扩展,由此引发的城市形态的巨变将难以估计与模拟(Brugmann, 2011)。由此,转型与转型发展为城市—区域经济社会发展与可持续性产业空间建构提供了一个重要的分析背景。

1.1 转型背景

1.1.1 经济转型与生产性服务业发展

产业革命以来,每一次技术的变革都会引发产业结构层次的调整。尤其是信息化时代,在科学技术进步的极大推动下,全球经济结构不断演变,已经出现由传统的工业经济向服务经济转向的趋势。步发达国家的后尘,一些发展中国家纷纷开始建立起服务经济的产业结构,经济服务化已成为全球经济发展和产业结构调整优化升级的重要趋势。21世纪以来全球中等收入国家服务业(为避免歧义或误解,本书将第三产业

(tertiary industry)与服务业(service sector)视为同一对象的两种不同表述,内涵与外延相同)的比重已占到国民经济的半壁江山。同时,近年来,全球大多数国家服务业的发展速度明显超过制造业和农业的发展速度,服务业发展日益成为城市、区域和国家承担起财富创造和产业结构调整的主体作用。20世纪七八十年代以来,在改革开放的政策鼓舞下,我国选择了以经济建设为中心的总体发展战略,社会经济体制发生重大变化,开始实现由计划经济向市场经济的过渡与转型。更重要的是,21世纪前20年是我国实现现代化建设目标的重要战略机遇期,城市处于高速工业化迈入后工业化阶段,产业和经济发展必须保持一个合理的高位水准。2008年以来,随着美国"次贷"危机、欧洲金融危机、日本经济衰退等全球性不稳定因素向全球蔓延,且这种风险伴生着"不确定性与动荡"(Jim,2013),全球性贸易与金融分工体系凸显失衡。随着经济发展的企稳复苏,我国开始进入经济发展的"后危机"时代。经济危机带来的世界范围内的经济调整往往也孕育着巨大的创新和发展机遇。通过学习和借鉴世界先进城市以及同类城市的成功做法,我国主动转变经济发展方式,积极对接全球城市体系,优化城市产业空间布局,融入全球生产网络和国际产业价值链,从而实现城市—区域协调一体发展。因此,当前密切关注城市—区域产业结构调整与转型发展问题也就显得尤为重要。

经济地理学中的产业组织已经历了从福特主义向后福特主义的根本性变革,生产方式由批量生产转向更有弹性,这种转变也催生了许多新的产业区和产业集聚区(Amin,1994;Scott,1988;Storper,1992)。《人民日报》援引哈佛大学爱德华·格莱泽教授对单一产业型城市的对比研究指出,相比于"波音"城市西雅图,"通用"城市底特律未能及时进行产业调整与转型升级,人才储备不足,让底特律很难在国际金融危机的影响下快速地转型,曾经风光无限的汽车城如今业已"破产","房子卖出皮鞋价",让人不胜唏嘘(陈杰,2013)。著名管理学大师彼得·德鲁克(1999)指出,相对于工业发展,服务业在更大程度上提高了世界经济的参与程度和连接水平。随着全球化与生产网络分工的深入推进,服务业发展正逐步突破传统的时间、空间界限而进入全球资源配置与要素重组的环节。其中,以服务贸易和外包为载体的生产性服务业(producer services)发展成为主体,并呈现出网络化、智能化和集群化趋势。作为为其他商品和服务的生产者用作中间投入的服务,生产性服务业与制造业直接相关,其地位日益重要。

随着我国经济发展水平的提高,对生产性服务业的需求也不断提高,而供给不足成为进一步发展的瓶颈,生产性服务业不够发达成为制约我国经济总体水平提升、产业结构调整和参与全球分工程度的重要因素。近年来,我国逐步实现了由计划经济向市场经济的转型,市场在资源配置中的决定性地位不断确立,并逐步加快产业结构调整、经济发展方式转变。"十一五"规划明确提出要"拓展生产性服务业"。2007年,国务院出台《关于加快服务业发展的若干意见》(国发〔2007〕7号),将生产性服务业正式纳入国家战略进行全面部署。"十二五"规划进一步提出"优化服务业发展布局,推动特大城市形成以服务经济为主的产业结构",并将加快发展生产性服务业作为单独一章进行阐释说明。因此,生产性服务业在我国经济结构发展与演变中的地位将日益显现。2014年7月,国务院《关于加快发展生产性服务业促进产业结构调整升级的指导意见》(国发〔2014〕26号)正式发布,标志着我国以生产性服务业发展促进产业结构调整和优化升级的战略举措正式确立,生产性服务业将迎来繁荣发展的历史契机。

1.1.2 城市转型与产业空间不断重构

在当前的全球范围内,在以跨国公司为主体的外商直接投资(FDI)的推动下,全球经济一体化格局不断浮现,区域产业结构调整与优化升级由发达国家和主要城市向全球范围梯度蔓延,国际分工将呈现新特征、新格局。随着全球—地方关系的重组和产业结构调整升级、外商直接投资由资源—市场向效率—战略的导向性转变(Dunning & Lundan,2008),发达国家和发展中国家都在经历着巨大的经济社会体制转型,人们处于一种现代"共时性的时代"(epoch of simultaneity)(Foucault,2001),时间的定义已经缩短到几乎感觉不到，当下区域产业正呈现向四面拓展的态势。有学者认为，全球化的本质就是"流动的现代性"。流的空间和网络社会的出现带来了一种新的社会形态和经济社会模式的根本性重构（Castells，1996；Giddens，1999；Qiang，2007）。在此背景下，全球性城市化进程加快，全球空间将日益链接为一个整体，世界城市（Would City）、全球城市（Global City）、城市群（Urban Agglomeration）、后大都市（Post-metropolis）等由区域中心城市演绎出来的城市—区域现象不断涌现。这意味着新型城市区域空间的建构与重构将是全球范围内深层次的彻底变革（UN-Habitat，2010）。2010年底，世界城市化人口的比例达51.8%，城市人口逐渐在世界人口和国家人口中占据统治地位，这将预示着城市世纪的来临和城市地位的提升（UN-Habitat，2010；Wu，2012）。因此，随着区域经济组织方式、生产方式和管理方式引致或即将引致的重大变革，城市—区域空间的发展战略和结构模式也将随之调整，市场化、全球化、外向型发展战略是现代城市融入世界潮流的转型取向。而作为极具集聚效应和辐射效应的人类生存空间和区域社会、政治、经济、文化的核心载体，区域中心城市无疑在应对全球化、城市化和信息化的浪潮中将发挥更加重要的作用。这一过程包括规模巨大的资源利用消耗及其带来的环境影响，以及就业、住房、交通、社保的配套落实，意味着将出现更多的城市人文景观和城市区域空间规整，意味着国内与国际市场的双向互动，也意味着非农产业就业人口的大量增加和城乡居民生活方式的转变，也会有更多的人群参与社会关系的建构与重构（周伟林等，2012）。换言之，城市转型已成为我国区域中心城市建设现代化国际大都市战略定位的必然前提。作为一种功能性架构的深刻变革，城市转型将带来城市产业空间发展基础、模式、格局等诸多方面的根本变化与重构。

当前，我国城镇人口的比例已经突破50%，我国已经进入全新的城市化发展阶段。经济的高速增长为城市发展提供了难得的发展机遇和基本动力，市场化改革以及市场在资源配置中决定性地位的确立为城市发展增加了活力。同时，党的十八大以来的制度设计与创新、顶层设计与政策调整为新型城镇化发展与改革扫清了障碍。从根本上说，快速城市化已成为我国经济社会深刻转型的重要特征。英国《每日电讯报》(*The Daily Telegraph*)曾撰文指出我国当前的城市建设速度相当于每年新建一座芝加哥(美国第三大城市)。快速城市化引发的城市产业空间形态的演变超过了历史上的任何一个时期,城市内部空间也将呈现出更为复杂的表征(储金龙,2007;唐子来,2000;吴志强,2000)。同时,区域城市化发展中的郊区、开发区、城市新区等不断塑造着新型城市产业空间形态。徐斌(2013)更是将我国当前的城镇化发展定义为"五千年未有之大变局"。当前,中国正处于世界经济格局调整与转型发展的宏观背景下,经济社会发展面临重大转型,众多因素相互交织,共同决定了中国的城市转型发展具有比其他国家更加复杂、更加多元的情境。同时,在快速城市化发展的进程中,仍面临着一些突出的矛盾与问题。2014年10月31日,由上海首倡的首届"世界城市日"系列活动在上海开幕,回望世界让城市更美好的总主题。首届"世界城市日"以"城市转型与发展"为主题,反映了人们对当代城市发展的思考与行动。由此,可以相信和肯定的是,中国城市转型发展与发展中的问题都与当代中国发展的历史阶段息息相关,也是城市发展中都会面临的情况和问题,甚至就某种程度上来说是不可避免的。在经济全球化与转型发展的今天,中国城市要抢抓机遇,因势利导,以问题为导向,实现城市经济的转型和有序发展。

1.1.3 城市可持续性建构的时代诉求

自布伦特兰报告——《我们共同的未来》(联合国世界环境与发展委员会,1987)发布以来,可持续性与可持续发展已经成为一个重要理念。1991年,由世界自然保护联盟(IUCN)、联合国环境规划署(UNEP)等共同发表的《保护地球:可持续生存战略》(*Caring for the Earth: A Strategy for Sustainable Living*),将可持续发展定义为:"在生存于不超出维持生态系统涵容能力的前提下,改善人类的生活品质。"这一定义与阐释更侧重社会属性的表达,旨在创造一个着眼于经济、社会和环境协调发展的更加美好的未来世界。对全球资源环境的极大关切,现已成为当今世界发展的重要前提。城市的可持续性也伴随着能源消耗、环境污染、社会公正等一系列城市问题的凸显而备受关注。然而,由于涉及资源环境的一系列问题都非常重要并相互交织,城市化与城市可持续发展问题似乎"最棘手,也最难应对"(詹克斯等,2004)。澳大利亚城市学者 Patrick Troy(2004)甚至指出:"从生态学意义上讲,现代城市天生就是不可持续的。"部分学者的相关研究也试图部分佐证这一论断,如"世界的环境危机正由我们的城市所驱动……我们消耗能源的规模与增速以及它所带来的污染,无疑是一个灭顶之灾"(Rogers,1995);地球上的全部城市加总还不到3%的地球面积,但城市 CO_2 排放总量已占地球的近八成(78%)(廖桂贤,2011)。当代城市对资源环境的透支性消费与消耗也产生了最主要的全球性效应。甚至,城市经济社会高速发展产生的不确定性使得传统的城市规划理论陷入了"愈发尴尬"的境地(赵燕菁,2004;丁成日等,2005;俞孔坚等,2005)。但同时,很多学者乐观地认为,通过城市协调可持续发展理念的升华、技术的升级和经济社会的发展,是完全可以实现城市繁荣与可持续发展的(Corbusier,2009)。因此,在资源能源价格高企的世界,在生态破坏严重、全球暖化的今天,在经济社会急剧转型与空间重构的当下,实现资源能源节约,保护自然和生态环境,延续"Better City,Better Life"城市发展理念,实现城市生态文明与可持续发展,是探讨城市产业空间重构的应有取向。

  可持续发展通常被作为未来城市发展的依据,如果单从资源环境方面来考虑,它提供了一种阐释性基础,只有把发展问题考虑在内时,这种基础作用才会体现出来。提及发展,就应从经济和社会这两个维度来考虑。对城市产业空间的可持续发展及其形态的把握也应立足于经济和社会维度。建设可持续城市形态的迫切性已日益凸显。与发达国家大都市将更多的精力投入到应对人口减少以及由此带来的经济萎缩、中心区衰退等问题不同的是,我国区域可持续发展问题的根源在人口,城市可持续性的困扰主要在于人口的急剧增长和城市的扩展与转型等问题相联系(高建华等,2006)。因此,寻求更适合中国国情的解决方案,必须另辟蹊径。对于我国快速发展中的区域中心城市来说,城市转型机制也建构了

1 引言

城市产业空间重构的动力基础。"城市产业空间重构"概念的提出源于对"城市转型"和"经济转型"的双重肯定与强调，这一概念倡导越来越多的人参与到城市产业空间创新与可持续性建构的进程中去。而立足于这个概念之上的则是试图找到一种适应区域中心城市可持续性的产业空间形态的立场与观点。

1.1.4 郑州市国家区域中心城市建设

作为人口、资源、产业等的聚集场所和具有区域中心机能的地域实体，城市尤其是今天的大城市、区域中心城市，无疑是一个国家或区域经济、社会、政治、文化的核心载体，对推动整个社会的现代化进程发挥着无可替代的重要作用。作为工业化、城市化和现代化乃至全球化的重要表征，大城市意味着先进的生产生活方式与文明形态，日益被作为区域甚至全球革新与创造力的来源（Amin & Graham，1997）。正如埃尔金等（1991）所言，中心城市是"世界经济秩序能否正常运转的关键所在"。近年来国内外对大城市发展的积极评价越来越多，这与全球化知识经济、信息经济以大城市为载体并迅速成长有很大关系，也与全球经济一体化带来的区域竞争加剧有关。随着经济发展水平和社会管理能力的提高，大城市的集聚优势显示出更加旺盛的生命力。随着大城市的快速发展，城市区域化、区域城市化成为城市空间发展的显著特征，即大城市的产业、人口和空间逐步向外围扩展，其空间表现形式也由之前的"点"演变成大范围、多层次的"面"，趋向城市—区域一体化。在当今全球城市体系中，城市的等级差别，直接表现在对全球、地区、国家以及区域的要素集散与整合能力上。新的时代强烈要求各区域中心城市积极参与国际分工与竞争。我国城市新一轮经济发展与崛起强烈要求破除经济社会在空间发展中积累的矛盾与问题。

我国早期的区域中心城市大都是在交通枢纽的基础上发展起来的，也包括像郑州市这样"年轻"的省会城市。这些城市不仅表现为交通的枢纽节点，而且逐步成为城市区域范围内的物流中心、贸易中心、金融中心和信息中心等。随着全球化信息时代的到来,城市区域经济布局开始将更多的注意力投注到金融、研发、物流等与城市生产性服务配套的软环境建设上来。而作为要维持和保护部分原有生产性服务发展优势的交通枢纽城市,要建设国家区域中心城市,就必须花大力气加快生产性服务业尤其是高端生产性服务业的发展,积极承接国际服务业跨国性与区域性转移,尽快形成以服务业尤其是生产性服务业为主导的产业结构,建立健全城市服务功能体系,提高城市服务业发展的作用力、影响力和辐射力。这将成为包括郑州市在内的区域中心城市建设的重要任务。

国务院2010年批复的《郑州市城市总体规划(2010—2020年)》将郑州市定位为中国中部地区重要的中心城市、国家重要的综合交通枢纽。《郑州市国民经济和社会发展第十二个五年规划纲要》、河南省政府《关于印发河南省新型城镇化规划(2014—2020年)的通知》均提出要将郑州市建设成为国家区域中心城市,重点抓好交通、物流、金融、总部经济、通信、创新、文化、旅游等区域中心建设,全面提升城市综合承载力、辐射力,建设国家区域中心城市、国家综合交通主枢纽。郑州市城市顶层设计为城市产业发展提供了宏伟的目标指引,未来将形成以生产性服务业发展为引领和主导的产业格局。

1.2 问题的提出

城市产业空间形态与结构是城市发展最为基础和最直观的方面,也是众多研究城市问题的学科所关注的重要问题。二战以来,哲学社会科学领域呈现出整体性的"空间转向"(冯雷,2008),以生产性服务业繁荣发展为引领的产业发展模式使得传统的城市产业空间分析框架不再应验,迫切需要建构全新的理论分析框架来理解这种不断甚至是完全转型的城市产业空间形态。国内外不少学者基于全球经济更广泛发展下的都市重构与转型对其进行透视与解释(吴缚龙等,2007)。步西方发达国家城市化发展的后尘,我国改革开放30多年来的发展历程也使得城市面貌"焕然一新",大多数城市目前所面临的经济发展"转型",其核心实际上就是城市(生产性)服务业空间结构的合理拓展与制造业产业空间布局的优化问题。同时,我们体验、理解和研究"产业"的方式也正在并将继续发生显著的变化。21世纪,一种全新的城市产业空间形态将出现在我们面前,"产业"发展特性由制造业更多地转向服务业,尤其是生产性服务业。因此,我们迫切需要一个理论模式来检视和回答:如何实现城市经济转型发展下的生产性服务业空间建构?通过城市生产性服务业发展的视角来透视转型背景下城市产业空间结构及其重构的研究,能否引导全球化与流的空间驱使下的区域中心城市生产性服务业空间理性扩展与有序、高效的可持续性空间建构与产业关联?

现在可能是研究城市产业空间最好的时期,也是最坏的时期(Soja, 2000)。因为要应对太多的新事物、新观念和新的挑战,同时,在如何把握新形势下的城市生产性服务业空间发展方面,无论是理论上还是实践上都尚不成熟。如何在未来急剧的城市转型以及不确定的环境中研究城市生产性服务业空间重构是一个重要的课题。笔者认为,理解"转型"这一前提背景必须有跨尺度的视野,需要由外向内和由内向外的双向审视。城市急剧转型带来的日益复杂性和不确定性意味着必须有一个前设性的原则和理论来指导城市生产性服务业空间格局的可持续性建构,不能简单地复制和照搬别国模式。相应地,我们应通过对中国区域中心城市生产性服务业空间发展的特殊背景、现象与问题进行深入分析,积极探索转型期我国区域中心城市生产性服务业空间重构的多元动力模式,构建符合国情、区情和市情的城市生产性服务业空间发展模式。由此,本书把上述思考凝练为以下几个理论与现实问题:

第一,究竟什么是城市生产性服务业空间重构?如何界定这一概念的前置性问题及可持续性诉求?

第二,城市经济转型发展背景下,如何建构由问题导向和多元动力要素决定的城市生产性服务业空间重构的理论分析框架?

第三,在不同的区位要素与发展条件下,以郑州市为例的区域中心城市如何实现城市生产性服务业空间重构,是否存在差异以及存在哪些差异?

基于此,在中国进入城市世纪和经济转型发展的历史新阶段,立足全球服务经济的迅猛发展和我国制造业大国背景下(生产性)服务业发展的整体格局,国务院总理李克强乐观地展望了我国制造业服务化发展的趋势,并提出"把服务业打造成经济社会可持续发展的新引擎","要坚持社会主义市场经济的改革方向,最大限度地释放改革红利,最大限度地依法依规为服务业发展松绑",营造服务业发展的良性外部环境;"进一步扩大服务业对外开放,探索建立自由贸易试验区先行先试"①。正基于此,文章旨在从生产性服务业的视角,探索区域中心城市城市产业空间与产业空间重组的关系,基于对生产性服务业空间系统的深入分析,研究城市生产性服务业空间重构的各种影响要素、作用机制与空间响应,并对其进行综合绩效评价,试图建立城市生产性服务业空间重构理论模式,进而提出适合我国区域中心城市生产性服务业空间重构与调控的政策体系。

1.3 研究意义

1.3.1 理论意义

转型,是一个具有挑战性的问题。当前,转型成为一种时代发展趋势。当代中国的国家转型正在路上,转型与金融危机的发生引发了人们对30多年来保持的乐观信念的重新思考,并力图通过制度性全面改革来修正和重新激活经济社会发展的动力(Zheng,2004)。由于对转型背景下城市生产性服务业空间格局与重构的研究时间尚短,目前国内外针对性研究基本停留于理念介绍和探讨层面,系统性理论和实践研究则相当不足。另外,由于生产性服务业本身包容了多种行业,各行业空间形态也日益多样与复杂化,单纯从城市物理空间的紧凑与蔓延研究已不能涵盖空

---

① 李克强在第二届京交会暨全球服务论坛北京峰会(2013年5月29日)发表题为《把服务业打造成经济社会可持续发展的新引擎》的主旨演讲时作上述表态。

间形态研究的全部，而应将从包括城市内部、外部、城市之间在内的多维角度出发的生产性服务业空间形态研究纳入其中。本研究的理论意义主要体现在两个方面：(1) 吸收借鉴国内外相关理论和研究成果，为城市和城市—区域生产性服务业空间研究提供全新的思路和视角，促进和完善城市转型背景下生产性服务业空间重构研究，这对我国区域中心城市可持续发展和规划管理有着重要的理论借鉴意义；(2) 全面把握区域中心城市转型发展与生产性服务业空间重构的概念内涵，完善城市可持续性产业空间形态研究的内容体系，深化对经济服务化转型发展背景下城市生产性服务业空间重构的多元要素、动力机制、目标体系、空间绩效与综合调控等内容，为我国区域中心城市生产性服务业空间重构与可持续发展提供新的理念支撑。

1.3.2 现实意义

城市生产性服务业空间本身有着重要"价值"。从目前情况看，仍缺少可完全依托的理论基础和相关实践经验进行参考，使得规划部门和政府决策者在编制规划和制定政策时难以下手，针对性不够强。因此，在城市产业空间发展过程中，从简单地注重经济总量的扩张到探索经济服务化转型背景下城市生产性服务业空间重构的系统研究，对 21 世纪我国的城市化和社会变迁具有重要的现实意义。(1) 通过对转型城市生产性服务业空间格局—过程—机制—绩效的系统研究，为衡量和评价城市内部、外部和城市之间的产业空间组织研究提供技术支撑和比较参考；(2) 通过对不同尺度下区域中心城市生产性服务业点—面—体—动的空间重构实证研究，验证本书理论分析框架与研究方法的可行性，并为区域中心城市生产性服务业空间重构理论体系在其他区域的应用提供理论指导、有益的思路和借鉴；(3) 通过对区域中心城市生产性服务业空间重构的系统分析，找到适合我国区域中心城市生产性服务业空间重构的多元动力机制、调控方法和手段、政策等综合调控体系，并能应用于城市产业空间的可持续性实践。

1.3.3 方法论意义

20世纪80年代以来,城市生产性服务业空间形态与重构研究成为多学科研究的重点领域,其中城市—经济地理学、城市规划学和城市经济学为主流学科。一方面,研究侧重于理论抽象与分析,主要基于图解形式和数理统计,这是该领域研究的主要范式;另一方面,大多定量研究注重对生产性服务业几何空间的测度与模拟,忽视了对城市生产性服务业空间属性数据的把握与应用。近年来,国外对城市生产性服务业空间形态与重构的定量研究日益多元、系统与综合,而国内相关研究尚显不足。本书立足于城市生产性服务业多维尺度的系统发展,结合GIS空间分析技术、投入产出模型、空间经济计量与建模,尝试构建我国区域中心城市生产性服务业空间形态重构的理论分析框架,将多种方法集成运用于对我国城市转型与生产性服务业空间重构的分析中,以拓展和深化对城市产业空间形态与重构的系统研究。

1.4 研究内容与方法

1.4.1 论文结构

首先在广泛收集、整理、分析国内外中心城市生产性服务业空间重构相关研究理论和案例的基础上,提出从生产性服务业空间发展的多维尺度,建构城市生产性服务业空间重构的理论分析框架。然后广泛收集全球城市、我国区域中心城市与案例城市郑州市的文献资料、统计年鉴、人口—经济普查数据,对我国区域中心城市的发展现状、空间结构、等级规模、空间职能、动力因素等进行空间统计与计量分析,以确定中心城市发展的多元动力机制,开展郑州市航空港区、CBD(中央商务区)、火车站—二七商圈等实地调研与访谈,综合反映城市点—面—体—动的微观尺度空间研究,对比分析同等经济发展阶段下不同城市的发展模式、产业关联

1 引言

和空间绩效，系统分析郑州市生产性服务业空间重构的基础条件、问题与障碍，以问题为导向，以可持续性为取向，提出促进区域中心城市生产性服务业空间重构的理论模式和现实参考。

1.4.2 主要研究内容

本书的研究技术路线如图1-1。

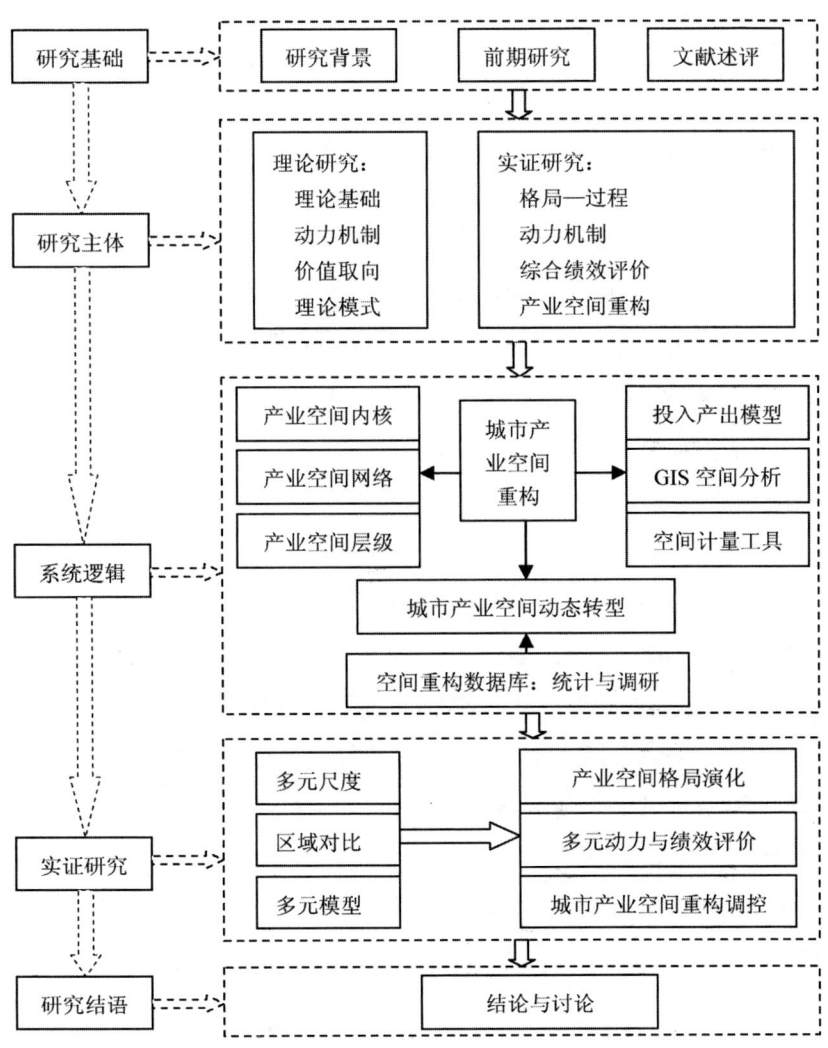

图1-1 研究技术路线

(1) 区域中心城市生产性服务业空间重构的理论分析框架

在对生产性服务业、城市经济转型、空间结构及其重构等概念界定的基础上，对城市产业空间结构尤其是生产性服务业空间结构及其重构的内涵进行辨识，认为生产性服务业空间重构是转型背景下产业发展主体的空间优位选择与格局演进，反映了生产性服务业经济活动的再区位特征以及空间关系的重新组织。以服务业尤其是生产性服务业发展为引领的城市中心与副中心功能的强化也在不断建构城市由单中心向多中心网络化发展的空间形态。当前区域中心城市产业空间重构建基于城市经济转型发展的大背景，对生产性服务业空间重构内涵的把握能为城市产业空间重构的演化动力机制和理论模式开拓新的研究思路和分析视角，对城市生产性服务业空间重构价值取向的判定有助于为空间绩效的综合评价、空间计量模拟提供基础性前提。本研究提出了对区域中心城市生产性服务业空间辨析、尺度分解—耦合、分析与评价的思想，以多学科理论、多种技术方法为背景进行综合、系统分析，揭示区域中心城市生产性服务业空间重构的动力机制与空间响应，探索转型期区域中心城市生产性服务业空间重构的分析框架和价值取向。

(2) 郑州市生产性服务业空间发展的多尺度分析

宏观尺度上拓展了地理学空间分析格局—过程—机理的研究内容，并将其延续到对区域中心城市生产性服务业综合绩效的评价与考察。微观尺度上，本研究从生产性服务业企业集聚的空间区位、产业关联、空间层级、动态转型的点—面—体—动四位一体进行分析，从系统的互动过程分析其演化过程，探究影响中心城市生产性服务业空间重构的因素，弄清当前城市转型背景下促使区域中心城市生产性服务业空间重构的系统动力与作用机制。研究认为，城市产业空间绩效的评价应当立足城市、面向产业、落在空间，由此，综合绩效评价建基于城市生产性服务业空间重构的经济绩效、产业关联绩效和空间绩效。

(3) 郑州市生产性服务业空间重构模式与调控

这也是本研究应用价值的重要体现。生产性服务业可持续性空间重构是需要引导与规划的，空间调控模式的概括和提炼可依据多种指标或方法进行。基于城市经济转型与生产性服务业空间重构的背景和多尺度分析,借鉴发达国家和我国东部沿海地区中心城市生产性服务业空间重构的成功经验,以问题为导向,以可持续性为取向,建立了区域中心城市生产性服务业空间重构的理论模式与郑州市现实决策参考,以增强其借鉴和现实指导意义。加快推进转型背景下我国区域中心城市生产性服务业空间重构,谋求更创新集聚、更多元竞合、更有序网络的可持续性城市生产性服务业空间建构之路。

1.4.3 研究方法

城市地理学注重从城市发展的理论入手,从单要素到综合思维、从微观分析到宏观思维、从线性逻辑到网络思维,界定事物在独特节点或区域的集散形态、结构与功能;经济地理学对空间的分析较多地注重从宏观角度,将地域与技术、组织作为一个整体,侧重系统动力机制的分析,却往往忽略了城市层级差别和城市区域性网络、结构等当代空间演变驱动力量的内部运作。本研究基于经济地理学、城市地理学等多学科视角,探讨我国区域中心城市在转型背景下全球化、市场化、流的空间、城市规划等空间要素作用于区域中心城市城市生产性服务业空间形态的理论建构,通过其"地理—经济动力"实现城市生产性服务业的空间重构。

本书立足于城市发展理论和郑州市生产性服务业实践前沿,结合产业经济学、城市—区域科学的最新研究成果和发展动态,通过统计数据、人口—经济普查资料、实地调研与访谈,研究我国区域中心城市生产性服务业空间重构。从问题出发,到回应问题的解决。相关研究涉及地理学、经济学、社会学、城市规划学等多学科领域。研究方法上综合运用了以下几种方法:

(1) 结构主义分析方法

在当代西方哲学与社会科学诸多思潮中,结构主义占据了非常重要的地位。结构主义本身不是一个统一的哲学派别,而是由结构主义分析方法联系起来的一种广泛的哲学思潮。结构主义分析方法有两个基本特征：一是注重整体与局部的关系。整体是研究事物本质的唯一基础,各组成要素正因为有了整体性才有意义,而且,整体与局部的关系是考察事物本质的重要依据。二是注重结构因果。整体对它的各个组成要素有决定性的影响,且可以还原其内在本质。结构主义地理学是结构主义在西方地理学中的一种反映,产生于20世纪70年代末,主要是作为实证主义和人文主义的对立面发展起来的,主张通过社会结构的分析来理解地理现象与问题。区域中心城市生产性服务业空间重构研究以问题为导向,注重生产性服务业空间发展的多尺度分析与互动关系,分解—耦合的系统分析有助于还原区域中心城市生产性服务业空间发展的本原和整体。

(2) 系统分析与比较分析方法

系统论是研究复杂事物内在逻辑与规律的有效工具。无论是中心城市内部空间,还是由中心城市组成的城市—区域新型空间,都是一个由城市—产业—空间关联而成的复杂巨系统。系统论关于系统要素构成—要素关联—系统结构—系统功能—系统演进的分析范式,为城市产业空间形态的研究提供了科学依据。同时,对系统的解构与整合分析需要多学科思维交叉。在对城市产业空间的分析中,包括全球化和后工业化背景下的经济空间、生产与消费作用下的社会空间和自然空间的合理布局与设计的研究,包括基于城市复杂系统的耦合分析与网络建构,这又分别立足于不同的学科理论体系。比较分析方法是从城市发展的纵向和横向分析中发现城市产业空间形态复杂循环发展规律的一种直观方法。基于比较分析方法,对发达国家、全球城市与我国区域中心城市生产性服务业的发展进行梳理,对国内外不同经济社会条件下生产性服务业空间的发展进行对比分析,总结区域中心城市生产性服务业空间重构的经验教训,提出我国区域中心城市生产性服务业空间重构的理论分析框架和多重价值取向。通过对国内外多重理论形态逻辑体系与研究方法的综合分析,以及对我国区域中心城市生产性服务业空间结构进行优化与改进的思考,进一步深入研究我国区域中心城市生产性服务业空间重构的理论模式。区域中心城市生产性服务业发展从空间内核、产业网络、发展层级到动态转型,都是具体的历史—地理情景的产物,运用历史—地理比较研究方法，可以分析不同的驱动因子作用机制及其影响不同城市的方式和程度，辨析各种因子影响的时间和空间差异，从而确立适合我国区域中心城市生产性服务业框架发展的理论模式与现实路径。

（3）定性与定量相结合

相对于理论的定性分析和研究来说，定量研究能够提供现实佐证，同时可作为对前文理论分析的应用与深化。利用实地调研、统计和定量数据来分析和描述区域中心城市生产性服务业空间的性质和特征，分析与反馈城市产业发展从格局—过程—机理—绩效的宏观空间到点—面—体—动的微观空间的互动关系与耦合机理，并分析全球—国家—城市复合影响因素对区域中心城市生产性服务业空间结构及重构的影响。国内外中心城市转型发展与生产性服务业空间重构有着较为丰富的实践。本研究在对比研究有关文献资料的基础上，以中原经济区中心城市郑州市为典型案例，同时选择武汉、西安、长沙、济南等区域中心城市进行对比研究和定量分析。

（4）几项关键技术

① ArcGIS 空间分析

ArcGIS 是在全面整合了 GIS（地理信息系统）与数据库、人工智能、网络技术及其他多方面的计算机主流技术之后，推出的代表 GIS 最高技术水平的全系列产品。在 ArcGIS 的模块下不仅可以按照要素属性编辑和表现图形，也可以生成要素数据并进行绘制，ArcGIS 具有强大的制图编辑功能。近年来，麻省理工学院城市形态研究室（MIT City Form Lab）开发的基于 ArcGIS10.0 拓展的 Urban Network Analysis 模块能够对区域中心城市内部空间进行网络化（可达性、重心、接近度等）空间计量分析与描述[1]。本研究主要运用 ArcGIS 的制图编辑与定量分析功能，生成基于郑州市生产性服务业企业空间节点的布局与形态。

② 投入产出分析

投入产出分析是对国民经济各部门间生产投入与产品分配平衡关系

---

[1] 软件下载与说明详见 http://cityform.mit.edu/projects/urban-network-analysis.html。

进行研究的一种现代管理方法。近年来投入产出分析被广泛应用于制定中长期经济计划、分析与预测经济结构、分析经济政策效应等方面。生产性服务业作为中间性产业本身就是通过对国民经济投入产出中中间投入的界定来判断的，进而，通过这一方法可以对区域经济发展中的具体指标如直接消耗系数、产业感应度系数与影响力系数等进行计算和判断。

2 文献综述

改革开放以来,我国经济社会和城市发展日新月异,城市产业空间形态呈现巨大变化,经济发展方式与经济社会体制在经历深刻转型。同时,城市产业空间研究的现实语境也在悄然变化,具体体现为结构主义与解构主义、实证主义与人文主义等多种哲学思潮并存,城市经济地理研究也呈现社会文化等多元转向(苗长虹,2004;许学强,2009),相关研究层出不穷。对近年来国内外城市产业空间形态相关研究进行回顾、总结与展望,是开展城市转型背景下城市产业空间演变与重构分析的理论前提。

2.1 转型发展与产业空间重构研究

2.1.1 转型:内涵、模式与空间视角

(1) 转型的内涵

转型,从根本上说,是事物从一种运动态势向另一种运动态势转变的过程。从空间层次看,转型首先是一种国家转型,学者对这一现象的关注缘起于20世纪90年代的计划经济国家的体制转型,苏联解体与东欧剧变成为全球经济体最为重要和宏大的转型实践。自转型国家大规模制度变迁以来,尤其是俄罗斯转型以来的经济长期衰退使得学者对转型的研究回归经济转型的本质。随着研究的不断深入,转型经济或转型经济学应运而生,并以经济发展由计划体制到市场体制的转轨为主要研究内容。在研究过程中,在研究主题的侧重与表述上也有一些不同,如英文文献常以 Transition、Transformation、Change 等表达,而中文文献采用的有转

型、转轨、转变、转化、改革等。然而,在多数文献中,学者们多采用Transition和Transformation来表达转型的含义。有学者进一步指出,前者指整体性的转型与变化;后者主要指市场机制的配置效应,或者也包括部分政治性表达(李彦军,2011)。

中国经历了36年的改革开放背景下的经济转型,在对经济转型与制度变迁的研究中,学术界研究的贡献是突出的。通常认为,中国学者在更大程度上坚定地肯定了中国社会主义市场化渐进式改革,并形成了一些具有全球代表性的观点与说法。如林毅夫(1994)、樊纲(1996)等以"体制外增量改革"来概括中国的制度变迁,金祥荣(2000)以温州模式、苏南模式等多种制度变迁方式论证中国的渐进式改革,等等。针对国家区域发展战略的困局,覃成林(2006)较早提出了中部地区的转型发展战略,即"中部地区要采取多极化网络型区域经济空间组织策略",从区域层面建构"国家级区域经济增长极"。持同样观点的如樊杰、陈东(2009)结合《广东省国土规划》的编制认为产业结构调整与城市转型发展是城市跨越式发展必须面对的重大问题,空间结构优化具有必然性。总之,相对于俄罗斯等国家"休克疗法"的失败,中国改革开放以来的渐进式改革取得了巨大成功。因此,这场市场化改革明确了转型发展不是一蹴而就的事情,而是需要一段时期的渐进过程。同时,渐进式改革的推进也并非在国土范围内全面铺开,而更多的是采取区域试点,无论是农村改革、对外开放,还是非公有制经济发展,大都采取先行地区试点改革、从区域推广市场的做法。也就是说,转型发展也包括空间的选择、梯度与延伸,转型发展也必然存在空间差异。当前,学者们广泛认同中国的发展是包含"多重转型"的,中国的发展是产业转型、技术转型、增长方式转型、体制与机制转型的合成变动,并在各空间尺度上产生了重大变化的全面的转变(盛洪,1994)。

相对于国家经济体制改革与社会转型的研究,国内外学术界基于城市的转型研究也不断丰富起来,其中以资源型城市的转型发展研究占据了"先机"。总体来说,城市转型,包括资源型城市的转型,是从城市产业结构到城市建设、城市经营、城市问题应对等方面的全面转型,也是城市产业空间组织的转变。从全球视域看,世界城市到区域中心城市到县域发展也都面临着同样的转型发展问题。当前,学者研究的主要内容大都围绕城市体制改革与转型期的发展问题,因此可以说城市转型归根结底是对经济发展方式的"疏困",是经济体制的转型,也是城市空间组织的重塑。

（2）城市发展模式的转型

城市转型,从理论上说因应了城市生命周期的长波理论,专注于城市区域的长期经济发展战略,根据其发展进程进行发展方向的重大调整,是城市发展模式的重大变革。从本质上讲,这是城市主导产业与潜导产业（群）自身周期性调整的根本表现,通过转型发展,主动寻求和迎接产业的调整与更替,实现产业结构的优化升级与创新发展,以及产业空间格局的良性可持续性建构。

从大区域转型的时间序列看,近三百年来欧美国家经历了重大的经济和空间转型,也产生了不少的思想家、哲学家和科学家。当前,中国的大转型应该说是一个迥异于欧美国家的发展模式,由西方国家现代化进程中提炼出的一些理论框架和概念都可以拿来借鉴、接受检验、证实或被证伪,或者得到进一步的充实和完善,尤其是新中国成立以来的经济社会变迁为海内外的专家学者提供了一个广阔的实验平台。任何一项科学假说或模型如果不能有效地解释中国转型现象,那么其说服力本身就成为一个待解的问题。由此可以说,对中国当前转型的研究已经超越了中国学者的视野,越来越多的社会科学研究人员也开始将目光转向这个不断转型、发展壮大中的经济体,这也对中国学者掌握自己国家经济社会发展问题的解释权和话语权提出了挑战。

西方学者对他们的城市在过去几十年里发生的变化有着不同的认识。如 Marcuse & Kampen(2000)认为,尽管当前的城市发生了一些重要的、明显的变化,但城市产业空间结构只是在程度上而非本质上存在差别,新的城市产业空间秩序并未形成。然而主流观点将转型视为一个发生根本性组织转变的过程(Hall & Hubbard,1998;侯百镇,2005;吴缚龙等,2007),认为当前的西方城市是一种"后工业化"、"后现代化"的新型城市,城市性质随着全球化和市场化进程而日益异化。

20世纪中期以来,在全球经济的影响下,特别是在资源能源原材料(尤其是石油)的全球性冲击、资本的跨国流动加剧和以信息技术为主要内容的技术创新浪潮等共性趋势的强力推动下,西方发达国家相继进入后工业化时代,城市产业空间范围内的人流、物流、能流加大加快,许多区域中心城市出现了新型经济功能,并不断呈现出明显的转型趋势。① 当代世界被塑造成一个功能性的城市系统,由不同等级、规模和功能的城市共同建构而成;② 流的空间逐步穿越全球场所,各中心城市不断融入全球分工与合作的大框架中;③ 建构于中心城市基础上的"城市走廊"、"超级城市"、"大都市区"等城市—区域新型空间形态不断崛起,同时,部分城市呈现出被边缘化的态势,全球城市体系处于一种新的建构与演化之中。

基于此,围绕城市转型开展的研究主要体现在以下几个方面:第一,全球范围内中心城市的等级位序、城市功能,以及围绕着大都市区、全球/世界城市的研究将成为新的理论研究视角(Clark,1996;Friedmann,1986;Hall,1997;Sassen,1991、1994;Scott,2001)。第二,如何通过全球化、后工业化、信息化和多中心化等城市多元转型动力来增强城市发展与竞争力,有效治理城市转型中的制造业衰退、社会空间极化、贫富差异与社会冲突等问题,也迅速成为西方学者研究的热点和前沿领域(Cuthbert,2006、2011;覃成林,2012)。同时,以数码技术和通信技术领衔的技术创造、创新本身也就是城市产业空间转型的重要基点,以硅谷、第三意大利为代表的新产业空间的崛起预示着一种创意场(creative field)的萌生和发展(Hall,1998;Scott,2012)。第三,对城市产业空间可持续性建构与规划的理论和实证研究成为研究热点(如前文对此进行的文献分析)。当然,对其研究也需要从整体上把握和集成式的分析框架,如著名经济地理学家 Michael Stoper(2013)将空间重塑的"钥匙"界定为当前阶段下城市经济、制度、创新或社会互动、政策4个方面的共同作用,这一"钥匙"也决定了时空进程中的新型全球经济地理格局。

相对于西方,我国学者对城市转型的研究起步稍晚,改革开放政策的实施扭转了对城市经济社会发展的功能定位,尤其是1992年邓小平南方谈话开启了我国城市经济转型研究的新局面。城市发展开始不断加深与国际范围的接轨,为探讨未来我国区域中心城市的功能演进与发展愿景,不少城市相继提出了面向"国际化"发展大都市的宏伟蓝图,强调从硬件到软件的城市形态和功能对接。有学者提出需要对接的软件、硬件设施包括雄厚的历史基础、优越的地理区位、适时的发展机遇、国际性金融投资中心、发达的第三产业和高素质的劳动力队伍(顾朝林,1995)。但也有研究表明,我国城市与国际化大都市的要求还相距甚远,而这些要素也都是城市尤其是区域中心城市生产性服务业发展所必备的核心要素,应围绕国际化大都市个性功能方面进行考虑和实践。但也有依据表明,北京、上海、香港和广州将会是最早迈入国际化城市序列的中国大都市(顾朝林、孙樱,1999;姚士谋,1994)。进入21世纪以来,我国成功加入世界贸易组织,城市功能定位更加务实与明确。李国平等在论述北京市"世界城市"建设路径时指出,世界城市建设必须要顺应全球化和知识时代的未来趋势,建设具有北京特色的"世界城市"必须把握的几个领域包括高端节点、多元职能等,并从动态上强调实现从区域性世界城市向全球性世界城市的逐步过渡,以及实现首都圈与环渤海地区的优势互补(李国平,2000;李国平、卢明华,2002)。在城市转型的研究对象中,一部分研究较多地立足于对我国沿海中心城市的转型与全球城市、世界城市建设方面(宁越敏,1994;顾朝林等,1999、2003;李国平,2000;吴殿廷等,2013;周一星,2000;周振华等,2004);另一部分研究集中在对我国特定类型城市区域,如资源型城市转型(汤绪,2003)、乡村地域向城市转型(刘君德等,1997;苗长虹,1997)。20世纪80年代以来,随着经济全球化的深入推进、城市—区域经济发展的加速和城市化进程的推进,城市转型、经济转型对城市发展方向、道路及模式的重大调整与变革,一直是国内外学术界和政府部门关注的重要命题(顾朝林等,1999;顾朝林,2003;张庭伟,2008)。

  在我国城市的现实发展历程中,对城市的发展、主题与定位也经历了一个不断转型的过程(见表2-1)。从形势上看,我国当前正处于工业化和城市化推进的中期阶段,城市区域发展正陆续受到全球化、后工业化、城市规划新思维(Hopkins,2009;丁成日等,2005)、新经济地理学(Boschma

& Martin,2007；苗长虹,2007)、分权化与多中心治理(Wu,1997、2002；罗震东,2007)等多种思维话语的塑造,其产业发展、经济形态正在经历深刻的转型和空间重构,城市发展的战略范式也将呈现出各种转型(表2-1)。吴缚龙(2002、2009)基于城市转型的背景对我国城市产业空间管制与渐进主义的发展逻辑是否仍符合中国城市的现状问题进行分析思考,并延伸到对中国城市是否正成为新的制度空间、新的工作与生活方式空间的深层次讨论。

表 2-1 城市发展的战略范式转型

城市发展战略范式	经济形态阶段	
	工业经济	后工业经济
战略偏好	规模化、专业化	专业化、多元化
战略目标	规模效应	领先效应
经济发展模式	经验,产品,规模经济	创新,服务,范围经济
空间组织	封闭,功能单一、特殊	开放,功能多元、复合
空间范式	地方空间	流的空间

资料来源:根据侯百镇(2005)、李国平等(2008)的研究整理。

城市转型过程为城市研究提供了一个独特的理论视角,可以更好地理解城市产业空间的发展、演变以及大规模体制变迁下的动态重构。城市发展的繁荣与衰退并存也恰恰说明城市急速转型的背景带来的不确定性。转型没有路线图,却有路径依赖的影子,这也构成了城市产业空间重构的一种"资源"。因此,通过对城市转型过程的研究,将启发人们拓展对城市发展规律的认识,并不断深化对转型因素、动力与模式的关注与分析。

(3) 空间视角

城市空间形态是各种自然、经济、社会要素综合作用于城市的一种空间态势,是城市内部空间结构的整体体现,城市产业空间形态特征、时空演变与城市可持续空间形态已成为当前国内外城市地理学研究的热点(王新生、刘纪远,2005；闫小培,2004；郑莘、林琳,2002)。国外的城市形态研究起步较早,各种城市理论对城市产业空间形态进行了多视角探讨与研究,如城市历史研究、空间形态分析、城市功能结构理论、结构主义与区位论等。特别需要指出的是,在有关城市产业空间的研究中,社会学派一直都占有极其重要的位置,芝加哥学派对城市的社会与空间形态的模型化研究已为城市地理学者所熟悉。其中,伯吉斯的同心圆—环状地带和霍伊特的扇形模型的描述为其提供了基础,但模型和理论均建立在一个占主导地位的城市内核的假定前提下。芝加哥学派"特色而丰富"的经验性研究进一步强化了这种有序与单一中心城市产业空间模型的整合,以至几乎所有围绕着一个占主导地位的内核所建构的城市产业空间在某种程度上都具有(现在仍然还有)一系列同心圆、辐射区域和专有的飞地地带。其后,哈里斯和乌尔曼的研究试图从城市产业空间的单一模型中脱离,认识到城市发展中的多中心和更为复杂的城市实践,同时,其研究把地理学学科放在了"比以往任何时候都更前面"的位置(Soja,2006)。

在我国,20世纪30年代,地理学界曾开展过对典型城市如北京、南京等的具体的城市地理空间分析,但缺乏对城市形态的专门研究(武进,1990)。其后,城市形态研究长期处于停滞状态。70年代末和80年代初,伴随着城市经济社会的快速发展和空间的不断扩张,城市形态研究逐渐兴起。城市规划与城市地理学工作者相继参与了我国国土与城市规划的相关工作,研究城镇发展与布局问题,《地理学报》、《城市规划》、《地理研究》、《经济地理》等刊物相继创立,为开展城市产业空间形态研究提供了广阔土壤。1979年吴友仁发表《关于中国社会主义城市化问题》一文,揭开了中国城市化研究的序幕,围绕其内涵、发展道路与动力机制的研究文献不断涌现(许学强,1999)。

20世纪90年代以来,由于城市化进程加速推进,对城市产业空间外部扩展与内部空间格局的研究从广度与深度上都得到不断提高。其中,武进(1990)、胡俊(1995)较早对我国城市形态、结构与演进进行了探讨;刘君德(1993)提出了我国独具特色的"行政区经济"现象,并从行政区划角度深入研究了城市区域空间形态;周一星(1998)提出了城市产业空间形态发展的主要经济方向联系论,为城市产业空间形态组织提供了重要前提;顾朝林等(2000)建立了城市产业空间结构研究的理论框架;段进(1999)、唐子来(2000)、吴志强(2000)对城市产业空间发展进行了理论与实证研究;姚士谋(1998)、张京祥(2000)较早地对城市群体的空间形态与空间组合进行了开拓性研究。

21世纪以来,城市产业空间研究的理论与实证研究不断丰富,相关成果主要集中于城市产业空间形态的历史演变、内外部结构与新型形态、形态绩效等方面的研究(龙瀛等,2010;吕斌、曹娜,2011;王鹤、董卫,2011;吴启焰等,2012;周春山,2007),理论研究视角也拓展到城市规划、城市设计、城市整合、空间战略等领域(刘捷,2004;段进,2003)。主要的实证研究区域多集中于我国东部沿海发达地区,尤其是长三角、珠三角、京津环渤海等区域的核心城市如上海(陈蔚镇,2005)、北京(冯健、周一星,2003)、深圳(赵燕青,2004)等。而对于中西部地区的相关研究,针对不同阶段或发展模式城市对比的研究还相对缺乏,近年来这些课题才逐步得到重视,如对重庆(余颖、扈万泰,2004)、武汉(李江等,2004)、长春(匡文慧等,2004)等的研究,对城市群的空间发展(姚士谋,2006)、省会城市的综合评价(郑蔚、梁进社,2009)、特大城市发展与空间绩效(郭腾云、董冠鹏,2009;吴唯佳,2009)等方面的研究。当前,我国转变经济发展方式承载着经济、社会、文化等方面的深刻变化,而工业转型升级则是推进这一进程的关键。"十一五"以来,我国整体上进入了工业化中期向后期转型的阶段,近期由高校、科研机构、政府机构以及非政府机构等主持召开的一系列相关学术会议也将目光聚焦在转型发展上(表2-2)。由此,应该也必须实现能够与工业化中后期阶段相适应的产业结构体系转变,顺应我国城市区域战略定位的演进(见附表2),拓展工业向服务业体系转变,完善现代产业体系(金碚,2011)。

表2-2 近年来召开的城市转型与创新发展相关学术会议

时间、地点	会议名称	主题	主办/承办单位
2014.11.22—23 北京	2014城市中国峰会	城市改变中国	凤凰网、国家行政学院经济学部
2014.10.25—26 杭州	中国城市学年会2014	城市病与城市治理	杭州国际城市学研究中心

2 文献综述

续表

时间、地点	会议名称	主 题	主办/承办单位
2014.10.18－19 长沙	2014年中国人文地理学术年会	中国转型发展与人文地理学创新	中国地理学会人文地理专业委员会
2014.5.25－26 上海	上海论坛2014年年会	亚洲转型：寻求新动力	复旦大学
2013.3.30－31 上海	2013中国城镇化高层国际论坛	制度与变革	国家发改委、世界银行等
2012.12.13－14 Hongkong	International Conference on Spatial-Social Transition in Urban China	Spatial-Social Transition in Urban China	Hong Kong Baptist University, Ohio State University
2012.9.14－15 北京	2012中国经济论坛	城市转型与绿色发展	中国社会科学院经济学部
2012.5.12－13 杭州	首届中国转型发展论坛	改善发展环境，助推转型升级	浙江省公共政策研究院、浙江大学
2012.3.24－25 上海	中国经济50人论坛（上海）研讨会	转型发展与现代服务业	中国经济50人论坛、上海现代服务业联合会
2011.12.10 重庆	城市转型与发展论坛	加快老工业基地转型，推进新型城市化发展	中国社会科学院、重庆市人民政府
2011.10.19－20 广州	2011中国管理全球论坛	转型的正道	金蝶国际集团、联想控股、中欧商学院等
2011.9.23－24 北京	中国企业发展转型论坛	"十二五"规划与企业转型	中国国际贸易协会

2.1.2 转型与城市产业空间重构

(1) 经济转型与产业空间重构

经济转型是区域中心城市产业空间重构的重要前提。处于不同时空和发展阶段的中心城市，其经济发展与产业结构调整的重点也有所差异。

从全球范围来看,西方国家工业化和城市化起步较早,迄今历经了四次产业变革,空间组织经历了由工矿企业到城镇、大城市,再到郊区化和开发区的过程(表2-3),对不同类型的区域中心城市经济转型的研究更加全面,并主要致力于对大都市区中心城市、(资源)衰退型中心城市和全球城市的产业与经济转型三个方面(Sassen,1991、1994;Clark,1996;Scott,2001);近期又进一步向城市总部经济、创意(造)经济等方向发展(如Florida,2002、2005)。我国工业化和城市化发展历程较短,对区域中心城市经济转型的研究目前正全面展开,在研究对象上,主要面向东部地区的北京、上海、天津、广州、杭州等几大国家中心城市和沿海中心城市的国际化接轨与转型,缺少对中西部地区区域中心城市内部的研究,更缺乏东、中、西部不同经济梯度和发展层次比较的研究。在研究视角上,从中心城市本身(地方尺度)研究产业优化升级的多,而从城市群(区域尺度、国家尺度)、全球城市体系(全球尺度)的视角或多尺度研究中心城市经济转型与空间重构正在得到逐步加强(李学鑫,2010;杨汝万,2004;Wei,2003、2006)。

表2-3 产业变革的阶段性特征

	第一次	第二次	第三次	第四次
时间(年)	1783—1845	1846—1895	1896—1947	1948—2000
主要项目	机械、炼铁	炼钢、蒸汽机	电灯、汽车	晶体管、计算机
主要产业	布匹、铁	钢、轮船	汽车、电子机械、化学	电子、计算机、通信、航空制造
工业组织	小工厂、自由贸易	大工厂、企业联合	垄断企业、行会、金融资本	大型企业、跨国企业
空间特征	劳动力向城镇流动	煤矿城镇发展	城镇化	郊区化、开发区
主流国家	英国 世界工厂	德国、美国 竞争、资本输出	美国、德国 殖民地	美国、日本 竞争、分工、同化
历史特色	早期铁路	北美开发、全球通信	世界大战、早期大众化消费	冷战、空间竞赛、世界村

资料来源:根据邓智团(2010)的研究整理。

2 文献综述

经济空间重构是指在城市转型背景下经济要素的相对区位关系和格局的演变,反映了经济活动的再区位特征、地域空间中的相互关系与空间组织形态(陈才,2001;崔功豪等,1999;曾菊新,1996)。经济发展的特殊性决定了我国城市产业空间重构的模式也会迥异于西方。Gaubatz(1999)从土地利用、通勤与建筑高度三方面对我国"一线城市"北京、上海与广州进行了空间演变的分析,认为空间功能化凸显,即商业与服务业的多中心化与功能重组、专属功能区的出现和大规模开发区的发展。吴缚龙(1997、2002)初步建立了城市转型背景下经济空间重构的理论框架,并对我国城市产业空间管制和政府作用进行了系统分析。国内学者对经济和产业空间的研究主要集中在四个方面:对城市经济至关重要的城市制造业、城市经济最为活跃的商业、城市生产性服务业和产业链(表2-4)。

表 2-4 国内城市产业空间研究的主要视角与观点

研究领域	代表人物	主要视角与观点
城市制造业	陈秀山(2008)、冯健(2002)、孟晓晨(2011)、邬滋(2008)、周一星(1996)	制造业呈现郊区化和空间扩散的态势,探讨产业空间组织规律和影响机制,对产业分工与产业转移的系统分析
城市商业	高松凡(1989)、管驰明(2008)、叶强等(2011)、杨吾扬(1994)	侧重对商业市场和商业中心历史演变、结构变迁与影响因素的研究,业态结构、空间区位的集散与商业空间的等级规模研究
生产性服务业	陈前虎(2008)、吉亚辉(2012)、邱灵(2008)	成为后工业化时期的主导产业,空间集聚与溢出效应,产业细分,产业互动,演化动力
产业链	马国霞(2011)、丁疆辉(2009)	空间集聚与区域对比,产业关联与升级

(2) 创新地理学与产业空间重构

相对于大多数学者将对创新研究的视角落在经济学与科技层面上,Malecki(2013)独辟蹊径,侧重研究创新的地理学意义,将焦点对准了技术之外的知识与创新能力。与大多数指标设定在研发、专利等不同的是,创新更应该寻求更大层面上的问题,如谁主导了创新的发生？从技术学习到创新的过程在空间上如何演绎？因此,创新更应该包括从投入到产出的一系列过程以及一些隐匿的创新。从空间意义上说,二战以来大多数国家都经历了创新能力的重大转变,在制造业领域的研发活动与工艺创新引致了制造业本身的分化,如经济合作与发展组织和欧盟都将创新的内涵拓展到一种新的产品或服务之外,包括一种新的营销方案、组织方法或外部关系等等。这里的"组织"又包括学习、整合与知识转化的一系列过程(Asheim & Gertler,2005;Mytelka & Smith,2002)。其中尤其值得注意的是,空间集散(更正确地说是空间集聚)在其中扮演了重要的角色,并能够在当前一种不明确的市场竞争中主动地"创建优势(construct advantage)"(Malecki,2013),或在微观层面上做到"灵敏专业化(smart specialization)"(Cooke et al,2011)。同时,创新的主体不再局限于科学家与技术人员,也包括组织或雇佣他们的主体,如高校、企业、政府和科研院所等。以企业为例,企业家本身在更大程度上成为创新活动如何进展、如何布局的决策主体。

（3）城市转型与产业空间重构

在城市转型的大背景下,城市产业空间的重构主要表现在以下三个方面：第一,表现在城市物质空间的"破坏"与"建设"上,西方国家城市化的发展历程表明,经济社会发展、科技进步无疑也带来了城市物质空间的"建设性破坏"甚至城市生态环境的恶化。同时,在市场的驱动下,城市开发已经变成一个"与人类其他需要和活动无须发生关系"的商业行为(赵和生,1999;刘捷,2004)。对城市生态环境建设的重视与加强,是当前城市开发与空间重构的基础性"修补"。第二,表现在城市规划的思维演化上,以物质规划和城市设计为重心的我国城市规划实践难以对我国未来城市高速发展提供理论上的支撑与指导,使得城市规划不能发挥其应有的前瞻性、战略性和指导性功能(Hopkins,2009)。正是当前这种围绕着物质规划的城市规划理论与实践,使得我国城市产业空间发展更追求自然物质空间形态的美化,而不是经济、社会和生态等功能与效率的最大化(丁成日等,2005)。一系列矛盾与问题造成城市建设的非理性和空间形

2 文献综述

态的失序与破坏(宛素春,2004)。第三,表现在对城市优位空间的选择上(于英,2009;林广、张鸿雁,2000),优位经济是优越的地理位置所带来的"额外"经济效益,体现为经济地理多要素、多尺度时空和多路径空间的建构(陆玉麒,2009),它分析了城市效益的根源,确定了城市的分布状态和分布形式。城市总是在那些在区位、环境和经济基础较好的地区产生和发展,并不断吸引人口与资本向交通、资源等更好的位置聚集,从而产生明显的效益差异。同时,城市的急功近利会使得"特优区位"或"关键区位"实现超速建设,"重大事件"也会推动优位区域的跳跃式发展和(准)中心的加速形成。优位经济的表现形式有地理优位、交通优位和资源优位。

与此同时,快速工业化、城市化下的我国社会格局日益分化,人口分布与居住空间分异明显(高向东,2003、2006;石忆邵,2007;吴启焰,1999;谢守红,2007,),尤其是社会贫富分化、阶层分化的空间性过程明显加快,社会空间资源面临史无前例的再分配与结构重组(Logan,2001)。顾朝林(Gu & Liu,2001;Gu & Kesteloot,2002;Gu et al,2005)、冯健等(Feng & Zhou,2003;冯健,2003)、吴缚龙等(2005、2007、2010)相关实证研究均提出城市产业空间的演化呈现复杂化趋势,城市产业空间的核心与边缘"均在重构"。Pacione(2005)更指出后工业化城市被经济、政治、文化等各种应力撕裂成"多个板块";相应地,城市社会空间也逐步转变为具备现代城市主义"多元、异质、匿名"的重要特征(孙立平,2004),且呈现"失衡、失调、失序"的动态结构(刘祖云,2005),社会与地域公平成为城市管理部门不得不认真面对的重要问题(Amin & Graham,1997)。

在城市社会空间对空间重构的影响要素研究上,主要包括分权化与多中心治理、劳动力流动、社区转向、政府企业化等几个方面。近年来,奥运会、世博会、亚运会等重大事件作为外部突发性动力,对城市产业空间重构的"新异"作用开始凸显(崔宁,2007;吴志强,2008a、2008b;杨乐平、张京祥,2008)。有关专家和学者主张要因势利导,把短期事件的重大效应楔入城市可持续发展的远景规划中去,使之成为城市转型发展的良性催化剂。

2.1.3 城市产业空间重构:耦合机理与动力机制

Geddes(1915)指出,人类居住、工作、生活之间存在的空间联系是一种已知的、由地方经济性质所决定的"精致的内在联系",因此,人类行为实践下的空间(包括城市产业空间)都是结合为一体的。Harvey(1973)指出,任何城市理论都必须研究"空间形态"和作为其内在机制的"社会过程"(social process)之间的相互关系,空间分析的多学科范式要求在社会学和地理学的方法之间寻求并建立互动平台(interface)。法国马克思主义社会学家 Henri Lefebvre 把历史、社会与空间相结合,提出将"空间中的生产(production in space)"转变为"空间的生产(production of space)"。一般认为,介词的不同应用表明了对空间属性的不同把握,即前者侧重自然属性,而后者则同时关注社会属性。这种转变首先源于生产的发展,以及知识等社会属性产品和服务对现实世界的嵌入与融合。Castells、Harvey 均认为一个特别的区位和具体的城市地理空间是被资本主义在它本身的想象中生产出来的,它的目的首先是有利于积累过程的发展(Soja,2006)。Harvey(1982)后来又为这个陈述增加了一个"空间修补(spatial fix)"的概念,以描述资本在回应危机时如何认知自己具体的城市和区域,并"为积累开辟新的空间"。这种对资本主义"内部运作"逻辑和"空间的失序"进行的创造性的空间性分析,以及寻求空间修补的重构过程,正是 Harvey 最大的成就(Soja,2006)。

20 世纪 90 年代以来,伴随着和平与发展的世界形势奠基和经济全球化程度的加深,发达国家和发展中国家都在经历着巨大的经济、社会转型。毫无疑问,中国在经济、社会等领域的剧烈变迁,从根本上改变着城市发展的动力基础(Ma,2002;Wu,2002)。尽管西方关于中国城市的研究已有大量文献(Logan,2002;Tang & Parish,2000;Davis,et al,1995),但对我国城市变化的空间性与相应的经济社会特征的研究仍显不足(马润潮、吴缚龙,2007)。作为城市经济社会活动的空间投影,巨大的体制转型及其复杂影响必定在城市产业空间结构与形态上有明显的表征,并强烈地影响着城市产业空间演化的进程(殷洁等,2005)。张庭伟(2001)较早提出了我国城市产业空间重构政府力、市场力和社会力的合力—覆盖的综合理论框架。谢守红、宁越敏(2003)提出了城市化和郊区化是转型时期中国大都市空间变化的双重引擎。吴缚龙等(2007)进一步将区域中心城市转型与空间重构的动力总结为全球化与信息化、市场化与制度变迁、分权化与国家的作用三方面的耦合互动。其中,全球化和信息化是城市转型的重要外部环境,是发展的触媒;市场化与制度变迁是城市转型的决定因素;分权化与国家的作用(作为转型中的监管者、干预者和参与者)则是中国城市转型的特殊动因(Ma,2002)。不少学者将城市产业空间重构的动力分解为内因、外因或内生性、外生性因素甚至某些衍生力量,普遍主张把经济体制和企业制度、技术革新、产业结构的调整作为内部动力,经济全球化、宏观经济发展状况、外部资金的投入、城市规划的制定和实施作为外部动力,开发区建设等作为衍生动力(何流等,2000;姚士谋等,2002;郑国,2006)。同时,市场潜力与区域经济之间存在因果循环、路径依赖关系,会进一步强化优势地区的空间优位(石敏俊等,2007)。但对国家区域政策是内生还是外生仍存争议。部分学者对具体城市如芝加哥、新加坡、香港、上海等进行了经验总结,提炼出空间演化与重构的不同推进动力与模式,如圈层结构、园区整合、多中心网络化、枢纽—网络结构(Sassen,2005;黄玮,2006;李江,2008;罗震东,2007;宁越敏,2006;王铮等,2011;张庭伟,2006、2009)。这些尽管对我国区域中心城市产业空间重构具有一定的借鉴意义,但又不能完全照搬(张庭伟,2006)。

2.1.4 城市产业空间重构:测度与模拟

由于复杂系统存在不确定性、涌现性等一系列特殊性质,人们对复杂事物与系统认知和求解的能力是有限的,且需要时间过程。总体上看,传统城市产业空间研究多采用定性描述方法来表达城市形态与结构,定量测度多从空间形态、规模、距离、中心性、可达性和集聚性等方面进行分析(顾朝林,2000;邹德慈,2002)。

德国地理学家 Cristaller 和 Losch 提出的中心地理论（Central Place Theory），奠定了城市地理学建模分析和研究的基础。其后，Reilly、Converse 分别提出了地理学"引力模型"、"断裂点模型"，芝加哥城市学派从"同心圆"到"扇形"到"多核心"模型的演化不断丰富和发展了城市产业空间建模与模拟的研究。但整体上来说，20 世纪 60 年代以前的城市模型多为静态的理论解释模型。其后，动态模型的构建与应用不断涌现，如系统动力学模型、元胞自动机模型、分形理论等。

20 世纪 90 年代以来，国内外学者从地理学、社会学、经济学、统计学等多学科领域对城市产业空间重构进行了研究，产生了多种城市产业空间测度、模拟与评价的方法。如 1995 年 Nature 杂志发表 Batty 的《透视城市新方式》(New ways of looking at cities)和 Makse 的《城市增长方式模拟》(Modelling urban growth patterns)两篇文章，前者应用分形模型和元胞自动机模型对 20 世纪八九十年代城市空间扩展进行了深入分析，后者利用逾渗模型（percolation）对德国柏林进行了实验模拟。可以说，系统建模与模拟昭示了城市动态模型不断前进的发展方向。其后，GIS 与 RS（遥感）的空间分析、分形、元胞自动机与城市自组织研究（Wu，2000；段进，1999；冯健，2004；黎夏、叶嘉安，2001）、景观生态学方法与马尔科夫模型（肖笃宁，1999；宗跃光，2005）、城市演化生长模型（王铮等，2002；何春阳等，2003）等得以不断发展和应用。空间建模技术，尤其是基于高效能计算技术和现代空间建模融合的高效能仿真模拟技术的研究仍需不断探索和改进。此外，现有的空间模拟理论体系、方法体系是否能满足复杂系统研究的需要，也亟须在实践过程中进一步加以思考和拓展。目前，在城市产业空间发展领域进行动态模拟的主要研究方法有系统动力学模型、元胞自动机模型、可计算一般均衡模型、（多）智能体模型、神经网络和地理信息系统等（Gilbert & Troitzsch，1999）。这些模型各有侧重，也各有优缺点（表 2-5）。同时，通过系统模拟方法的发展与相互借鉴和融合，系统模拟方法的相关功能表达得以拓展，模拟精度提高。然而，由于任何模型都具有局限性，甚至模型的前提假设过于理想化，对于城市产业空间这一复杂巨系统，其动态模拟方法与模型的应用还有赖于多种模型的融合、学习与优化。近年来，对城市产业空间系统的动态模拟就呈现出这一倾向（表 2-6）。

表 2-5　系统模拟方法比较

模拟方法	优　点	缺　点
系统动力学模型（SD）	在时空方面连续，适合用于描述复杂的群体行为	
元胞自动机模型（CA）	更能反映空间格局的变化及反馈作用，以及系统变化、自组织和混沌等复杂特征，简单实用，模拟性强	模型开放性较差，缺乏与其他模型的集成
可计算一般均衡模型（CGE）	具有清晰的微观经济结构和宏观与微观变量之间的连接关系	前提假设过于理想化，对政策变动效应预测的精度不够
智能体模型（ABM）	在主体不同信息、决策规则和环境下的异质行为以及系统宏观行为联结方面优势突出，易于模拟不同类型的个体，注重实证检验	计算效率较低，空间认知与表达不足
神经网络模型	特有的大规模并行性，信息的分布式存储和并行处理特点，使其具有良好的自适应性，非线性拟合能力强	要求数值转换计算，学习算法有待提高
地理信息系统	空间表达功能突出	动态功能较弱，分析功能不灵活

表 2-6　近年来典型城市产业空间测度与模拟研究

代表学者	研究对象	研究方法	观　点
薛领等（2010）	城市商业中心	Agent 模型，遗传算法	微观自主体的相互作用可突现六边形宏观空间格局
倪毅、冯健（2011）	1992—2007年经济发达城市	GIS-RS，分形演化	具备明显的"摊大饼"特征，但城市扩展强度并非一直增长，分形性质逐年变好
肖荣波、丁琛（2011）	人口分布模拟	多模型比较	综合运用多种方法进行估算模拟将成为该领域研究的趋势
单玉红、朱欣焰（2011）	1998—2008年武汉	GIS，Agents 情景模拟	居住空间演化受市场供求和消费意愿影响，计划和市场是调控土地利用区位的重要机制，城市新区开发比例较高
张丽娟等（2011）	1990、2000、2005年哈大齐	CLUE-S 模型，SD 模型	大尺度规模土地利用变化空间模拟，采用面积优先法解决行政边界土地利用类型不连续的情况
李开宇等（2011）	1990—2007年西安	CA 模型，遗传算法	城市不同发展阶段和区位的扩展将影响确定转换规则、寻找最佳参数和模拟精度的结果

2.1.5　小结

总体说来，我国当前城市产业空间形态的研究仍显薄弱，对城市事象的描述性与一般性分析讨论较多，空间尺度上更多地立足于中宏观层次，基于时间序列和空间层次的动态演进研究成果丰硕，然而从更深层次的哲学视角看，对城市产业空间形态"是什么"、"怎么样"的外源性探索较多，对"为什么"的内源性探究尚不深入，针对性和演绎性分析不足（许学强,2009)。展望未来,随着我国城市化进程的加速推进和城市转型的不断深化,城市产业空间的研究,尤其是立足于区域中心城市产业空间形态的系统研究与特色研究将得到空前发展。笔者认为,以下几方面应当引起重视。

在研究视域上,城市经济转型为城市产业空间研究提供了一个独特的理论视角,有利于更好地理解城市产业空间的发展、演变以及大规模体制变迁下的动态重构。在当前人文社会科学普遍空间转向的背景下,城市产业空间研究应当进行"时间转向"(郑国,2010),以深入分析城市产业发展中时间的社会性演变及其对城市产业空间的建构与重构的作用。

在研究对象上,基于我国经济发展梯度以及全球化和城市转型引致的产业空间演变与重构首先聚焦于东部重点城市;当前,针对中西部地区中心城市的相关研究已相继破题并不断深入,迫切需要开展针对性的细致研究和对比分析。尤其是,城市产业空间重构过程的互动关系和动力机制的研究将成为未来区域中心城市产业空间扩展与重构研究的重点,通过比较沿海与内地中心城市产业空间发展的相似性与差异性,总结城市产业空间演进与重构的规律性认识。

在研究方法上,RS、GIS、CA、神经网络模型以及新经济地理城市体系演化模型等新技术手段将在城市产业空间发展的动态模拟与情景分析方面得到充分应用。在城市产业空间研究中,注重方法研究与应用案例结合,传统方法与前沿方法兼顾,加强城市产业空间模型的微观、离散化研究。

2.2 生产性服务业空间结构与重构研究

2.2.1 生产性服务业产业关联及其效应

对于生产性服务业形成和发展的原因,国内外学术界的观点基本一致。Petit(1986)、Riddle(1986)均认为,生产性服务业作为经济活动的"黏合剂",其本身也是产业分工的延伸。刘志彪(2001)认为,生产性服务业形成的因素主要体现在专业化分工、市场竞争、生产过程的标准化、迂回化和知识资本的作用。相对于需求的推动作用,黄少军(2000)主张由分工深化、技术进步和管理方式的变革所引起的对服务的中间性需求带动了生产性服务业的专业化。程大中(2006)也认为,这种由内向外、由非市场化向市场化的演进趋势,是市场经济不断深化、市场分工不断细化的必然结果。总体来说,当代社会生产力的极大发展和社会分工的深化促进了产业的分化和生产性服务业的形成与发展。当前,技术进步使得产品从设计研发到生产到流通到营销全过程的专业化程度不断提高,许多环节可以由专业化机构和部门来完成。一方面,企业内部的管理成本和交易成本实现节约,实现产业分工向产品的上游和下游领域拓展,其附加值获得更大提升,而且,城市等级规模越高,实现产品和服务附加值越高(图2-1);另一方面,企业生产效率获得更大提高,有助于创新产品和服务模式,提高产品和服务的竞争力,由此,也引发了企业业务外包(outsourcing)这一新型业态的蓬勃发展。

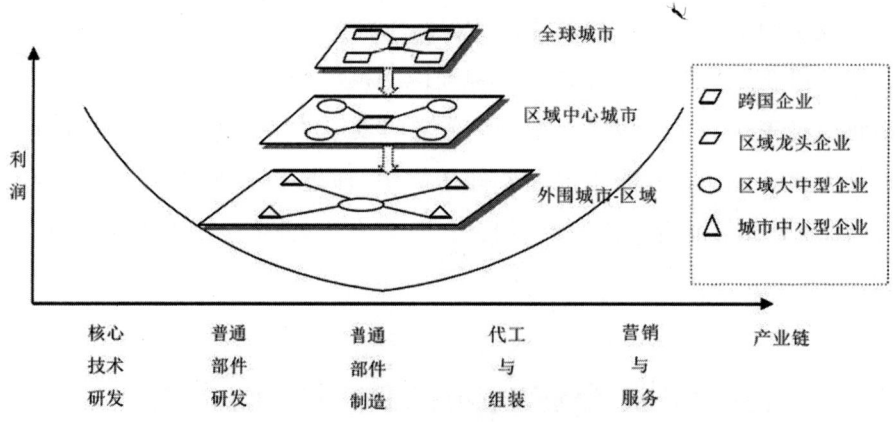

图 2-1　不同层次城市产业附加值曲线

目前,国内外对生产性服务业的研究更多地侧重生产性服务业发展对相关产业与区域经济的带动作用上。Bailly(1995)基于对欧洲生产性服务业的发展对城市与区域的积极作用进行了论证,分析了生产性服务业的区域分布及其对当地发展和劳动力市场的重要影响。多数经济学家对生产性服务业发展对区域经济增长的作用持肯定态度。正如 Riddle (1986)提出的生产性服务业作为推动其他相关部门发展的"过程产业 (process industries)",是区域经济发展的"黏合剂(glue)",生产性服务业发展对区域经济起到"战略性作用(strategic role)"(Hansen,1994)。同时,生产性服务业发展对促进社会就业(程永宏,2005)、产业结构调整优化升级(吴欣望、夏杰长,2006)和城市功能提升均有明显的积极作用。但也有学者持不同意见,如 Coffey、Polese(1989)提出,生产性服务业对区域经济的影响作用在中心地区和外围地区是不同的,并提出它对于不发达地区仅有很小的正面影响。

近年来,发达国家的金融、保险等生产性服务业发展速度最快,在整个服务业体系中所占比重超过60%。从根本上说,生产性服务业比重的上升,是与整体经济规模、社会分工和技术升级等有着密切的联系。从要素上看,发达国家实现了从早期的传统劳动密集型产业向资本、技术密集型的转变,因此可以说,生产性服务业的逐步深化,也是其发展所依赖的要素劳动—资本—技术—知识的演变和升级的过程。由此,近年来,全球大多数国家均加大对教育和科技培训的投入力度,积极培养科技创新人才。同时,基于对生产性服务业发展综合实力、综合竞争力和绩效开展系统研究的成果亦不断涌现。以信息技术(IT)产业为例,自20世纪中后期以计算机和互联网为基础的信息技术革命以来,围绕信息技术产生了诸如"数字革命"、"知识经济"等新概念。Ochel、Wegner(1987)较早提出 IT 产业特别是其生产性服务部门给微观经济发展带来的深刻变革(图2-2)。Zagler(2000)通过构建一个内生增长的模型,论证了这些新概念下生产性服务业发展、创新与服务外包之间的相互联系,并提出生产性服务业的发展创新主要发生在中小服务企业内部,进而向整体经济扩散。

随着市场需求的不断扩大、社会专业化分工的不断深入等诸多因素的影响,原有制造业中的一部分能够实现自我服务的生产性服务业开始实现与制造业的垂直分离,进而实现外部化、规模化和专业化发展。然而,这一分离非但没有削弱制造业的实力,反而更加强有力地支撑起制造业高效发展,实现制造业与服务业的新型融合(梁琦,2004;陆剑宝、梁琦,

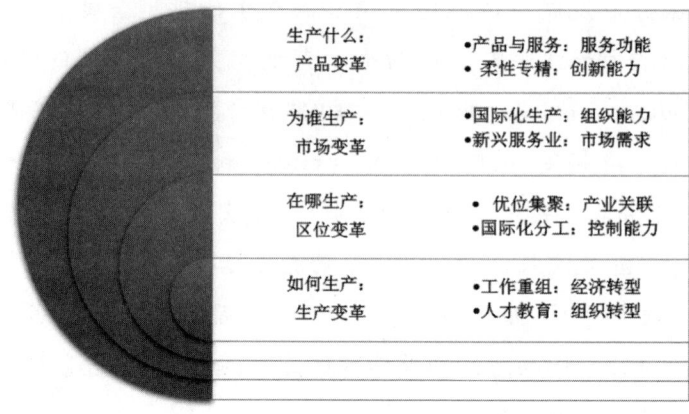

图 2-2　IT 产业生产性服务功能变革

资料来源：根据 Ochel、Wegner(1987)的研究整理。

2012)。从区域效应看，基于共享基础设施建设、运输交易成本节约的产业集聚发展能够同时促进知识和技术的学习与创新，制造业的空间集聚同时引起生产性服务业在空间上的集聚，因此，城市功能的复合型变化要求生产性服务业在特定区位的城市和区域集中布局。甚至国内外不少学者提出，城市中生产性服务业比重的高低，是判断城市是否全球城市和区域中心城市的重要指标。

2.2.2　生产性服务业空间格局与城市系统的关系

生产性服务业空间布局一直是学者研究的焦点。对生产性服务业空间尺度的把握包括三个方面，即大区域空间布局、城市内部空间布局以及不同视域下的空间对比。其中，大区域的生产性服务业空间布局侧重对城市系统空间重构作用的分析。

(1) 生产性服务业在不同等级规模的城市分布不均

大量研究已阐释了生产性服务业在空间上的非均衡发展，生产性服务业倾向在大都市地区(尤其是首府城市)布局，小城市则处于劣势地位(Coffey,2000;Marshall,1990)。不同类型的生产性服务业，其空间布局模式也不同，不同等级规模的中心城市(包括中心城区、CBD)都承担了重要功能。

(2) 企业总部和高级生产性服务业集中或靠近布局在中心城市

早期有关生产性服务业空间分布研究的学者也将更多的目光投在工业研究和CBD等领域,像典型的FIRE(金融、保险和房地产)和商务服务业等。如Sassen(1991)研究指出,伦敦、纽约和东京作为全球城市和国际金融中心,集聚分布着多项高级生产性服务业,企业总部和跨国公司总部大量集聚,服务业比工业更有集聚性。由此,以全球城市领衔的各级中心城市成了企业总部和服务业贸易的中心。

(3) 生产性服务业的去中心化(decentralization)正在同时呈现

生产性服务业日益成为大都市发展最为迅速的产业。一方面,表现为生产性服务业的区位分布呈现一种新的空间形态,当中心城市的商务成本太高时,一些服务企业会选择外迁,且这已并非个案或单个城市的伴生现象。如Gillespie与Green(1987)、Illeris与Sjoholt(1995)发现部分生产性服务业在城市内部呈分散格局,甚至呈现出郊区化现象。我国学者张文忠(1999)根据中外服务业空间分布的对比,也发现我国服务业在都市区布局较多,但与国外相比分散程度更大。由此,营造生产性服务业发展的环境和氛围显得尤为重要(Daniels,1995)。另一方面,生产性服务业产业本身的内部结构分化与功能转移引致产业空间分布的变化,Stanback(1991)、Coffey等(1996)分别对房地产(FIRE)部门与CBD专业功能演变引发的产业空间变化的研究就有力地支持了这一点。

(4) 生产性服务业对当前城市系统结构有着重要作用

一般来说,服务业会由中心CBD向外围边缘地区不断转移,对重构国际尺度的城市系统的作用与其国内的变化相匹配。Beaverstock(2000)以全球金融体系为例,论证了金融体系的空间组织强化了中心城市与其他城市间的非均衡等级关系。以生产性服务业为主导的多核心、分散化的过程在城市—区域的空间重构过程中起着重要作用,尤其是,高级生产性服务业对全球城市等级位序与城市间网络结构的形成和演化具有重要的积极作用(Derudder,et al,2010)。而较低级的生产性服务业以及规模较小、层次较低的生产性服务业企业的外围转移也促进了产业结构的优化升级与中心城市辐射带动作用的提升。有关全球城市的研究也有力地证明了这一点。而且,随着生产性服务业在各主要全球城市的发展,这些城市也日益成为全球经济的控制中心和要素流的高度集聚地,因此也表现出更高的产业空间集聚效应(agglomeration effect)(Sassen,1991;Coffey,2000)。表2-7展现了6个主要的全球城市的全球经济控制能力与服务功能。

表2-7 全球城市服务功能

类　别	纽约	伦敦	东京	巴黎	新加坡	香港
跨国公司总部	A	A	A	B	B	B
国际金融与贸易中心	A	A	A	B	A	A
国际信息枢纽	A	A	A	A	B	B
国际物流中心	A	A	B	A	A	A
国际观光与会议中心	A	A	B	A	B	B
国际文化与科研中心	A	A	A	B	C	B
国际制造业中心	B	B	A	B	C	B
多国籍人口聚集地	A	A	B	A	C	B

资料来源:倪鹏飞《中国城市竞争力报告 No.1》,社科文献出版社,2003年。
注:表中字母A代表显著,B代表一般,C代表不显著。

2.2.3 生产性服务业空间集散理论与机制研究

大量生产性服务业企业在地理空间上的集中称为生产性服务业集聚,对其理论的研究主要集中在经济学和经济地理学领域。在经济学领域,交易费用理论认为,交易成本源于环境的不确定性、机会成本和信息不对称等因素,企业的相对集中会降低这些不利因素的影响。杨小凯、张永生(2000)提出市场和企业是两种可以选择的交易形式和组织模式,二者没有本质区别。外部经济理论主要侧重外部经济和规模经济对产业集聚的形成动因。首先,集聚能够促进专业化分工;其次,集聚能够提供特定技能的劳动力市场;再次,集聚产生的溢出效应使得企业集聚呈现1+1>2的态势。基于此,Marshall(1920)提出了工业区(industrial districts)的概念,认为企业、机构等的空间集聚与联系能够带来规模经济和范围经济。

2 文献综述

在经济地理学领域,产业区位理论较早地对产业集聚进行了解释。韦伯从微观企业的区位选择入手,提出了集聚经济(agglomeration economics),将集聚划分为自身规模扩张引发的集聚和大企业以完善的组织方式集中于某一区域而引发更多同类企业集聚两个阶段,同时,将区位因子分为地方因子与集聚因子。其后,胡佛等进一步修改完善了韦伯的分析体系,设计了更为复杂的三层次规模经济。现代区域理论使区位研究从单个厂商的区位决策演进到对区域总体经济结构的研究,区位决策的对象扩大到了服务业。近年来新经济地理学获得了迅猛发展。Krugman(1995)认为,企业规模、运输成本与要素流动等的相互作用引致了产业集聚的发生。其后,Fujita、Krugman、Venables(1999)将产业集聚纳入新古典经济学体系中,基于 D-S 模型(迪克西特—斯蒂格利茨模型)和中心—外围理论来阐释产业集聚,形成了产业集聚分析的新型架构。Martin、Ottaviano(2001)将新经济地理学与内生增长理论相结合,建立了基于经济发展与空间集聚相互作用、自我强化的理论模型。

以上经济学和经济地理学理论对产业集聚的模型建构大都立足于制造业的发展和演化,并非完全针对生产性服务业的发展,尤其是研究生产性服务业空间集聚,还要结合生产性服务业自身的特点,如生产性服务业对交通可达性的侧重等。因此,生产性服务业空间集聚的模式也是不断丰富和演化的。

20 世纪 90 年代以来,随着新经济地理学的兴起,产业空间集聚成为国内外学者研究的重要课题。尽管新经济地理学研究范式对服务业研究的解释力仍存争议,服务业的空间集聚却逐步引起学者的广泛关注。在工业化阶段,多数学者研究认为,制造业空间集散的重要因素主要是原材料、劳动力、土地、交通运输成本和政府因素等。随着高速运输工具的不断演化和信息技术的飞速发展,产业集聚的特质在服务业领域不断呈现,然而其服务产品的提供方式却与工业制造业大不相同,有的服务产品要求面对面交流,甚至无需交通成本,如金融、信息服务等产业。同时,这类服务产品接近市场、接近大学、接近目标客户的区位选择,这从传统的集聚理论中难以找到其空间发生的机制(Moullaert & Gallouj,1993)。于是，传统因素之外的知识、信息、创新等要素成为促进区域经济发展与提高竞争力的重要因素，获取服务产品的能力也需要被重新定义。

在知识经济时代，呈现出知识密集型生产性服务业（Knowledge Intensive Producer Service，KIPS）的兴起和大发展。KIPS 具有知识化、专业化、高技术和高增值等特性，如金融、科技和商务服务业，服务高度依赖特定的专业和知识，在国民经济和社会发展中起着前瞻性的领导作用（Hipp，et al，2000；OECD，1999；魏江，2007）。同时，在知识经济时代，空间本身具有了区位意义之上的动态职能。Sassen（1991、2002）通过对大都市高级生产性服务业的分析提出，空间集散与全球整合的融合，为主要城市创造了一种新的"策略性角色"。一方面，这种角色体现为中心城市在产业发展中的定位，即经济组织高度集中的发令点、高端服务的关键区位、创新要素的核心市场；另一方面，更为重要的是，经由这些产业定位形成了新的中心性（new centrality）与城市—区域空间等级体系。

2.2.4 生产性服务业经验分析与案例研究

20 世纪 70 年代，欧洲国家对生产性服务业发展的研究主要侧重经济结构的变化和经济转型（危机）中的就业问题。80 年代，研究视角开始拓展到高级生产性服务业在欧美一些大都市地区的空间分布，以及由其建构的空间经济网络（Bailly，1995），生产性服务业的空间不均衡发展、生产性服务业企业扩张、逆大都市区化趋势（Daniels，1995），生产性服务业在城市内部的空间布局、空间集散与转移（Coffey，1995）等，试图探讨生产性服务业空间布局形成的影响因素，从而认识生产性服务业对区域经济发展的作用。90 年代，欧美国家对生产性服务业的空间研究呈现出几个新的趋势：一是对不同类型的生产性服务业的空间布局研究仍在持续，但生产性服务业空间布局的中心—外围模式已逐步明朗；二是由描述性研究向解释性研究转向；三是全球化背景下生产性服务业成为建构全球生产网络和贸易体系的重要环节（Coffey，1995）。进入 21 世纪以来，对生产性服务业促进全球城市等级位序与城市间网络结构的形成和演化的相关研究不断涌现(Sassen,2002;Taylor,2004;Derudder,et al,2010);Jacobs(2011),从港口城市的海事高级生产性服务业的发展论证了专业化服务对城市间合作网络的重要影响。

在对国际中心城市生产性服务业发展空间分析的研究中,多数视角仍聚焦于纽约、伦敦、东京、新加坡、香港等国际枢纽城市。纽约市生产性服务业空间布局因其城市功能分区而差异明显,曼哈顿地区现代服务业高度发达,成为全球性金融枢纽;黑人居多的布鲁克林地区中低端服务业较为集中;布朗克斯地区经济相对落后。大伦敦地区①服务业主要集中在伦敦市和内伦敦地区,其中市区 $1.4km^2$ 的土地上集中分布着近500家跨国银行,每日的外汇交易额超过了纽约与东京的总和,占全球交易量的1/3(上海市经济委员会,2006)。

东京都②都心区是以写字楼和大型商厦为主的金融和商业区,中心区以交通枢纽为中心聚集了东京都大部分的政府与管理机构,以及住宅、印刷、批零等部门,发挥着政治、经济、文化、信息等方面的枢纽功能,中心城内高科技产业、科研院所、新兴住宅多有集聚,共同承担起东京都作为全球性中心城市的功能。由于东京生产性服务业发展早期更多是基于国外技术引进学习,高效专业化的生产性服务业发展有力地支持了制造业技术的升级和跃迁,加之东京都总部经济以及在金融、证券、交通物流等领域的中心性作用进一步提升,最终,东京乃至日本走上了以自主创新推动产业结构调整的轨道(图 2-3)。这对我国区域中心城市实现服务业经济发展具有更为重要的借鉴意义与指导意义。

新加坡是一个集国家、首都、城市和岛屿为一体的岛国,同时也是世界第三大石油炼化中心、亚洲金融中心和转口贸易中心。其中,中央商务区位于中部地区中心区,是金融、商务服务业和商业的主要集聚地,东部为围绕

---

① 大伦敦地区指包含英国首都伦敦与其周围的卫星城镇所组成的都会区。行政上,该区域包括伦敦市和32个伦敦自治市;其中,内伦敦含12个自治市,外伦敦含20个自治市。

② 根据行政区划分与城市交通,东京都一般分为都心3区、中心区(东京都区部23区)和中心城(东京都)三部分。中心城是在东京都区部23区基础上,加之外围3郡(北多摩郡、西多摩郡和南多摩郡)共同组成。

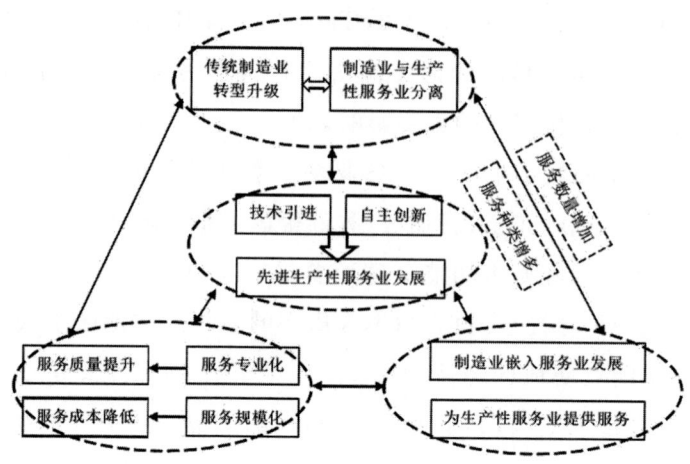

图 2-3 东京生产性服务业发展模式

樟宜国际机场开展国际航运物流的自由贸易区,西部地区为裕廊工业园区。

香港特区作为亚太地区最重要的国际金融、贸易、航运和信息服务枢纽城市之一,跨国公司和地区总部云集,都会区构成香港服务业的中枢,新界西北地区与大陆相邻,成为直接通达珠江三角洲的门廊。尤其需要指出的是,香港金融市场已成为内地企业进行融资的重要渠道。近年来,香港经济也成功实现了向服务业的转型,内地与香港的互动和交流不断加深,香港的专业服务有了"输出"的可能①。由此,会计师、规划师、工程师、律师等职业的专业团体得以结盟并开始推广宣传,成为现代服务业发展的一种新型业态。

随着全球服务业的快速发展,服务经济在发达国家与主要城市中居于主导地位,成为经济发展的主要推动力。在生产性服务业领域,随着信息技术的发展和应用水平的不断提高,全球信息服务业发展迅猛,新业务层出不穷,产业融合不断加强;商贸服务业全球化趋势进一步增强,产业并购、跨国采购日渐频繁;金融服务业全球化进程加深;物流现代化趋势不断加强;研发设计中发达国家和中心城市占据主导地位;创意产业呈现

---

① 香港专业联盟(Hong Kong Coalition of Professional Services)由第四任行政长官梁振英发起,旨在推动香港专业服务,促进香港与内地的交流,并提升香港专业人士的整体形象及竞争力。近年来,以专业服务联盟为重点的香港和内地建立更紧密的经贸关系(CEPA)得以不断顺利推进。

2 文献综述

热潮,新型商业模式正在形成。因此,生产性服务业的发展日益成为城市—区域乃至国家竞争力提升的关键。尤其是,在全球性中心城市和国际大都市层面,城市产业结构不断优化调整,发展模式转变,创新为生产性服务业的发展提供了强大动力,创意产业正不断建构和提升城市发展空间,知识服务业越来越成为中心城市服务业发展的核心产业(上海市经济委员会,2006)。

我国对生产性服务业的研究始于20世纪90年代,主要包括地理学和经济学两大领域。地理学研究的内容主要体现在服务业企业区位与空间结构(宁越敏,2000;闫小培等,1999、2000;张文忠,1999)、服务业对城市产业空间结构的影响(杨开忠,1997;闫小培,1999)、国外研究进展引介(甄峰等,2001)等方面,实证研究多针对北上广深等国家中心城市(Han & Qin,2009)。经济学界对生产性服务业的研究主要从其对国内经济增长的作用及机制切入(蒋三庚,2005;李江帆,2005)。近年来,随着我国市场机制的不断完善和新型工业化的发展,经济学界对现代服务业和生产性服务业的关注日益增加,除去部分空间建模与计量分析,对生产性服务业空间格局演化及其机理的研究尚缺乏针对性。当今世界,服务业发展日益成为各国发展的重点和全球交流与合作的热点。发达国家后工业化发展强化了全球服务业发展的领先优势;后发国家在推进工业化、城镇化的进程中,也正在努力逐步弥补服务业发展的短板。通常认为,传统服务业承载了大量劳动力的就业,而信息、软件、研发、物流和金融等生产性服务业则成为打造中国产业升级版的"利器",日益成为提升区域竞争优势、推进"中国创造"、引导转型发展的重要引擎(孙素侠,2013;夏杰长,2013)。大力发展生产性服务业,既是当前稳增长、保就业的重要举措,也是调整优化结构、打造中国经济升级版的战略选择,要努力把生产性服务业打造成经济社会可持续发展的新引擎。国务院总理李克强在出席第二届京交会暨全球服务论坛北京峰会(2013年5月29日)上发表题为《把服务业打造成经济社会可持续发展的新引擎》的演讲中指出:当今世界,不断成长的服务业越来越成为各国发展的重点和彼此合作的热点,研发、信息、物流等新兴服务业为发展增添动力,服务业日益成为促进世界经济复苏、引领转型发展的新引擎、新方向。

2.2.5 小结

生产性服务业是一种面向生产而非消费提供中间需求性质服务的产业类型。作为一种包容性分类行业,生产性服务业仍具有内部异质性。当前国内外对生产性服务业产业关联的分析主要体现在它对区域经济的带动作用上,且多从金融、保险等发展速度最快的生产性服务业行业入手,对细分行业内部异质性的分析较为不足,围绕产业生产性服务功能变革的"3W1H"(What-Who-Where-How)机制的研究尚不多见。在空间层次上,国内外学者已初步建构了从宏观的城市—区域空间关系到中观的城市产业空间集散与机制研究,再到微观区位因子与要素的系统分析框架。城市产业附加值曲线的递进告诉我们,随着产业结构的不断提升,对城市空间结构与形态也提出了更高的要求,城市功能由工业制造向信息枢纽、金融贸易、观光会议、文化科研等高端服务延伸,从而推进人口规模增大和新型产业业态从业人员的空间集聚。理论与实证分析相结合,提出了城市产业空间结构与重构的理论模式与效应,但整合生产性服务业宏观到微观层次的系统性综合研究与对比分析仍有待进一步加强。

2.3 述评

当前,对我国城市(生产性)服务业空间结构与重构研究的理论机制研究尚处于初级阶段,系统阐述城市生产性服务业空间重构理论框架的研究较为不足。对生产性服务业空间重构本身的界定及内涵的分析仍不够明确和统一。对生产性服务业发展的空间差异性和特殊性关注不够,甚至对某些领域的研究还存在不小的争议与讨论,缺乏对城市生产性服务业空间体系及其耦合机理的研究。对城市生产性服务业空间形态演化、产业空间重构动力机制的研究还不够系统。分析城市生产性服务业空间重构的国际性研究焦点(如全球化、后工业化)的研究大都立于宏观层次,对城市微观尺度的深入研究尚显不足。尤其是,转型研究尚缺乏完整的基本理论框架,鲜有立足于城市快速发展与多元转型背景下城市生产性服务业空间结构与重构的理论思考;对生产性服务业空间集散的宏观视域、影响因素、动力机制等的分析不够深入,导致我国区域中心城市生产性服务业空间重构研究的理论基础与框架体系比较薄弱。

在分析工具方面,对生产性服务业空间分析尚没有能够被广泛接受的解释模型。尤其是,不少研究空间尺度较大,对揭示生产性服务业空间集散的微观形成机制的量化分析与模拟的研究不足,难以解释生产性服务业空间的内部差异与逻辑成因。GIS已经成为空间分析与地理系统建模分析的必备工具,但分析功能尚不够灵活,其逻辑结构与智能层次还难以满足解决如生产性服务业空间等复杂空间系统决策问题的需要,与其他模型集成还存在一定难度,系统运用多模型集成仍面临一些技术性难题。但是,模型的系统集成与多元融合无疑将是未来城市生产性服务业空间建模分析的发展方向之一。

尽管呼吁可持续性的城市转型与生产性服务业空间重构,许多关于中国城市的研究仍处在"科学主义"的控制下,区域中心城市的生产性服务业空间构造和实践还没有受到学者应有的关注,我们进行现代化建设的手段往往还停留在"前现代化"阶段(吕拉昌等,2006;姚洋,2011)。不过,无论从哪个方面来讲,城市生产性服务业空间重构的基本动力都源于城市产业发展的基础。我国应对全球化城市急速转型与发展的城市实践还不足,区域中心城市发展特色不明显,尤其是位于中西部地区的大城市,其发展路径与模式仍从属于沿海地区核心城市。因此,当下实证研究的重点仍主要围绕国家层面和东部主要沿海城市铺开,对内陆中心城市及其生产性服务业空间发展的综合研究较少,对郑州市生产性服务业发展与空间模式开展的系统实证研究还远远不够,且大多将生产性服务业作为转变经济发展方式、提升城市竞争力、优化税制的重要工具和手段,对其空间响应与重构的研究尤显不足。

总之,目前国内外学者对区域性中心城市生产性服务业空间重构的研究已取得了一些阶段性的成果。但是,由于对城市经济转型背景下生产性服务业空间结构与重构的研究时间尚短,许多问题仍需深入化、系统化和理论化。另外,随着城市生产性服务业空间形态的日益多样与复杂化,单纯从城市物理空间的紧凑与蔓延研究已不能涵盖空间形态研究的全部,而应将从包括城市内部、外部、城市之间在内的多维角度出发的生产性服务业空间形态研究纳入其中。本书研究的特色在于全面把握区域中心城市转型的宏观背景与城市生产性服务业空间重构的概念内涵,试图建立较完整的城市生产性服务业空间建构与重构的框架体系,完善区域中心城市生产性服务业空间形态研究的内容体系,深化城市生产性服务业空间重构的目标体系、综合绩效评价与系统调控等研究内容。多视角、多尺度的分析研究不仅可以弥补区域中心城市产业空间研究上的不足,而且还可以对我国东、中、西不同区域中心城市生产性服务业空间重构的动力、机制和模式进行对比,为转型背景下我国城市经济、区域经济和城市区域规划的研究和学科建设提供更为系统的经验案例,为区域中心城市产业结构升级和可持续发展提供新的理念支撑。

鉴于此,本书旨在以生产性服务业发展为视角,对城市产业转型背景下的郑州市生产性服务业空间结构与重构进行系统研究和实证分析,以期在理论上有所创新,在实践上能够提出针对性的政策建议。

3 区域中心城市生产性服务业空间重构理论分析框架

3.1 概念解析与界定

3.1.1 生产性服务业

Machlup(1962)、Greenfield(1966)较早地提出了生产性服务业这一概念,认为生产性服务业是面向生产者而非向消费者提供的商品和服务,从产品属性和经济需求的角度对其进行了定义。Browning(1975)基于《国际标准产业分类(ISIG)》把服务业分为4类,其中生产性服务业包括商务、金融、保险、房地产等的分类方法也得到了《国际标准产业分类》的支持。进入20世纪90年代,随着生产经营活动和范围的不断扩展,生产性服务业的含义进一步深化。Stull、Madden(1990)认为,生产性服务业是涵盖中间产出的行业。Martinelli(1991)认为,生产性服务业包括与资源分配与流通相关性活动、产品研发设计与创新活动、生产组织与管理活动以及产品推广与配销服务等。换句话说,生产性服务业依靠制造业发展,拓展了生产的上游和下游活动。进入21世纪,生产性服务业引起我国学者的广泛关注,钟韵、闫小培(2003)指出生产性服务业是为社会生产、商务活动和政府管理提供的而非面向直接消费的服务,主要为满足中间性需求(李江帆,2004;程大中,2006)。

作为中间投入行业,生产性服务业较之消费性服务业有以下几个鲜明特点(图3-1):一是较强的产业关联性,与其他产业存在广泛的前向与后向联系,从制造业中分离出来,与制造业密切联系,带动相关产业发展。二是高度专业性,生产的每一过程都需要规划、整合、评估等多项专业化服务。OECD(1999)认为,高科技人才向生产性服务业和服务型经济转移成为常态。Saxenian(1994)通过硅谷的发展证实了人力资本和知识资本高度密集的生产性服务业发展对硅谷的显著作用。三是空间可分性。Nicolaides(1990)指出,生产性服务业不限于空间因素,生产性服务业与制造业分离,跨越区域和国家界线逐步成为一种常态,生产性服务业可以在世界任何空间区位通过信息技术等提供服务。四是空间集聚性。尤其是高端生产性服务业或"现代服务业",往往通过跨国(直接)投资在全球若干主要城市设立区域总部或分支机构。Markusen(1989)研究证实,生产性服务业本身具有规模经济效应,与集聚经济密切相关,因此生产性服务业大都集中在大都市地区,形成产业的核心部门。

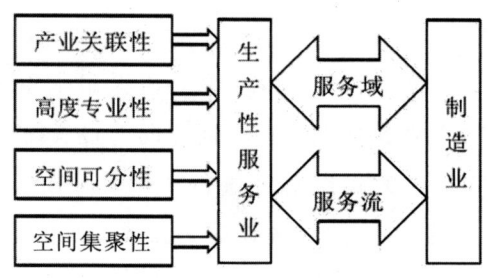

图 3-1　生产性服务业产业的特点

作为一种包容性分类行业,生产性服务业仍具有内部异质性(薛领等,2013)。如我国当前生产性服务业的投入大多是由劳动密集型部门提供的,而科学研究、技术服务和地质勘查业更符合技术密集型业态。李江帆(2004)主张根据产业发展的关联性将生产性服务业进一步划分为3个层次:首先是核心层,主要作用于生产过程,如研发、科技、工艺流程等,属于产业发展的高级形态,也是产业发展的"硬骨头",产生的效率与效益也更为明显;其次是外围层,主要作用于产业的流通领域,如商贸、交通仓储与邮电、金融、物流等,这也是当前我国服务业发展的重点领域,其中,商贸服务业所占比重最大,一般来说,这些产业发展的组织变革见效较快;再次是相关层,主要作用于生产者的配套商务服务,如休闲、娱乐、旅游、餐饮等,旨在为生产者提供更好的投资、生产和生活环境。

整体上说,生产性服务业是面向生产而非消费提供中间需求性质服务的产业类型。尽管当前对生产性服务业的这一核心概念有了广泛共识,但在生产性服务业的细分层次上仍存在不少争议。从生产过程的连续性看,一般可将生产性服务业划分为基本的生产服务、制造业嵌入服务和为生产性服务业提供服务的服务。随着市场经济的不断繁荣和发展,这三个部分的边界愈发明显,第二、第三两部分的比重会不断增加,生产和服务的技术水平越来越高,制造业嵌入服务业不断剥离而独立,第三部分的比重会越来越大。然而,理论层次的划分并不能提供统计意义上的完全分类,因此,在生产性服务业的统计核算中,出现了多种不同的分类方式。例如,我国较早对生产性服务业发展提出明确规划方案的北京市和上海市所发布的产业规划中对生产性服务业的划分就采用了不同的统计口径。本书后续研究也证实和回应了这一争议。

3.1.2 转型与定型

从表征上来讲,一般用以表达一个城市或经济系统基本特征的因素主要包括时间、空间、制度、技术与价值取向等。时间与空间是基础性要素,制度与技术表征了生产力与生产关系,价值取向反映了生产活动的根本导向。从根本上说,经济转型或城市转型首先对应一种时空格局上的独特性,如转型期、新的历史阶段等;转型过程体现了新技术与新制度模式的结合与作用。正如 Florida 等(2002)认为,20 世纪发达国家后工业化阶段的产业转型,不仅包括新技术的创新应用与产业结构升级,也催生了新的产业组织模式、企业组织模式等(王兴平,2005)。可以说,当代中国的经济转型与城市转型首先体现在:以城市为依托、以市场为导向的新的产业组织形式和城市发展模式,是相对于我国传统的计划经济时代有重大转变的城市经济发展类型。转型的目的是重构符合城市自身发展规律和产业发展规律的新的城市区域产业发展模式,以保持城市经济社会发展的活力与生命力。

当前,我国经济社会发展模式的转型主要体现在3个层次:① 指导思想的转型。改革开放初期,我国主张发展是硬道理,对发展的定位主要在于经济增长,主要的衡量标准就是GDP(国内生产总值)的规模。21世纪以来,党中央提出了以人为本,全面、协调、可持续发展的科学发展观,标志着党中央的指导思想发生了质的变化,也表明我们对发展的理解更加深刻和全面。② 发展战略的转型。我国区域发展战略的调整经历了改革开放以来的以东部沿海沿江为重点向区域协调发展的转变,GDP导向下的区域发展你追我赶,"东部率先,西部大开发,东北振兴,中部崛起"呈现一种齐头并进的局面。当前,区域发展战略综合考虑了区域发展的资源环境承载能力、现有开发密度和发展潜力,将全国国土划分为优化、重点、限制与禁止开发4种格局。目前全国主体功能区规划已然发布,相关国土规划与建设刚刚起步,学界对此应高度重视。③ 运行机制的转型。运行机制是贯彻指导思想、执行发展战略的根本保障。指导思想调整了,战略转型了,运行机制就要进行相应的转变。一是市场机制,要建立和健全土地收益分配机制、公共产品与服务机制、资源和生态补偿机制等;二是政府组织机制,政府机构改革、职能调整与政策体系建设是贯彻科学发展观、构建和谐社会的应有之义。本书对转型的界定主要包括两个方面:一是经济服务化转型的结构调整,二是城市定位与建设的层次提升。

经历了1978年以来的经济体制改革,我国已逐步脱离原有的计划体制,市场经济模式得以确立和不断健全,中国经济社会发生了极其深刻的重大变化。无论是从宏观经济发展看,还是从微观价格机制、产权制度看,或是从动态经济运行与要素流动看,我国经济运行均呈现转型格局(表3-1)。2014年5月习近平总书记在河南考察时提出,我国经济社会发展仍处于重要的战略机遇期,要从我国经济发展的阶段性出发,适应"新常态",即:经济形势上表现为稳中求进、调控创新和改革红利;经济运行中表现为增速换挡、结构阵痛、经济刺激,因此经济发展要积极适应这一"新常态"。可以肯定地说,以"新常态"来研判当前我国经济发展的特征,并进一步提升到国家战略高度,表明中央对当前全国经济发展的阶段性演变规律的认识更加明确和深刻,这必将对全国宏观经济运行、宏观政策制定以及市场主体转型演替产生重大甚至根本影响。在当前经济运行增速换挡、结构阵痛的前提下实现经济发展稳中有进,因此可以说,经济发展的"新常态"亦将成为经济转型发展的定型态,以服务业尤其是生产性服务业为引领和主导的产业结构和模式将成为"新常态"。

表 3-1　经济转型前后基本特征

类　别	初始态	转型期
宏观经济	短缺型	剩余型
市场体系	计划性	健全市场
价格机制	政令式	市场化
产权制度	单一性	多元性
要素流动	管制式	开放性

资料来源:《人民日报》2014 年 8 月 7 日。

3.1.3　空间结构与重构

城市空间,首先是在城市范围内由建筑物、构筑物、道路、广场、城市小品、标志物等共同界定、围合而成的空间。克莱尔(1991)将城市空间解释为"城市内和其他场所各建筑物之间所有的空间形式……具有清晰的可辨性,从而容许人们自觉地去领会这个外部空间",是城市经济社会、文化历史以及各种活动的物质载体(宛素春,2004)。对城市产业空间的界定过分关注城市的自然空间,而忽视了城市产业空间的经济性、社会性建构。Bourne(1971)、柴彦威(2000)则注重拓展城市物质性空间的内外表征,指出城市空间是城市社会、经济、文化、历史以及各种活动的物质载体,是包括物质设施、社会群体、经济活动和公共机构等的空间分布模式。城市地理学研究的一个核心观点是,城市空间结构与形态是城市经济、社会要素在空间上的投影,认为空间与经济、社会之间存在着辩证统一的关系。其层次结构如图 3-2 所示。因此,产业空间、市场空间与交通空间等都是城市空间三位一体建构中经济空间的重要组成部分。

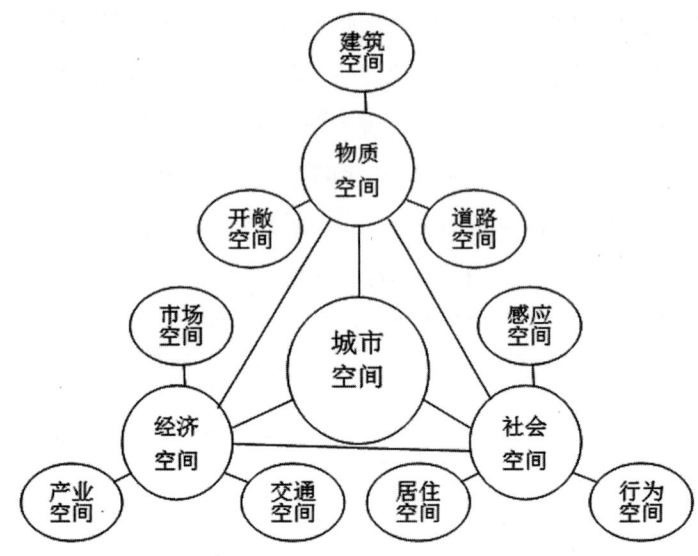

图 3-2 城市产业空间层次结构示意图

资料来源：根据柴彦威（2000）的研究改动。

空间结构是一个跨学科的研究对象。研究空间结构旨在探讨各城市区域要素在空间范围内的分布和组合状态，Foley（1964）、Webber（1964）最早建构了这一概念框架。Bourne（1971）认为，空间结构指城市要素在空间范围内的分布和相互作用的内在机制。Harvey（1973）进一步强调任何城市理论都必须研究城市空间布局和作为内在机制的社会过程之间的相互关系。也就是说，空间结构本身既包含了对城市经济社会和自然空间的总体把握，又包含了对形态、机制和过程的系统考察。我国学者陆玉麒（2011）从发生学角度试图证明区位论、双核论、海港论三个理论模型构成了区域空间结构模型的基本理论体系框架，并论证了区域双核结构模式的理论地位。

解构（deconstruction）作为一种思想潮流，其产生和影响是和后工业化时代的社会语境分不开的。"后现代"、"后福特"、"后凯恩斯"等各种产业化发展模式使得大多数发展表现出一些"引人注目的新异"，尤其是那些已经呈现出深刻转型的大都市。Derrida（1996）认为，解构就是消除和分解结构，解构"首先与系统相关，它敞开了系统排列和集合的可能性"。解构的实质在于打破规律与逻辑，是对结构主义的一种"破坏"和分解。

3 区域中心城市生产性服务业空间重构理论分析框架

解构的思想帮助我们寻找虚掩在平面世界下的"裂缝"以及更多"差异性的事实"。从理论分析看(图 3-3),结构主义与解构主义为分析重构提供了现实土壤。重构(restructing)是转型与发展背景下空间经济要素的优位选择与空间关系的重新组织。法国新马克思主义学者列斐伏尔在其《空间的生产》(1974)一书中称:空间是社会关系至为重要的组成部分,并随历史演变而重新结构与转化。在我国,市场调节、国家调控、财政分权、生产专业化、住房商品化等因素的转变,都对我国城市产业空间的某个或多个方面产生了影响。这些空间结构、解构与重构过程表现为当前中国城市现状,并呈现出空间不断演化和发展的逻辑。换句话说,产业空间重构是生产性服务业空间的形成和演化对制造业空间的不断解构与重构。

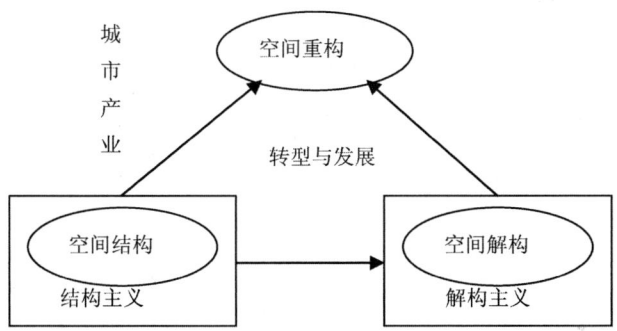

图 3-3 城市产业空间结构—解构—重构的关系

3.1.4 区域中心城市

在我国,对"中心城市"的描述首先是作为区域经济中心的同义词而使用的。1981 年,第五届全国人大第四次会议提出"以大中城市为依托,形成各类经济中心,组织合理的经济网络"。其后,对中心城市的研究开始升温,且主要围绕基于市场经济与城市发展规律开展城市发展战略与规划的调整进行讨论(苗建军,2003),主张在社会主义市场经济条件下发挥各类经济中心城市的巨大潜力,围绕中心城市这一"生长极核"进行高密度、高水平、产业化发展。20 世纪 90 年代以来,区域性中心城市尤其是东部沿海地区中心城市在国民经济与社会发展中的作用日益突出,外向化服务功能和城市集聚、辐射的能力不断增强。2001年,我国"十五"计划纲要明确提出:"完善区域性中心城市功能,发挥大城市的辐射带动作用,引导城镇密集区有序发展。"随着全球化程度的加深,区域中心城市已成为带动我国参与全球分工与合作、融入全球一体化的重要枢纽。

一般来说,区域中心城市是指在一定区域的城市带中具有相当经济实力,能在经济、科技、文化各方面对周围区域产生相当辐射作用的中心城市(苗建军,2004)。从区域经济角度看,它是一定区域内(经济区或城市群)居于中心性地位的城市,经济实力雄厚,城市功能完善,外向化服务功能较强,能够辐射并带动区域经济的一体发展;从城市功能看,它是区域经济中心、政治中心和文化中心等区域主导功能的综合型或复合型中心城市,其中心性功能不仅体现在经济集聚、文化集聚和创新集聚上,而且还体现在高端服务中心和对外交流门户上(图3-4);从城市体系看,它是区域内居于顶层的核心城市,能够发挥区域主导性功能与作用;从区划范围看,它往往能够实现行政区域板块内甚至跨区域板块的网络联系,区域范围的界定可以指全球/世界级、国家级、区域板块和地方板块(图3-5)。

图 3-4　区域中心城市中心性功能

基于此,区域中心城市可概括为:具有优越的空间区位、经济社会和历史文化等要素,在区域内、跨区域甚至全球的经济社会发展、要素集聚

3 区域中心城市生产性服务业空间重构理论分析框架

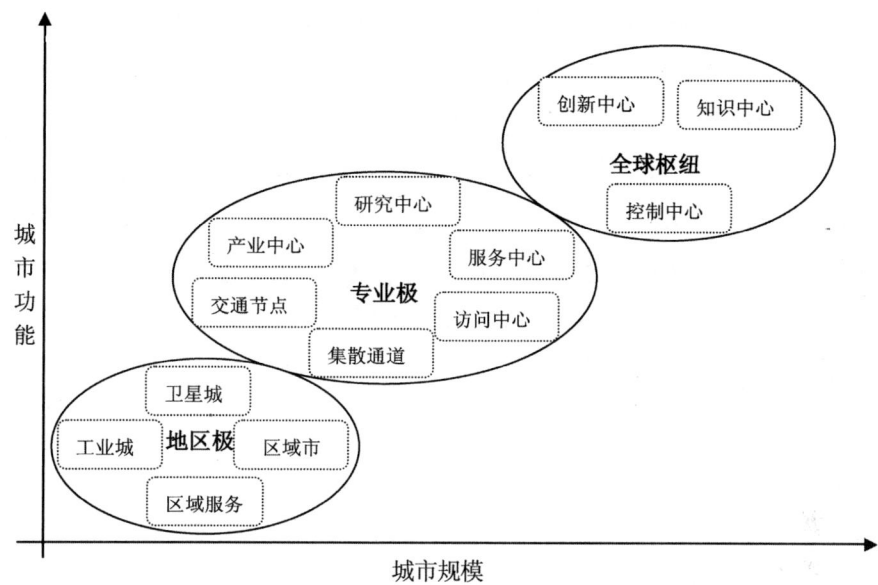

图 3-5　城市中心性功能跃迁示意图

与辐射过程中具有主导或核心作用的大都市。因此,我国区域性中心城市应具备如下条件:① 须是人口规模在 100 万以上的特大城市;② 须是省会及其以上级别的城市;③ 须镶嵌在当前我国已经成型的城市群内部。基于此,本书根据我国行政区划以及《2010 中国城市群发展报告》提出的 15 个"达标"城市群整理了当前我国区域中心城市,合计 25 个(表 3-2)。

表 3-2　国家区域中心城市汇总表

	东部地区	东北地区	中部地区	西部地区	汇总(个)
直辖市	北京、天津、上海			重庆	4
副省级城市	南京、杭州、宁波、厦门、济南、青岛、广州、深圳	哈尔滨、长春、沈阳、大连	武汉	成都、西安	15
省会城市	福州		郑州、长沙、南昌、合肥	乌鲁木齐	6
汇总(个)	12	4	5	4	25

如表 3-2 所示,东部地区区域中心城市占总数的近半壁江山;东北地区与西部地区各有 4 个城市入围;中部地区尽管有 5 个区域中心城市,但

副省级及其以上城市仅有武汉一个城市，在全国四大板块中居于末位。在城市群体系中，各直辖市和副省级城市中心性城市态势明显，功能完善，同时，海峡西岸经济区的福州、天山北坡经济带的乌鲁木齐和中部地区的中原、江淮、长株潭、环鄱阳湖四大城市群的中心城市郑州、合肥、长沙、南昌在各自区域板块中的中心性作用日益增强。21世纪以来，国家陆续批复了各区域中心城市的城市（乡）总体规划，对其城市中心性作用进行了定位与空间设计（附表1）。

3.2 理论基础

3.2.1 区位论与空间优位

区位理论是研究人类经济活动的空间选择与分布规律的理论。最早的区位理论研究肇始于杜能（1826）的农业区位论和韦伯（1909）的工业区位论。1933年，克里斯塔勒系统阐述了中心地理论，其立论核心在于分析城市职能与经济发展、城市规模与区域结构等的相互关系，并通过"中心地"的核心概念论证了由多级市场区构成的区域市场体系，并进一步地阐述了空间优位对产业集聚发展的重要的拉动作用。尽管这一理论建立在过于严格的模型假定基础上，但由其开启的以城市为核心进行市场网络分析的理论框架受到学术界的广泛重视。廖什（1940）在工业区位论和中心地理论的基础上建立了市场区位理论，基于最大利润原则和消费者需求模式，提出企业的区位选择应主要基于产品的市场需求，并进一步论证了影响社会需求的不同因素，这一理论也被称为区位理论中的市场学派。二战以来，区位理论的发展呈现出动态化、综合化的趋势，现代区位理论的区位决策目标也呈现多元态势，基于生产者利润最大化、消费者效用最大化。基于单个厂商到区域总体经济结构等等的模型研究与区域实践也得以不断丰富和发展，并且区位决策的研究对象也扩展到服务业发展方面。

从根本上说，城市本身就是一种极不均衡的发展模式的体现，它将人口、资源、信息与财富聚集于特定的区域。同时，在时间序列上，不同的城市也都会呈现不同的经济地理格局，且在城市等级中的地位和位次也在不断地变化(Stoper,2013)。各经济主体基于成本节约、规模经济、社会资本等特定的目标定位会重新调整自身的区位选择，而且这一空间再区位的优位选择呈现一种更加快速、高效和便捷的特点。

3.2.2 产业转型理论

(1) 产业服务化理论

从产业发展的演进看，人类经济活动实现了由农业向工业再向服务业的转型升级，也即三次产业分别主导的产业发展进程。20世纪60年代末，美国服务业产值比重与就业比重均超过60%，社会学家Bell(1973)将这一现象称为美国经济由产品型向服务型的"经济转型"。其后，众多学者也都提出了类似的概念与模式，国际经济发展的历程也不断佐证这一论断。可见，服务业的迅速发展已经成为发达国家和越来越多的发展中国家的普遍经济现象，并成为全球化发展的新趋势。我国学者杨治(1985)较早地将这一现象概称为"经济服务化"，对其理解也可分为3个层次：① 产业结构的服务化。表现为产业发展呈现结构性转变，第三产业在国民经济发展中的地位上升，服务业成为产业结构的第一主体。世界银行统计数据同时表明，发达国家的服务业无论在GDP构成中还是在就业结构中均已成为第一位的经济部门，而且作为一股潮流不断扩展到部分工业化水平较高的国家和地区。② 生产型行业的服务化。服务作为一项专业职能在工业、制造业等生产型行业中的重要性不断提升，能够剥离出来的大都成为独立的生产性服务业，未能独立的行业其服务化比重增加，形成生产—服务协同体系。③ 服务型经济的形成。经济服务化发展的最终形态应该是形成以服务活动为主导的服务型经济。相对于以往的产品型经济，服务型经济的主要经济部门、主导产品、重要产出都是由服务而非商品创造的。这几个方面共同揭示了服务活动在经济体系中的主体地位(左学金,2011)。

(2) 价值链升级理论

Porter(1985)提出企业的价值创造过程主要由基本活动和支持性活动两部分完成,前者如生产、营销、运输和售后服务等,后者则包括原材料供应、技术、人力资源和财务等,两者在企业价值创造中相互关联,共同构成企业价值创造的行为链条,即价值链。价值链可存在于公司内部,也可存在于与其他经济单位的关联。相对于Porter强调单个企业的价值链培育,Kogut(1985)则由小及大,通过研究价值链的垂直分离和全球空间再配置,认为国际商业战略的设定建基于国家比较优势和企业竞争能力间的相互作用。国家比较优势决定了整个价值链的各环节在区域范围内的空间配置,而企业竞争能力决定了企业如何在价值链上的某个环节和技术层面上有所侧重,以便确保竞争优势。Krugman(1995)基于企业内部价值链的空间配置能力的分析提出,经济活动在地理空间上是集散还是转移,主要受制于推动地理集聚的向心力和促进空间扩散的离心力之间的动态演变和力量均衡。这些由价值链在空间配置方面所形成的全球生产网络和全球价值链既包含了商品或服务价值链全部领域的垂直序列关系,也包含了企业间网络关联的程度、范围与层次,共同构成了具有当代世界经济发展特征和趋势的"全球网络视角"(艾少伟,2009;陈维忠,2012;田家欣,2007)。

3.2.3 产业集群理论

产业是由一些具有某种共性的生产工艺或产品特征的经济活动主体的集合,其中的主体多为数量不定甚至大小迥异的企业。企业为寻求成本节约、实现规模效益与群体优势而在空间上形成集中或集聚的分布模式,相互关联,专业化分工与协作,因此形成了特定产业在空间上的集群或群落。这些企业或产业的空间载体就是"新产业区","新产业区"的重要特点就是本地"根植性"(Embeddedness)、机构"稠密性"(Density)和"创新性"(Innovation)(苗长虹,2006;周维颖,2004)。也正是这些特征,促进了我国以高新技术开发区、经济技术开发区和民营企业集聚区为代表的产业类型不断涌现。当然,随着产业集群研究与新产业区的不断形成,集群本身和"新产业区"概念明显带有典型的地域特色,甚至出现了以国别或地域命名的研究特色,如意大利学派、加州学派等。国际学者对"新产业区"的含义的理解尚未形成统一的认识,但仍可以归纳出成功的产业集群和新产业区所存在的共性特征:① 地理空间上的相邻性;② 柔性专精;③ 基于技术学习与创新的企业关联网络;④ 以中小企业为主,但也不排除以个别龙头企业为核心;⑤ 支持型的地方政府与积极的环境配套建设。这些也成为我们当前理解和指导产业集群发展与产业集聚区建设的重要内容。

3.3　生产性服务业空间重构理论分析框架

3.3.1　生产性服务业空间重构内涵

全球化背景下,各区域中心城市通过参与区域分工甚至全球分工,加快生产性服务业的发展,使城市区域的产品和服务价值得以体现,进而扩大生产和服务规模,增加社会就业,提高城市竞争力。对单个企业而言,生产性服务业企业产品和服务在不同空间单元的差别不大;但对于特定区域而言,其空间分布与集散态势却具有典型的意义。企业或产业在特定空间集聚、分工竞合,由此建构的网络关系可进一步通过乘数效应产生更大的社会效应,如承载更多的就业劳动力(李少星、顾朝林,2010),因此形成特定城市空间中的功能复合,即空间外向性连接功能凸显、城市商业与服务业的功能重组、城市专属功能区的出现和大规模产业集聚区的出现。人口的集聚郊区化也直接推动了边缘城市和卫星城镇的形成,进而推进城市多中心形态的出现(表3-3)。

表 3-3 城市内部空间功能与空间形态

名称	区位	城市功能	空间形态	形成原因
中心	城市中心区	复合功能,集聚中心,生产性服务业发达	高层、高密度	经济发展到一定阶段的产物
亚/副中心	城市中心区	商业功能引领,集聚性强	高密度	
开发区	城市郊区	功能单一,依附性强	低层、低密度	政府引导甚至政府开发、政策优惠
卫星城	城市郊区	初期功能单一	低层、低密度	
边缘城市	城市郊区	小区域中心,具备一定专业化生产方式	低层、低密度	经济发展到一定阶段的产物

作为经济发展到一定阶段的产物和政府在一定程度上有意识地培养的产业,不同城市的生产性服务业,其发展城市的功能与空间形态方面都有所不同。因此,笔者认为,生产性服务业产业空间重构是转型期产业发展主体的空间优位选择与格局演进,反映了经济活动的再区位特征以及空间关系的重新组织。以服务业尤其是生产性服务业发展为引领的城市中心与副中心功能的强化,也在不断建构城市由单中心向多中心网络化发展的空间形态。

3.3.2 逻辑框架

美国学者马库森(1996)基于企业发展的规模、关联、内部导向和外部导向 4 个原则提出了产业区的概念,并建构了基于制造业产业集聚的经典分析模式。当前围绕产业空间集聚与空间结构的模式研究也大都建基于这一制造业集聚模式。这对于生产性服务业的空间结构与集聚模式的研究也具有重要的借鉴意义。

根据马库森对制造业空间集聚的分析,产业空间集聚的模式主要可分为 4 种(苗长虹,2006;王缉慈,2001),即马歇尔式、轮轴式、卫星平台式和政府主导型。马歇尔式产业区由众多中小企业不断集聚而形成,集群内部存在复杂的专业化分工协作与竞合网络。因此,集群本身具有地方文化特质,生产性服务业专业性凸显,并呈现多样化、网络化结构特征,如东京周边大量中小型生产性服务业的集聚就体现为这种模式。轮轴式又称为核心—外围模式,以一个或多个核心企业为中心,基于其产业价值链进行上下游和横向多层次合作,形成配套型产业集群。大中企业获得规模经济与范围经济的同时,满足了中小企业集聚正外部性的获取,典型的如纽约曼哈顿CBD。卫星平台式主要基于特殊区位和政府优惠政策的实施,使得大型企业与跨国公司及其分支机构在该区位集聚,其竞争优势主要得益于其资源禀赋、空间优位与政府政策支持。但集群内部企业联系较少,产业增长能力和持续性有限,如伦敦金融集聚区就符合这一特征。政府主导型产业集群由于得到政府的强力干预甚至控制,集群内部市场化程度高,因此大型企业集团、高校与科研院所便成为重要的区位选择,如印度班加罗尔主要就是依靠政策吸引和承接FDI(外商直接投资)。

马库森产业集聚与空间结构模式主要基于产业区内各经济主体之间的关系,尤其是企业之间、企业与市场之间、企业与政府之间的关系。从生长机制看,马歇尔式产业集聚属于内生增长机制,根植性强;轮轴式与卫星平台式属于嵌入型生长机制,既表现出部分内生优势,又表现出部分外生特质,依靠空间优位、资源禀赋和优惠政策等;政府主导型属于外生机制,技术创新动力不足,主要依靠政府的优惠政策推动。

近年来,国内外学者基于这一模式不断提出自己的分类方法与标准(表3-4)。尽管采用不同的分类标准与理论视角,但大多并未脱离马库森传统模式,基于空间模式的划分也大致相同和类似,且更多的理论分析对象已逐步包含生产性服务业的服务部门。因此,利用这一工具来探讨生产性服务业的空间结构模式具有重要的现实指导意义。

表 3-4 国内外产业集聚发展模式

代表人物	视角与标准	产业空间集聚模式
Markusen	企业规模、关联与内外部导向	马歇尔式、轮轴式、卫星平台式和政府主导型
Huphrey&Schmitz	产业价值链	市场型、网络型和层级型
Stamer	发展中国家产业发展	意大利式、卫星式和轮轴式
王缉慈	新产业区功能	出口加工基地、智力密集型、开发区、乡镇企业网络和大型企业网络
陈继海、唐昱	国家干预程度、政府与市场互动程度	计划型、市场主导型和政府扶植型
杨亚琴、王洪忠	集聚区成因	内生型、外生型和嵌入型/高科技型

资料来源：根据高运胜（2009）的研究整理。

生产性服务业的发展与集聚主要发生在全球发达国家的大都市和发展中国家的主要中心城市与区域中心城市。综合前文的研究，基于经济主体生长机制的不同，生产性服务业集聚的空间结构模式主要有内生型、外生型和嵌入型 3 种。

（1）内生型：自主诱导模式

内生型自主诱导模式可以划分为 4 个阶段（图 3-6）。首先是建基于城市资源禀赋与历史传统底蕴的在位优势自主推进的城市生产性服务业的发展；其次是以人口密度为基础和重点的生产性服务业的发展，如以金融业、科学研究、房地产等为主导产业的服务业集聚区的诱导与培育；再次是政府通过适时调控和顶层规划设计拓展城市生产性服务业的国际化路径；最后是通过制度软环境建设面向全国和全球市场的知识密集型服务业集群，并进一步形成自主诱导城市内生型生产性服务业集聚发展的良性机制。

3 区域中心城市生产性服务业空间重构理论分析框架

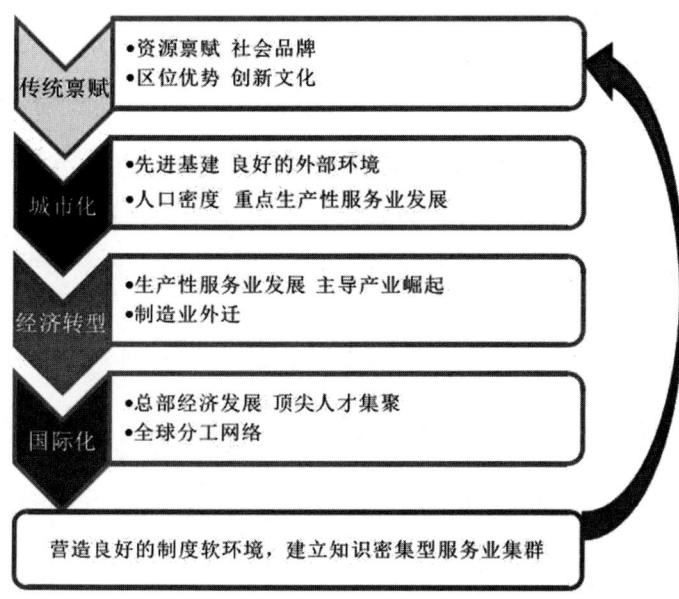

图 3-6 内生型自主诱导模式

(2) 外生型:产业转移模式

外生型产业转移模式更多地来自近年来对特色生产性服务业如信息技术发展的研究。以印度班加罗尔为例,其发展主要得益于区外投资尤其是 FDI 的驱动,其发展主要基于以下 3 个阶段(图 3-7):首先是依靠当地人力资本优势(包括语言优势)以及政府设定的一系列更为优惠的区域政策,吸引国外资本;其次是基于国内或城市相关产业的不断成长,依托开发区/集聚区吸引更多的企业不断集聚;最后在创新政策的带动下,推动社会服务产品实现其全球价值链的提升和高端跃迁。

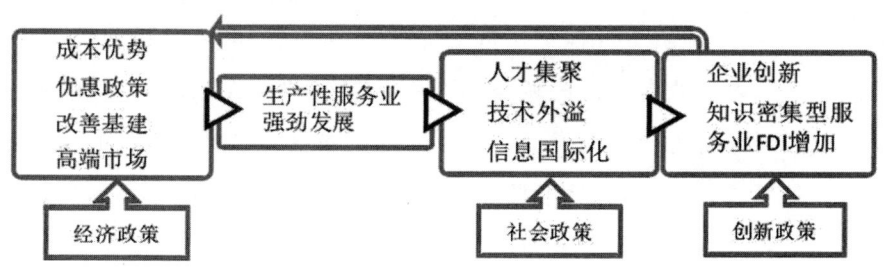

图 3-7 外生型产业转移模式

(3) 嵌入型:引导培育模式

嵌入式引导培育模式主要包括 3 个阶段(图 3-8):首先是基于政府政策引导、城市发展规划以及专业人才等促进生产性服务业发展,尤其是金融、房地产、技术研发等重点领域集聚发展,建立总部经济;其次是以产品研发与服务和技术创新为主要特色的生产性服务业集群发展;最后是以城市转型发展推动生产性服务业多元竞合、创新集聚、网络化可持续发展的整体发展格局的形成。

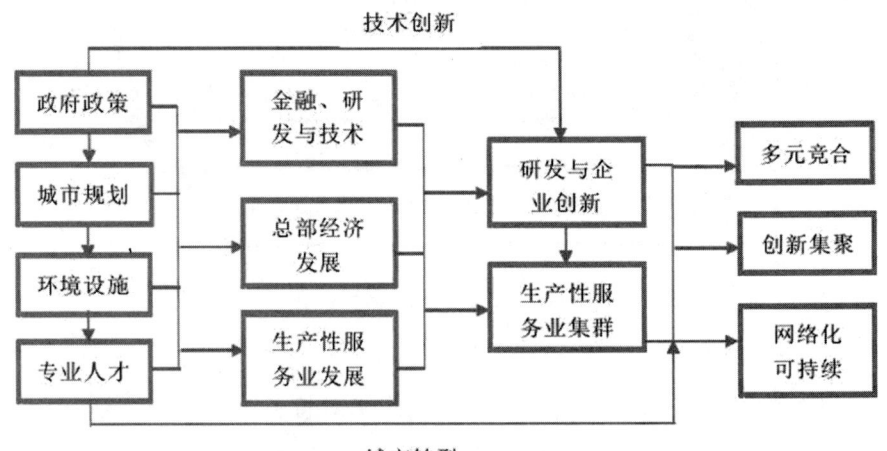

图 3-8 嵌入式引导培育模式

城市化是农业人口不断转化为城市人口的过程。自工业革命以来,非农部门发展带动的就业人口不断在城市集聚,这直接推动了全球城市化进程。然而,在全球化背景下,城市化发展却呈现完全不同的格局,既有千万人口规模的全球城市,也有千百人的小城市。除了自然环境和资源禀赋的差异,在历史进程中递进的非农产业分工、区域贸易与交流,更加决定了非农产业在城市区域空间上的集散态势。在当代,生产性服务业的发展更加有力地印证了这一格局的形成和集散态势分野的趋势。随着生产的发展,劳动地域分工具有的自然演化的特点,也在不断地变化和演进。或者是城市区域要素禀赋发生变化改变了分工赖以形成的基础;或者是城市功能的演进与技术提高明显地降低了农业就业的比重;或者是城市化发展的网络联系出现了新的市场需求,形成了新的产业部门与分工网络。其中,地理空间的影响会使贸易与网络联系更加集中于区位较好的空间,进而形成不同的空间集散状态以及网络化效应,这会进一步催生新的劳动地域分工网络的形成,推动城市化空间格局不断演进(图3-9)。

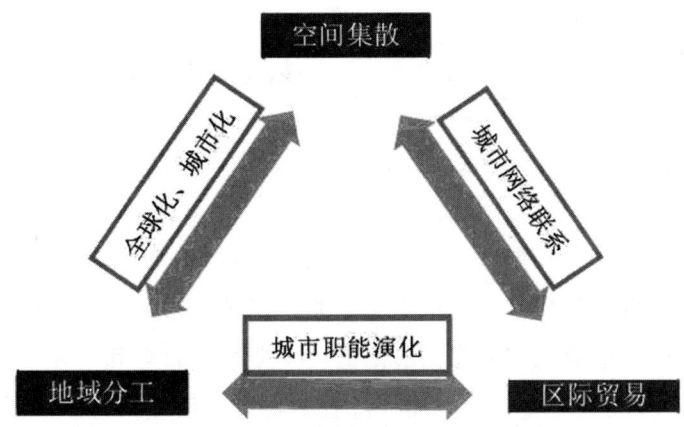

图3-9　产业空间重构的一般逻辑

改革开放以来,内陆城市的开放和发展取得了较大进步,但在吸引外资、承接高端服务业产业转移与引进高精尖人才等方面仍存在诸多问题。产业发展不仅面临着要素、产品自由流动的国内外环境,而且比东部沿海的流动阻碍更大,同时还面临着高端产业介入不足、服务化分工受限与服务化经济短板发展(李恒,2011)。

转型背景下,推进区域中心城市服务业发展与空间布局优化有赖于多要素整合与多元动力模式整合。因此,由"地域分工—贸易联系—空间集散(聚)"形成了城市区域生产性服务业空间集散的一般逻辑,形成了不断上升的螺旋式循环。分工是城市经济功能的根本基础和前提;贸易与网络联系是动态建构城市化空间的重要过程;空间集散(聚)作为城市生产性服务业空间演进的结果又反过来进一步促生了新一轮的劳动分工与区域网络联系,三者因果累积,自我加强。生产性服务业通过内生、外生与嵌入等方式介入劳动分工系统,在政府与市场共同驱动下相互作用,动态建构了城市区域"点—面—体—动"的空间分析逻辑(图3-10)。

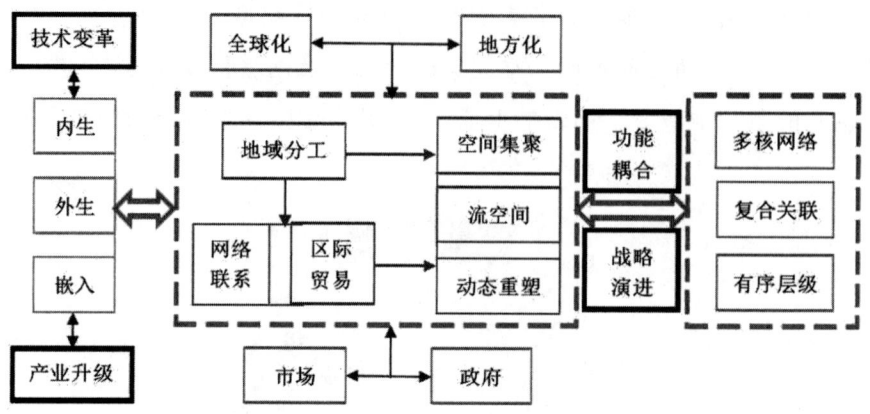

图 3-10 转型期城市产业空间重构的形成机理

就本书的研究对象——城市生产性服务业产业空间建构而言,通过城市产业空间重构这一概念,使城市生产性服务业空间立足于城市之外的宏观视域,包括产业空间格局—过程—机理—绩效的系统联系,再聚焦到城市内部微观层次的点—面—体—动的多维动态结构的描绘,实现了有机连接与互动,事实上也实现了城市产业空间动态转型下网络化框架的有机整合,从而构建了基于生产性服务业产业空间网络化理论结构的综合性分析框架(图 3-11)。也就是说,这一分析框架旨在强调,如果把城市产业空间结构作为一种定式,那么,城市产业空间重构即是城市经济转型发展的特定背景下各种产业空间态势的有机结合,以及多元动力机制在城市多重尺度下的综合作用的可持续性建构。

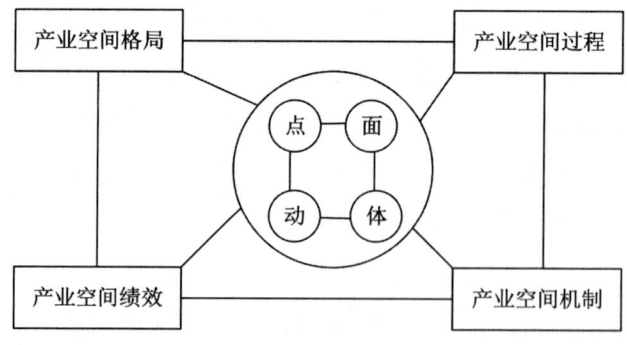

图 3-11 城市产业空间重构理论分析框架

3.4 生产性服务业空间重构价值取向

3.4.1 创新集聚

无论是摆脱城市发展的资源依赖,推进产业结构优化升级,还是推进城市功能向多元化与完善发展,都离不开创新。从根本上说,产业是城市发展的根本,产业结构不合理及经济增长方式粗放、落后仍然是城市发展的瓶颈。因此,以经济全球化、信息化为外生动力催生市场在资源配置中的决定性地位更加彰显,加快调整产业结构优化升级,转变经济发展方式,培育与发展更加具有创新要素的产业行业作为支柱产业成为城市转型发展的重点和焦点。我国《信息化和工业化深度融合专项行动计划(2013—2018年)》进一步明确,推进以信息化和工业化深度融合是加快转变发展方式、促进四化同步发展的重大举措,是走中国特色新型工业化道路的必然选择。同时,要促进服务业的全面发展,特别是加快金融、保险、信息、科学研究等资本密集型与技术密集型行业和现代服务业的发展。其中,区域中心城市更要把现代服务业发展放在优先地位加快发展,逐步形成以服务业为主导的经济结构与发展模式,推进城市由资源型、工业型向知识型、技术型转变。朱铁臻(2006)认为,城市转型的本质在于创新。因此,生产性服务业空间的转型优化也是创新要素不断向城市尤其是中心城市集聚的过程。创新是城市发展与进步的重要推动力,也是城市竞争力提升的根本归宿。

3.4.2 多元竞合

当前,中国的城市正进入一个整体转型的时期,城市外向型功能更加凸显,以中心城市为核心的城市—区域积极参与全球产业分工成为城市发展的重要目标和任务。因此,以生产性服务业为主导的城市竞争在更大区域范围内产生重大转变,即由市场竞争到城市—区域的战略竞合。改革开放以来,城市竞争的主体主要围绕禀赋、产品、人才等,未来的市场竞争将会拓展到更广范围的高层次竞争。区域中心城市内部区位与外部区位优势均有提升。因此,区域中心城市的中心性功能或战略定位不再是基于城市自身,而一定是立足于更高视域,如城市发展层次的位序和规模、各中心城市的竞争与合作等。我国经济中心城市上海,国际化大都市的发展战略就包容了一个龙头、三大体系和四个中心的顶层设计与定位。多元战略的实施既要体现出生产性服务业高度集聚与高端竞争,又要辐射并外联长三角全域。总体而言,这种竞合关系强调的是一体化、网络化。我国目前正在形成的以中心城市为龙头的城市群就是这一战略竞合关系最根本的体现。

3.4.3 有序网络

由生产性服务业构成的产业集群网络在区域中心城市空间集聚,通过生产、经营、制造业关联等纽带形成彼此相互依存、紧密关联的空间关系,并按城市等级规模由中心城市向外梯度辐射和扩散,形成有序的空间层级。不同功能和空间层级的产业空间又构成了有机融合、互联共生的产业组合。这就构成了以区域中心城市内外部空间为主体的产业空间的有序网络分布(高雪莲,2007)。从产业空间层级看,以生产性服务业引领城市单中心向多中心、单中心城市向多中心城市演进,多中心城市与城市多中心的空间自组织系统演化为城市等级系统。从产业空间网络看,众多的商业、企业、科研院所、政府配套设施等在城市空间集聚,通过彼此间密切的关联网络,构成了城市区域空间的产业空间网络。尤其是在区域中心城市,以生产性服务业关联制造业企业的产业功能交织,知识经济与信息流动使得产业发展主体逐步剥离和外包,制造业企业外迁,中心城区呈现更为密集的高端生产性服务业企业集聚,总部经济效应凸显,内外部经济主体形成广泛的交流网络、竞争与协作,构成了交汇融合的产业空间网络,并处于不断的变化和动态演进中。

3.5 本章小结

　　生产性服务业产业空间重构是转型期产业发展主体的空间优位选择与格局演进，反映了经济活动的再区位特征以及空间关系的重新组织。以服务业尤其是生产性服务业发展为引领的城市中心与副中心功能的强化也在不断建构城市由单中心向多中心网络化发展的空间形态。城市产业空间重构这一概念，使城市生产性服务业空间立足于城市之外的宏观视域，聚焦到城市内部微观层次的点—面—体—动的多维动态结构，实现了城市产业空间动态转型下网络化框架的有机整合，从而构建了基于生产性服务业产业空间网络化理论结构的综合性分析框架。这一分析框架旨在强调，城市产业空间重构即是城市经济转型发展的特定背景下各种产业空间态势的有机结合，以及多元动力机制在城市多重尺度下的综合作用的可持续性建构，即创新集聚、多元竞合、有序网络的生产性服务业空间结构。

4 宏观尺度:区域中心城市生产性服务业空间格局与过程

4.1 全球生产性服务业空间发展

4.1.1 概述

二战以来,服务业发展呈现强劲的态势,在全球经济中的地位和作用愈发突出,逐步替代工业制造业而成为全球经济的最重要组成部分。尤其是,20世纪中后期以来,随着信息技术的突飞猛进,以金融、保险、房地产和信息传输为代表的生产性服务业或现代服务业在全球范围内掀起了一股产业结构转型升级的浪潮。全球主要发达国家服务业的发展既领先于其他行业,也以绝对优势地位领先于其他国家和地区。按照经合组织(OECD)2000年提出的标准:实现服务业增加值比重和就业比重同时超过60%的国家、地区或城市,就可以被认定为基本迈入了"服务型经济"。当前,美国、日本及西欧主要发达国家均以国家范畴突破了这一标准,实现了由工业型经济向服务型经济的重大转变。

对比看来(表4-1),中国第三产业发展在全球层次上处于落后水平,2010年第三产业在GDP中的比重不足50%,而欧美发达国家甚至新兴经济体国家、邻国日韩等2000年的这一数字就已突破50%;人均国民总收入水平尽管实现了较快发展,超过中等收入国家平均水平,但还是远远落后于发达国家,甚至在引领21世纪经济发展的"金砖国家"层面也落后于巴西、俄罗斯和南非,仅高于印度。具体到生产性服务业发展,联合国

NAOCD 数据①显示(表 4-2),21 世纪以来,世界主要发达国家生产性服务业占 GDP 的比重多已超过 30%,美国甚至接近 40%,韩国和金砖国家也多在 20% 以上,而中国这一数字均低于上述国家,仅为 17.06%。总体来说,伴随着服务业在国民经济体系中的主导地位的强化和产业内部结构的转变,在城市—区域空间上出现一批对世界具有重要影响力的服务业集聚区和集群。这也对我国启动以服务业引领经济发展方式转变、产业结构升级、深化全球产业分工有着重要的参考和借鉴意义。

表 4-1　主要国家第三产业占比 GDP 与人均 GNI

国家和地区	第三产业占比(%)		人均 GNI(美元)	
	2000 年	2010 年	2000 年	2010 年
世界	67.5	70.1①	5297	9116
OECD 国家	70.8	73.6①	25265	38517
高收入国家	70.5	73.4①	26177	40120
中等收入国家	53.1	55.9	1259	3763
中低收入国家	52.8	55.8	1131	3315
美国	75.4	77.4①	34890	47240
英国	71.7	78.2②	25910	38560
法国	74.2	79.2②	24350	42390
德国	68.5	72.7②	25500	43290
日本	65.8	70.5①	34620	42130
韩国	57.3	61.0②	9910	19890
中国	39.0	45.9	930	4260
俄罗斯	55.6	62.5②	1710	9910
巴西	66.7	68.0	3860	9390
印度	50.5	55.4	450	1340
南非	64.9	65.7②	3050	6090

资料来源:世界银行 WDI 数据库,《国际统计年鉴(2012)》。

注:① 为 2008 年数据;② 为 2009 年数据;③ GNI 为国民总收入。

---

① 相关统计数据均采用国家当年价,在生产性服务业统计方面,统一核算和分类的包括运输、仓储和通信,金融中介,房地产、租赁及商务活动三项,该处合计也是三项的合计。

表 4-2 主要国家部分生产性服务业占 GDP 的比重

(单位:%)

国家(年份)	运输、仓储和通信	金融中介	房地产、租赁及商务活动	合计
美国(2007 年)	5.85	7.79	24.57	38.21
法国(2009 年)	5.92	4.57	25.81	36.30
英国(2006 年)	6.49	7.51	21.28	35.28
德国(2008 年)	5.12	3.37	23.00	31.49
日本(2007 年)	6.53	6.65	11.88	25.06
韩国(2008 年)	5.87	6.32	12.23	24.42
俄罗斯(2009 年)	8.34	4.40	11.00	23.74
巴西(2007 年)	7.44	6.62	7.29	21.35
中国(2007 年)	5.49	4.62	6.95	17.06

资料来源:联合国 NAOCD 数据库,《国际统计年鉴(2012)》。

4.1.2 全球城市:综合竞争力与网络

从全球城市视域看,全球各主要中心城市人口规模大都在百万以上(图 4-1),也逐步形成了以服务业尤其是生产性服务业发展为引领的基本格局。由图 4-2 可见,全球 308 个主要城市高级生产性服务业企业服务网络的分布具有一定的规律性。

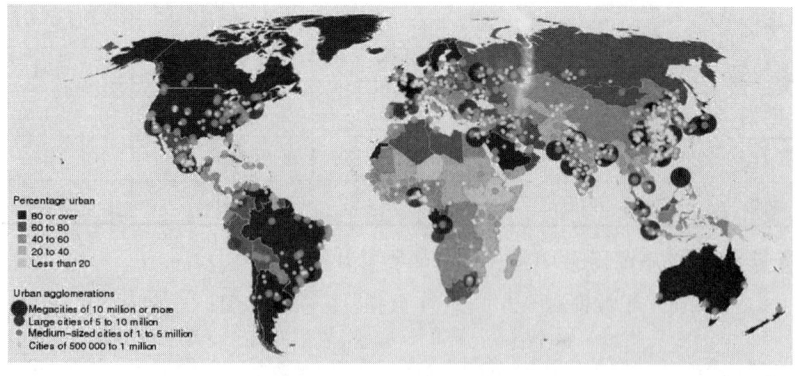

图 4-1 2014 年全球城市化率与城市群空间分布
资料来源:联合国人居署《世界城市化概览》,2014 年版。

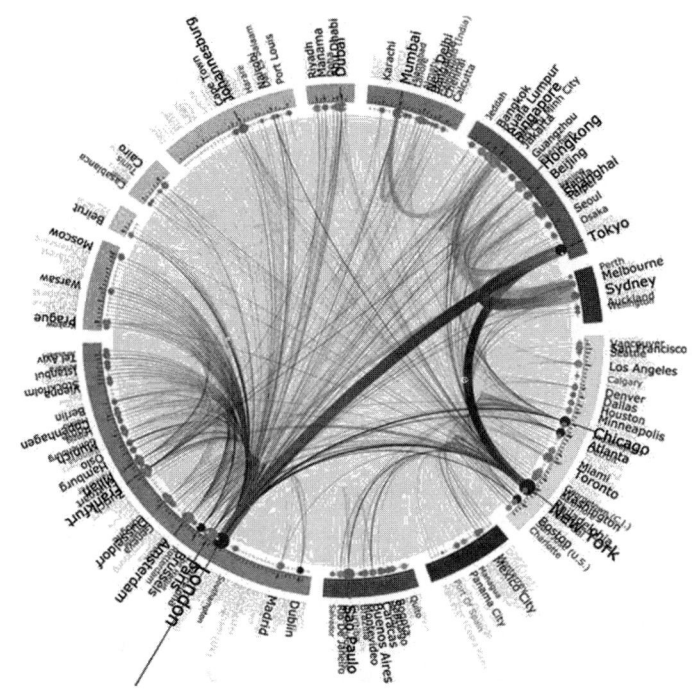

图 4-2　2012 年全球 308 个主要城市高级生产性服务业企业服务网络

资料来源：Hennemann S. 2013（1）：67－68. Information-rich Visualisation of Dense Geographical Networks. Journal of Maps，2013（1）：68－75. GaWC Research Bulletin 421. http://www.lboro.ac.uk/gawc/rb/rb421.html.

  首先，全球城市中呈现出几个核心节点城市，高级生产性服务业企业服务网络呈现出城市发展的阶段性和等级层次，与其在全球城市中的等级和位次基本一致。伦敦、纽约、东京和悉尼等城市的高级生产性服务业企业服务网络遍及全球，尤其是这些城市之间的企业服务网络发达，且占据全球核心甚至垄断地位；其次，全球城市生产性服务业企业服务网络存在空间分布的不对应，纽约和伦敦的高级生产性服务业企业服务网络覆盖范围最广，且往往成为其他城市的最大企业服务来源；再次，高级生产性服务业企业服务网络主要面向国家内部或洲际内部，如中国、美国及欧洲、亚洲等。

  进入 21 世纪以来，我国核心城市经济发展取得了举世瞩目的成绩，在全球的位次也逐步提高。由中国社科院倪鹏飞研究员与美国巴克内尔大学 Kresl(2012)共同领衔的研究团队发布的《全球城市竞争力报告(2011—2012)》显示(表 4-3),全球城市竞争力格局呈现北美、欧洲与亚洲三足鼎立之态势。欧美城市持续多年领先全球,尽管当前受到美债、欧债危机使得全球竞争力指数下降,亚洲城市仍有一段距离要追赶。世界城市竞争力前十的城市中亚洲有四席,亚洲已经与北美平起平坐。相对于全球城市在金融危机影响下的竞争力指数下降,香港与新加坡的城市竞争力未降反升,经济表现相当活跃。在我国海峡两岸暨香港、澳门 69 个上榜城市中,香港、台北、上海、北京、深圳、澳门 6 城市进入前 100 名,广州市位居 109 位,其后有高雄、天津、苏州等城市。值得注意的是,作为构成综合竞争力评价重要部分的产业竞争力,我国城市的表现尤为不俗,上海、北京和香港分别位居全球城市产业竞争力的第 6、7 和 10 位,台北位居第 16 位,成为推动城市发展与提升竞争力的重要驱动力量。

表 4-3 我国城市与全球城市综合竞争力排名

全球城市	2011—2012 年竞争力(排名)	2009—2010 年竞争力(排名)	我国城市	2011—2012 年竞争力(排名)	2009—2010 年竞争力(排名)
纽约	0.704(1)	0.736(1)	香港	0.545(9)	0.529(12)
伦敦	0.676(2)	0.701(2)	台北	0.470(32)	0.463(39)
东京	0.657(3)	0.683(3)	上海	0.464(36)	0.470(37)
巴黎	0.591(4)	0.598(4)	北京	0.431(55)	0.434(60)
旧金山	0.575(5)	0.580(6)	深圳	0.418(67)	0.425(71)
芝加哥	0.568(6)	0.585(5)	澳门	0.405(79)	0.405(92)
洛杉矶	0.554(7)	0.570(7)	广州	0.381(109)	0.380(120)
新加坡	0.548(8)	0.546(8)	高雄	0.375(117)	0.378(123)
香港	0.545(9)	0.529(12)	天津	0.354(157)	0.357(165)
首尔	0.544(10)	0.545(9)	苏州	0.334(193)	0.319(223)

资料来源:倪鹏飞、Kresl P《全球城市竞争力报告(2011—2012)》,社会科学文献出版社,2012 年。

究其城市竞争力的形成,国外学者从远景视角也给出了有力的解释。作为伦敦大学学院(UCL,University College London)可持续城市系列研究的最新成果和集大成者，《伦敦2062》并非旨在对50年后的城市做一番认真而细致的规划，而是基于对未来不确定情景下城市问题与挑战的一系列思考与应对，提出的连接、物品、能力与愿景的4个基点是重塑未来城市形态与功能的重要工具(图4-3)。

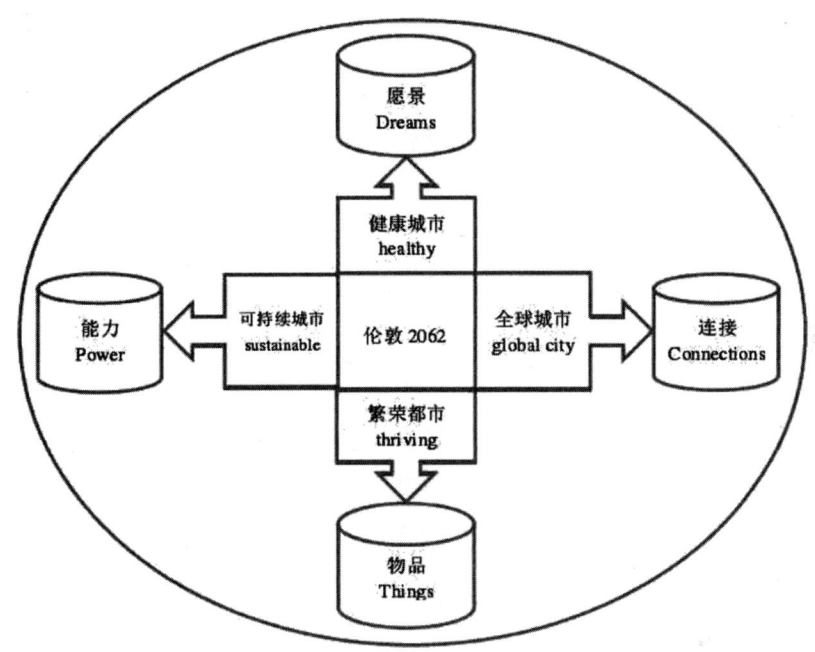

图4-3 《伦敦2062》远景规划目标

资料来源：根据 Bell、Paskins(2013)与 UCL London 2062 官网(http://www.ucl.ac.uk/london-2062)整理。

以"连接"为例，作为对伦敦"全球城市"功能的响应，连接是包括全球人才与资本流动、知识流、信息流的最重要的一个节点，尤其是，以全球服务型业态为标志，对全球的创新推动与流的控制或将发挥更为重要的作用。从表现形态和运行轨迹上看，数据的连接与交互，文化的连接、创造与多元化发展，政策连接下的融合与一体化，人流、信息流、知识流等，都是促进全球城市深化演进的重要因素，也或许难以避免地会成为拉大城市与区域差异的重要推手。从城市能力上来说，这一能力更多地体现在政府对一系列城市制度、城市结构及其关系的应对上，因此，这一形式也一定是多元的。在城市愿景上，它不仅包括对于城市良性发展态势的预测,也包括对于城市问题、城市挑战的洞察,城市产业生命周期的演化、经济价值的分化、经济刺激、预警与产业激励等都应是城市愿景的重要内容。笔者同时认为,推进城市的远景展望与规划,没有也不可能有固定的模式和要素,更为重要的是在于对未来城市建设中城市机遇、教育、多元产业发展与生活方式的关注和研究。

4.2 我国生产性服务业空间发展

4.2.1 生产性服务业的功能与定位

我国对投入产出表的核算是基于省一级部门完成的,除直辖市外,基于地级市或计划单列市的投入产出表未有统计,同时,相关统计数据是基于5年周期来完成的,2012年最新数据尚未公布。基于此,通过对我国上海市、重庆市和河南省2007年投入产出表(144部门)的计算可以看出(表4-4),三省市生产性服务业大部分行业中间需求率都达到或超过50%,计算机服务业、仓储业、租赁业等行业的中间需求率达到或接近100%,也就是说,这些服务产品大部分都用作生产资料投入再生产。但也有部分细分行业中间需求率低于50%。其中,上海和重庆房地产(开发经营)业均低于50%,这也似乎印证了当前学术界的一点争议:房地产业到底要不要计入生产性服务业行列?国际主流观点认为,房地产业包括房地产开发经营、中介服务、物业管理等活动,应计为生产性服务业,相关统计数字也印证了这一点。但在中国,当前房地产业发展的态势与国外不同,房地产更多地被作为一种直接消费品或投资品,其中间性功能相对缺失,甚至在重庆市2007年其他房地产活动这一项,中间需求率几乎为0。因此,有不少学者主张我国的生产性服务业不应包含这一产业。但在本书的研究和分析中,仍保留这一争议,沿用多数学者的观点将房地产业作为生产性服务业的组成部分看待。

表4-4 上海市、重庆市与河南省2007年生产性服务业中间需求率

上海		河南		重庆	
生产性服务业	中间需求率(%)	生产性服务业	中间需求率(%)	生产性服务业	中间需求率(%)
计算机服务业	98.179	仓储业	100.000	计算机服务业	100.000
仓储业	96.399	租赁业	95.106	证券业	99.897
银行业	96.223	管道运输业	91.759	管道运输业	99.246
租赁业	95.419	装卸搬运和其他运输服务业	90.553	水上运输业	99.178
装卸搬运和其他运输服务业	94.025	邮政业	85.660	装卸搬运和其他运输服务业	98.353
电信和其他信息传输服务业	93.175	铁路运输业	85.083	邮政业	97.811
软件业	90.303	道路运输业	83.452	专业技术服务业	90.925
其他房地产活动	85.628	专业技术服务业	81.216	道路运输业	90.890
地质勘查业	81.836	银行业、证券业和其他金融活动	79.656	租赁业	90.278
商务服务业	80.841	科技交流和推广服务业	74.477	航空运输业	90.015
道路运输业	79.095	商务服务业	68.693	房地产中介服务业	88.462
铁路运输业	72.361	研究与试验发展业	65.442	仓储业	84.151
专业技术服务业	57.483	计算机服务业	65.040	铁路运输业	81.292
证券业	50.275	水上运输业	64.498	科技交流和推广服务业	73.078
保险业	49.634	保险业	64.300	研究与试验发展业	72.219
邮政业	47.777	电信和其他信息传输服务业	62.735	房地产开发经营业	68.364
研究与试验发展业	47.171	航空运输业	54.615	银行业	52.860
水上运输业	40.320	地质勘查业	38.772	商务服务业	30.942
房地产中介服务业	31.605	房地产业	25.113	保险业	17.180
管道运输业	30.101	软件业	8.104	地质勘查业	0.293
航空运输业	29.377			软件业	0.030
科技交流和推广服务业	19.299			其他房地产活动	0.001
房地产开发经营业	18.351				

资料来源:上海市、重庆市和河南省2007年投入产出表。

4.2.2 我国生产性服务业发展演进

改革开放以前,我国服务业发展缓慢,比重偏低。从时间序列看,改革开放初期的1980年第三产业就业比重相比于1952年仅增加了4个百分点,产值比重反而下降了6个百分点,且仅为21.4%。从横向对比看,在当年世界银行统计的126个国家和地区中中国排第106位。应该说,第三产业发展缓慢主要是由当时对产业发展理论认识的偏差造成的,新中国成立初期将服务业看作并不产生社会财富与价值的"非生产部门",甚至将其发展作为资产阶级腐朽的一个重要方面。因而,在发展战略上没有将第三产业发展列入国民经济发展计划与战略,在发展政策上对这种非生产部门的歧视性待遇使得服务业长期处于低价位,损害了服务业发展的动力源泉。

改革开放以来,随着工作重心向经济建设转移,我国适时提出大力发展第三产业。20世纪90年代,将"加快发展第三产业"确定为国民经济发展的重大战略任务,第三产业获得了繁荣发展的战略机遇,在国民经济中的地位也越来越高。然而,由于历史欠账太多,第三产业发展总量不足、比重偏低、质量不高的结构性问题始终存在,即使时至今日,仍有部分决策者对第三产业发展的战略地位认识不够充分。尤其在中西部内陆地区和偏远城镇,认为工业制造业上来了,服务业水平自然水涨船高,"工业立市"成为区域发展的唯一动力。然而,在东部沿海地区和各区域性中心城市,对推进发展或大力发展服务业大都有着预见甚至是远景性规划建设方案,服务业日趋增长,日益成为推动区域经济发展的重要动力。

从国家战略的演进看,1992年,国务院颁布的《关于加快发展第三产业的决定》,明确提出"建立适合我国国情的社会主义统一市场体系"的发展目标,为此,要提高服务业发展速度,提升服务业产值与就业的比重;同年10月通过的党的十四大报告中进一步阐明了服务业发展是现代经济发展的重要特征;翌年国务院批转全国服务业发展规划,从战略意义上明确了我国服务业发展的目标、重点和指导原则,并制定了加快服务业发展的若干政策措施。一系列中央文件的贯彻实施,极大地调动了各方面的积极性,助推我国服务业发展进入一个新的阶段。21世纪以来,从"十五"计划纲要到"十二五"规划纲要,服务业发展均成为我国经济发展战略的重要支撑,其中,"十一五"规划纲要首次明确提出"有条件的大中城市形成以服务经济为主的产业结构"。其后通过的《国务院关于加快发展服务业的若干意见》明确了我国服务业发展的"双超"目标——服务业发展增速既要超过GDP的增速,也要超过第二产业的增速,并提出到2020年全国基本实现经济结构向服务经济为主的转型。"十二五"规划纲要提出要把服务业大发展作为产业结构优化升级的"战略重点",并将生产性服务业单独列为一章,拓展服务业新领域。

从生产性服务业发展实际来看(图4-4),改革开放以来我国交通运输、仓储和邮政业,金融业和房地产业三项生产性服务业占服务业增加值的比重一直在40%左右徘徊,尤其是2000年以来的发展形势不容乐观。这一比重不仅低于改革开放初期,创造了改革开放以来的最低值,甚至也不可思议地出现了1993年以来的"十连阴"。其中,值得注意的是,三项生产性服务业占服务业增加值的比重出现了基本雷同的波峰与波谷。最大波峰出现在1990年,该年我国首次明确提出将第三产业加快发展作为国民经济发展的重大战略任务,至1992年国务院发布《关于加快发展第三产业的决定》,形成了三项生产性服务业占服务业增加值比重的最高波段。因此可以说,生产性服务业发展与政府政策引领有着较强的关联效应。然而,1993年以来生产性服务业占比服务业持续低迷,这迫切需要我们进行更深层次的思考与应对。

从生产性服务业内部构成看(图4-5),和2005年相比,2011年交通运输、仓储和邮政业占生产性服务业的比重出现了最明显的下降,在生产性服务业发展中的龙头地位也让位于房地产业,且被金融业超越。让人唏嘘的是,信息传输、计算机服务和软件业在生产性服务业中的比重也出现了一定程度的下降。然而从整体上看,生产性服务业6个部门的整体差异逐步减小,相对而言更为均衡,房地产业,金融业,交通运输、仓储和邮政业对生产性服务业发展的促进作用更为明显。

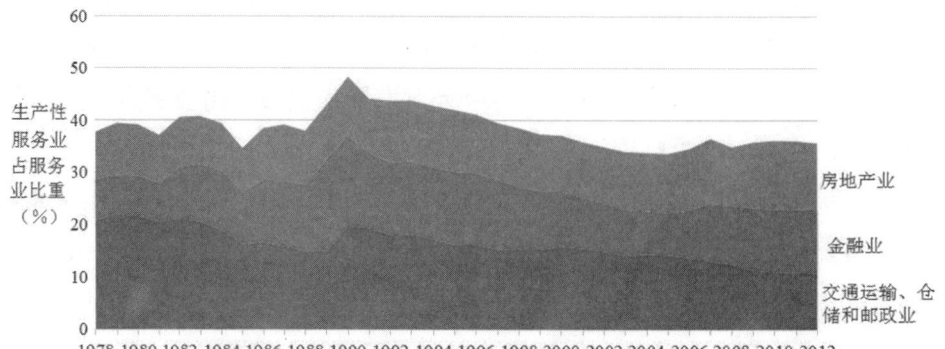

图 4-4 1978—2012 年我国部分生产性服务业占服务业的比重

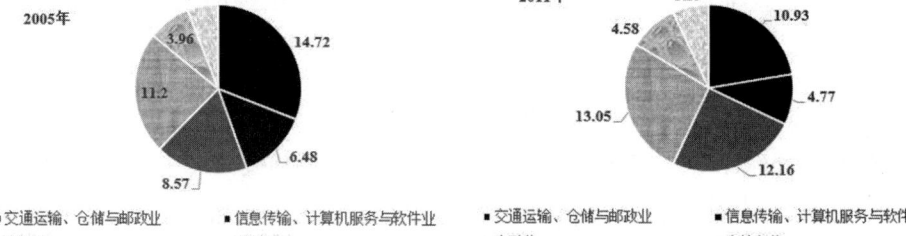

图 4-5 2005 年和 2011 年生产性服务业内部占比情况

从发展实际看,改革开放以来,随着工业化、城镇化进程的不断推进,我国服务业发展实现了快速推进,产业结构发生了深刻变革,第一产业的比重下降,非农产业的比重上升,全国总体上迈入"二三一"的产业结构模式,部分发达地区和城市实现"三二一"结构模式,服务业已成为全社会固定资产投资的主体。从服务业内部结构看,批发零售、交通运输、仓储和邮政业等传统服务业的比重有所降低,金融、房地产、商务服务、信息软件等现代服务业的比重有所上升,生产性服务业整体保持了快速发展的势头。尽管经历了 2008 年以来的金融危机,我国当前在生产性服务业对外直接投资的流量和存量上均超过了服务业总量的一半(表 4-5),且行业继续多元,商务服务业、金融业、交通运输业形成中国对外直接投资的主要行业架构。从区域发展看,包括广大中西部地区在内的省市通过产业园区、产业集聚区、CBD 等模式实现了服务业的较快发展,尤其是近年来承接工业服务业产业转移、吸收外商直接投资、承接服务外包的进程快速推进，服务业对经济的拉动作用不断增强。然而，从整体上说，我国服务业发展仍落后于发达国家，占GDP的比重与发达国家仍有不小的差距，在内部结构上仍是传统服务业占据主导地位，在区域发展上呈现出从沿海到内陆由高到低的阶梯形模式，2012年东部沿海地区服务业总量接近全国的六成，不均衡发展态势依然严峻。

表4-5 2004—2011年中国生产性服务业对外直接投资

行业	2004年 流量（亿美元）	2004年 比重（%）	2008年 流量（亿美元）	2008年 比重（%）	2011年 流量（亿美元）	2011年 比重（%）	2011年 存量（亿美元）	2011年 比重（%）
租赁和商业服务业	7.5	13.6	217.2	38.9	256.0	34.3	1422.9	33.2
金融业	—	—	140.5	25.1	60.7	8.1	673.9	15.7
交通运输、仓储和邮政业	8.3	15.1	26.6	4.8	25.6	3.4	252.6	5.9
房地产业	0.1	0.2	3.4	0.6	19.7	2.6	89.9	2.1
信息传输、计算机服务和软件业	0.3	0.6	3.0	0.5	7.8	1.1	95.5	2.2
科学研究、技术服务和地质勘查业	0.2	0.3	1.7	0.3	7.1	1.0	43.9	1.0
小计	16.4	29.8	392.4	70.2	376.9	50.5	2578.7	60.1
全行业	55	100	559.1	100	746.5	100	4279.7	100

资料来源：2004—2011年度中国对外直接投资统计公报。

注：① 存量数据中包含对以往历史数据的汇总与调整；

② 2004年金融业对外直接投资存量暂无统计。

从根本上说，服务业发展是判断一个城市、区域或国家现代化发展的重要标志。当前，我国正处于全面建设小康社会的重要战略机遇期，也是服务业发展重大转型升级的战略机遇期。根据发达国家产业结构演变的规律可以预计，国民经济发展的服务业化将成为一种不可逆的态势，服务需求与消费比重、服务业就业比重均继续上升。

4.3 区域中心城市生产性服务业空间发展

4.3.1 区域中心城市经济结构

从中心城市的经济发展规模看(表 4-6),2012 年经济规模最大的上海市 GDP 总量突破 2 万亿元,位居我国中心城市第 1 位,相当于最低规模城市乌鲁木齐经济总量的 10 倍;除上海外,实现 GDP 总量突破万亿元规模的城市还有北京、广州、深圳、天津和重庆,合计 6 个城市,而在 2007 年,这一规模等级的城市仅有上海市一个;GDP 总量在 5000－10000 亿元的城市有 10 个,低于 5000 亿元的城市有 9 个。从城市产业空间分布看,不管是 2007 年,还是 2012 年,经济规模前 5 位的城市全部为东部三大城市群的核心城市,亦即国家中心城市。

表 4-6 中心城市经济发展概况

城市	2012 年 GDP（亿元）	2007 年 GDP（亿元）	GDP 增量（亿元）	2012 年/2007 年	人均 GDP（元）	区域
上海	20101.3	12001.2	8100.1	1.675	84445	长三角
北京	17801.0	9006.2	8794.8	1.977	86024	京津冀
广州	13551.2	7050.8	6500.4	1.922	105447	珠三角
深圳	12950.1	6765.4	6184.7	1.914	122785	珠三角
天津	12885.2	5018.3	7866.9	2.568	91177	京津冀
重庆	11459.0	4111.8	7347.2	2.787	38910	西部
成都	8138.9	3324.4	4814.5	2.448	57405	西部
武汉	8003.8	3141.5	4862.3	2.548	79089	中部
杭州	7804.0	4103.9	3700.1	1.902	88662	长三角
青岛	7302.1	3786.5	3515.6	1.928	82333	山东
南京	7201.6	3275.0	3926.6	2.199	88244	长三角
大连	7002.8	3131.0	3871.8	2.237	102216	东北
沈阳	6606.8	3073.9	3532.9	2.149	80532	东北
宁波	6524.7	3433.1	3091.6	1.901	85413	长三角
长沙	6399.9	3001.0	3398.9	2.133	89903	中部
郑州	5550.0	2486.7	3063.3	2.232	62049	中部

续表

城市	2012年GDP（亿元）	2007年GDP（亿元）	GDP增量（亿元）	2012年/2007年	人均GDP（元）	区域
济南	4812.7	2554.3	2258.4	1.884	69247	山东
哈尔滨	4550.1	2436.8	2113.3	1.867	45810	东北
长春	4456.6	2089.0	2367.6	2.133	58256	东北
西安	4369.4	1737.1	2632.3	2.515	51086	西部
福州	4211.0	2284.0	1927.0	1.844	57923	海西
合肥	4164.3	1665.0	2499.3	2.501	55182	中部
南昌	3000.5	1660.0	1340.5	1.808	58715	中部
厦门	2807.1	1375.3	1431.8	2.041	76488	海西
乌鲁木齐	2001.7	1020.0	981.7	1.962	59576	西部

资料来源：中国统计年鉴与各城市统计年鉴(2008—2013)。

从中心城市的经济发展动态看，2007—2012年，除乌鲁木齐外，其他24个中心城市均实现了千亿元规模的经济体量攀升，且增量规模与GDP总体规模的分布趋势较为一致。然而，从2012年对2007年GDP的比率来看，5年间经济规模增幅突破1倍的城市达13个，超过半数。以重庆为首（2.787），且多为中西部城市，重庆、成都、武汉、郑州、长沙、西安、合肥等区域中心城市这一增幅均实现经济总量翻一番；上海市增幅最低，仅为1.675。

从中心城市的人均发展水平看，深圳、广州和大连3市人均GDP突破10万元关口，东部沿海多个城市也正在逼近这一水平，以美元计算，按照2012年人民币对美元平均汇率6.313计算，共有15个城市突破1万美元关口，占比60%。整体上来说，我国区域中心城市正在逐步实现经济总量和人均经济发展水平双双加速攀升的目标。

4.3.2 区域中心城市人地结构

改革开放以来，我国城市建设用地实现快速增长，城市建成区面积由1990年的13148km²增加到2010年的31766 km²，增长了1.42倍；25个中心城市建成区面积由1990年的3260km²增加到2010年的12104 km²，增长了2.71倍，25个城市建成区面积占全国城市建成区总面积的比重也由1990年的 25% 上升到 2010 年的 38%。区域中心城市内部分异见表 4-7。

表 4-7　1990—2010 年中心城市人口与建成区面积变化

城市	建成区面积		市区年末人口	
	2000 年/1990 年	2010 年/2000 年	2000 年/1990 年	2010 年/2000 年
北京	1.229	2.430	1.258	1.635
天津	1.152	1.780	1.092	1.617
沈阳	1.323	1.899	1.097	1.304
大连	1.786	1.667	1.209	1.462
长春	1.395	2.478	1.292	1.673
哈尔滨	1.077	2.137	1.082	1.788
上海	2.200	1.575	1.251	1.432
南京	1.558	3.080	1.225	2.141
杭州	2.565	2.333	1.309	3.014
宁波	1.150	3.942	1.400	2.896
合肥	1.786	2.608	1.466	2.019
福州	1.840	2.391	1.276	1.703
厦门	1.907	2.805	1.692	2.727
南昌	1.308	2.447	1.241	1.582
济南	1.154	2.892	1.233	1.933
青岛	1.266	2.370	1.260	1.495
郑州	1.188	2.579	1.379	3.188
武汉	1.111	2.381	1.345	1.179
长沙	1.178	2.286	1.297	1.674
广州	2.368	2.209	1.378	1.656
深圳	1.971	6.103	2.857	2.600
重庆	3.011	3.321	1.690	4.037
成都	2.655	1.974	1.327	2.357
西安	1.355	1.749	1.286	2.234
乌鲁木齐	2.188	2.450	1.248	1.786
城市均值	1.669	2.555	1.368	2.045

1990—2000年，城市建成区面积增幅最高的是重庆市，其间经历了城市建制直辖市的跃迁（1997年），实现倍增的城市有上海、杭州、广州、成都、重庆和乌鲁木齐，其他增幅较高的还有大连、南京、合肥、福州、厦门和深圳等，内陆中心城市如济南、武汉、郑州、长沙和西安等城市增幅多不过30%，25个城市平均增幅为67%。2000—2010年，城市建成区面积增幅最高的是深圳市，作为中国改革开放以来所设立的第一个经济特区，深圳是中国改革开放的窗口。尽管深圳的行政级别仅为副省级，但也是目前成功跻身我国"一线城市"的中心城市。实现倍增的城市有北京、长春、哈尔滨、杭州等共计19个，其中南京、宁波、重庆实现双倍增。其中区域中心城市如济南、武汉、郑州和长沙也均在这一阶段实现明显的面积倍增。未能突破倍增的6个城市均实现50%的增幅并不断接近倍增。这一阶段25个城市建成区面积平均增幅为156%，城市发展空间均实现明显扩展。前后两个阶段，除大连、上海、杭州、广州和成都5个城市外，其他城市后一阶段的增幅均高于前一阶段。

从市区人口规模看，1990年以来我国城市年末人口规模也实现明显的增加，25个中心城市市区年末人口由1990年的5280万人增加到2010年的12685万人。从中心城市内部看，1990—2000年，市区年末人口增幅最高的是深圳，实现市区年末人口增幅达到50%以上的城市还有厦门和重庆，其他22个城市在这一阶段的人口规模提升速度并不太高。25个城市市区年末人口平均增幅为36.8%。2000—2010年，市区年末人口增幅最高的是重庆市，引领内陆人口集聚的效应最为明显，达到304%；实现市区年末人口倍增的城市有南京、杭州、宁波等共计10个，其中杭州市和郑州市实现了双倍增。内陆中心城市中，差异较为明显，如郑州在这一阶段市区年末人口增幅达到219%，中部中心城市武汉在此期间的市区年末人口增幅仅为17.9%，尚不足郑州市这一增幅的"零头"，该增幅也是25个城市市区年末人口增幅最低的。这一阶段，25个城市市区年末人口增幅为104.5%，相当于创造了同样的25个这样的中心城市。

从整体上说，相对于城市人口的增长，城市建成区面积的扩张速度更快，无论是1990—2000年还是2000—2010年，城市人口增幅均低于建成区面积增幅。从中心城市内部看,1990—2000年,城市人口增幅低于建成区面积增幅的有17个城市,其他8个城市为北京、哈尔滨、宁波、郑州、济南、武汉、长沙和深圳;到2000—2010年,城市人口增幅低于建成区面积增幅的有20个城市,其他5个城市为杭州、郑州、重庆、成都和西安。两个阶段相复合,其中仅有郑州市这一个城市在两个阶段的城市人口增幅均高于建成区面积增幅,也就是说,相对于全国其他区域中心城市来说,1990年以来郑州市市区空间承载人口的密度更高、更为紧凑。这从另一个方面也可以说明,郑州市空间扩张有着比其他城市更为现实的紧迫性,建设国家区域中心城市,承载更大的人口规模和更高水平的产业发展需要更大的城市发展空间。

从人口规模与建成区面积的关系散点图看(图4-6),2010年,25个中心城市市区年末人口与城市建成区面积的趋势线方程为 $y=1.072x-11.682$,拟合度 R^2 为0.6093,两者线性关系较为明确。其中,无论是年末人口还是城市建成区面积,最为突出的几个城市北京、上海、重庆等都较为远离趋势线,且呈现出两种完全不同的格局,即北京、广州和深圳位于趋势线的下方,而重庆、上海和天津则位于趋势线的上方。这从一定程度上也可以说明,我国国家(区域)中心城市在城市人口承载力上的差异仍较明显。

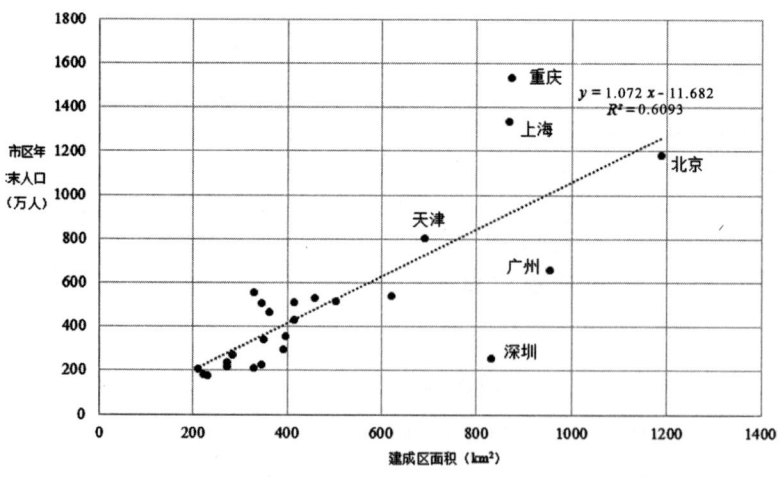

图4-6　2010年中心城市市辖区人口与建成区面积散点图

4.3.3 区域中心城市生产性服务业就业结构

2010年，全国第三产业实现城市市辖区就业规模达到4031万人，其中，25个中心城市市辖区第三产业就业2096万人，占比全国突破50%。因此可以确定的是，与全球各主要发达国家相类似，我国区域中心城市承载第三产业就业也非常明显。第三产业就业在空间上的集聚性更为明显。从中心城市内部看（图4-7），北京市作为全国的首都，第三产业就业集聚效应最为明显，单个城市实现市辖区第三产业就业规模占比全国超过10%，达到12%，实现市辖区第三产业就业达到100万人规模的城市有北京、上海、广州、深圳和天津，即社会广泛认同的"一线城市"。借鉴城市合理规模分布的首位分布与位序规模分布计算方法（表4-8），计算我国区域中心城市第三产业就业的首位度与位序规模率，发现城市承载就业规模也基本符合首位分布与位序规模分布，即上海市相当于北京市的1/2，依次类推。引领内陆地区第三产业就业的城市主要有重庆、武汉和西安，3个城市均为我国中部和西北地区的中心城市。

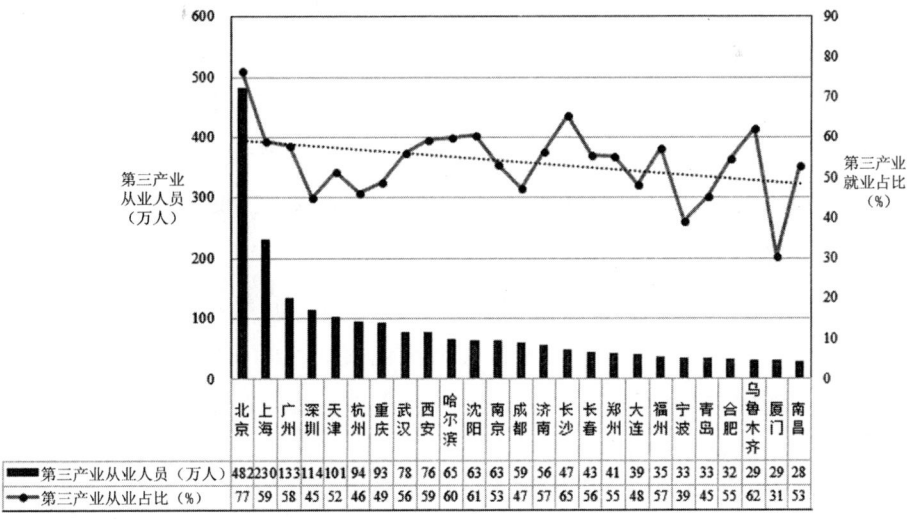

图4-7 2010年中心城市第三产业就业情况对比

表 4-8　城市就业规模的首位度与位序规模率

计算公式	理论结果	计算结果	公式说明
$S=P_1/P_2$	2	2.092	P_i 为位序 i 的城市人口数，R_i 为城市的位序
$S=P_1/(P_2+P_3+P_4)$	1	1.010	
$S=2P_1/(P_2+P_3+\cdots\cdots+P_{11})$	1	0.921	
$P_i=P_1/R_i$	—	与理论结果基本一致	

从城市市辖区第三产业就业占全部产业就业的比重看，25个中心城市平均为54%，也就是说，从区域中心城市层面看，第三产业就业占比已然成为产业就业层次的第一梯队，对拉动城市就业起到了重要的支撑作用，以区域中心城市承载区域劳动力就业应该成为城市区域解决就业问题的重要逻辑。北京市这一比重达到77%，同样居于全部城市的首位；与此相对应的是，就业比重不足50%的城市有8个，最低的厦门市这一比重仅为31%，尚不足北京市的一半，与中心城市的平均水平也有较大差距。

由第三产业内部的生产性服务业就业构成看（图4-8），从全国城市平均层次看，生产性服务业6个部门占比相对均衡，按其占比大小的顺序为交通运输、仓储与邮政业＞金融业＞租赁和商务服务业＞科学研究、技术服务和地质勘查业＞房地产业＞信息传输、计算机服务与软件业。从25个城市平均层次看，生产性服务业6个部门与全国平均水平基本相近，按其占比大小顺序的变化仅在租赁与商务服务业，科学研究、技术服务和地质勘查业两者之间调换。

总体来说，以劳动密集型为代表的交通运输、仓储与邮政业，以资本密集型为代表的金融业，以技术密集型为代表的科学研究、技术服务和地质勘查业能够跻身区域中心城市生产性服务业就业的前三位，这反映了我国区域中心城市发展的多元动力机制已然形成，一定程度上也代表了区域中心城市发展模式的成功转型。从25个城市具体的生产性服务业就业比重看，并无明显的规律性分布与差异。例如，首都北京生产性服务业就业中，排名最高的行业是租赁和商务服务业；经济中心上海市前两位的行业则为交通运输、仓储与邮政业和金融业，两者占比已然超过50%；

而中原经济区中心城市郑州首位就业行业为金融业。整体上看,25个中心城市中,以交通运输、仓储与邮政业为首位就业行业的有17个,分别以租赁和商务服务业,科学研究、技术服务和地质勘查业为首位就业行业的各有3个,还有2个是以金融业就业规模最大。可以肯定的是,建基于城市自身比较优势与多元发展动力,进而通过不断寻求城市产业结构升级与转型发展,也将更加明确城市特有的生产性服务业发展格局与层次,获得城市竞争力的提升。

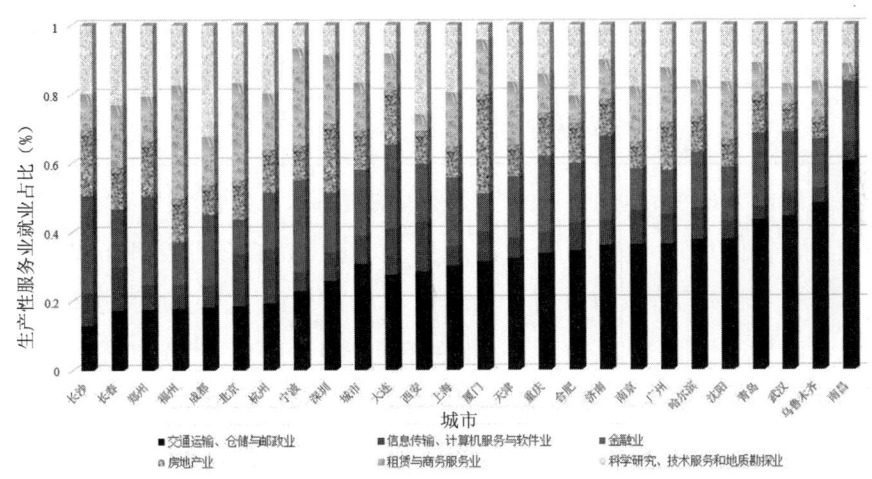

图4-8 2010年中心城市市辖区生产性服务业就业结构

4.3.4 区域中心城市生产性服务业空间格局

当前,对城市生产性服务业集散程度的分析大都借助于对区域制造业的空间分析方法,主要指标有行业集中度指数(GCR)、赫芬达尔—赫希曼指数($GHHI$)、空间基尼系数($Gini$)和集聚指数(EG)等。其中,前两者计量的是绝对集中水平,后两者则为相对集中指标。其计算公式如表4-9所示。

从计量公式及其表达的含义看,行业集中度方法在实际操作中简单易行,是最为常用的一种方法,但正是其简单易行决定了这种指标不能充分反映各城市间产业规模分布的差异。赫芬达尔—赫希曼指数可以有效地反映产业就业层次与相对规模,并能够在一定程度上反映城市对产业发

表 4-9　城市生产性服务业集聚水平主要测度方法

计算公式	变量说明
$GCR_{it} = \sum_{i=1}^{n} X_i / \sum_{i=1}^{N} X_i$	X_i 为第 i 城市某产业部门市辖区就业人口，n 为所要计算的前若干城市数量，N 为总体城市数量；
$GHHI_i = \sum_{i=1}^{N} (X_i/X)^2$	X 为全部城市就业人口；
$Gini_i = \sum_{i=1}^{N} (\dot{X}_i - \dot{S}_i)^2$	$\dot{X}_i$ 与 $\dot{S}_i$ 分别表示 i 城市就业人口占全部城市就业人口的比重和 i 城市某产业部门就业人口占全部城市就业人口的比重。
$EG_i = \dfrac{Gini_i - (1 - \sum_i X_i^2) GHHI_i}{(1 - \sum_i X_i^2)(1 - GHHI_i)}$	

展的支配能力的变化，但该指标对数据要求较高，且数值含义不够鲜明和直观。根据区域中心城市生产性服务业就业结构，该指数取值范围为 0—1。通常情形下，该指数与行业集中度成正比。空间基尼系数能够直观地反映生产性服务业各行业就业在不同城市间的规模分布，但这种方法对某些特殊情形下的集聚程度说服力不足。集聚指数弥补了空间基尼系数的这一失真状况。Elilsion、Glaeser 同时指出该指标可以分为三个区间：第一区间取值 0—0.02，表明城市就业离散分布；第二区间取值 0.02—0.05，表明城市就业分布相对均衡；第三区间取值大于 0.05，说明产业就业层次在各城市间的集聚水平较高（高运胜，2009）。根据我国区域中心城市生产性服务业就业数据①（表 4-10），分析如下：

2006 年，从单项指标来看，无论是三城市还是四城市，整体生产性服务业就业集中度超过 40%。生产性服务业内部，租赁与商务服务业集中度最高，且这一数据已然突破 60% 关口。房地产业，信息传输、计算机服务与软件业，科学研究、技术服务和地质勘查业集聚水平居中。行业集中度较低的有交通运输、仓储与邮政业和金融业。$GHHI$ 与 GCR 均呈现相同的格局。从空间基尼系数看，尽管生产性服务业内部各部门的空间基尼系数较为接近，但仍呈现出租赁与商务服务业最高，交通运输、仓储与

---

① 数据来源于相关年份《中国城市统计年鉴》。

表 4-10　2006 年和 2011 年区域中心城市生产性服务业就业集聚水平

2006 年	生产性服务业	交通运输、仓储与邮政业	信息传输、计算机服务与软件业	金融业	房地产业	租赁与商务服务业	科学研究、技术服务和地质勘查业
GCR3	0.431	0.369	0.482	0.363	0.489	0.600	0.454
GCR4	0.487	0.429	0.537	0.417	0.558	0.659	0.502
GHHI	0.097	0.072	0.141	0.071	0.115	0.191	0.109
Gini		0.352	0.382	0.343	0.374	0.408	0.372
EG		0.0083	0.0120	0.0099	0.0080	0.0258	0.0038
2011 年	生产性服务业	交通运输、仓储与邮政业	信息传输、计算机服务与软件业	金融业	房地产业	租赁与商务服务业	科学研究、技术服务和地质勘查业
GCR3	0.445	0.399	0.566	0.402	0.440	0.536	0.448
GCR4	0.507	0.463	0.620	0.453	0.529	0.606	0.505
GHHI	0.104	0.079	0.206	0.079	0.099	0.157	0.123
Gini		0.357	0.402	0.351	0.368	0.397	0.373
EG		0.0074	0.0317	0.0095	0.0024	0.0095	0.0068

邮政业与金融业最低,而其他行业居中的类似格局。集聚指数表明,仅有租赁与商务服务业的值大于 0.02,其他 5 个部门值均未达到 0.02。到 2011 年,生产性服务业就业四城市行业集中度已然突破 0.5,无论是行业集中度还是赫芬达尔—赫希曼指数,数值较高的都是信息传输、计算机服务与软件业,租赁与商务服务业;数值较低的都是交通运输、仓储与邮政业和金融业。空间基尼系数也呈现同样的格局。集聚指数,仅有信息传输、计算机服务与软件业的大于 0.02,其他 5 个部门均未达到 0.02。

2006—2011 年,租赁与商务服务业、房地产业 2 个部门,行业的行业集中度指数、赫芬达尔—赫希曼指数和空间基尼系数 3 项指标的数值均有所降低;交通运输、仓储与邮政业,金融业,信息传输、计算机服务与软件业,科学研究、技术服务和地质勘查业,这 3 项指标的数值绝大多数有明显提升。从中可以看出,一方面,生产性服务业就业在区域中心城市层面的集散水平存在明显的内部差异和时空演变,尤其是 2006—2011 年,租赁与商务服务业和信息传输、计算机服务与软件业在区域中心城市层面呈现出截然相反的集散趋势;另一方面,尽管生产性服务业就业行业的行业集中度指数、赫芬达尔—赫希曼指数和空间基尼系数 3 项指标的差异明显甚至较大,但整体上看,生产性服务业在区域中心城市的就业分布并未呈现明显的集聚格局,而是相对均衡甚至是分散的。这一点可以从区域中心城市的规模体系中得到解释。也就是说,城市的规模等级越高,所承载的生产性服务业就业规模也就越大。

4.3.5 区域中心城市生产性服务业区位选择

城市产业经济升级与城市功能转型共同孕育了产业空间区位的重构。基于区位理论的基本内涵,当前,区域中心城市产业发展的区位选择更加侧重对产业活动最佳区位主体的组合方式(李小建,1999)。区位因子并非一成不变,随着产业结构的演进,各经济体在经济转型前后的区位选择就大为不同,传统产业的区位因子在于降低生产成本,新时期的区位因子更加侧重对创新环境与创业氛围的选择。同时,在不同的空间尺度上,区位选择的影响因素也不同,如朱传耿(2002)对跨国公司区位系统的研究(表 4-11)。

表 4-11 跨国公司区位因子

区位	宏观(国家)	中观(城市、产业)	微观(选址)
因子	资源禀赋、管理体制、市场容量、经济基础、开放程度、政策稳定性	经济发达、人口密集、人才集聚、位置优越、交通便捷、信息畅通、政策灵活	水电供给、环境设施、生活条件、协作条件

我国区域中心城市产业空间布局是国家改革开放政策与地方政府力量共同作用的产物。因此,在宏观区位选择上,城市产业区位选择往往被区域政策与区域发展战略所支配;仅这一层次而言,与我国大中城市制造业空间的形成机制相一致,具有较强的计划色彩。例如,经济特区、开放城市都具有明显的沿海指向性;随着西部大开发、东北振兴和中部崛起战略的实施,区域产业发展又呈现明显的中心城市指向性。数据显示,我国已批复的国家级高新技术开发区约半数设在中心城市或省会城市,而保

税区则绝大多数设在东部沿海城市,且在东部沿海形成珠三角、长三角和环渤海三大"群落";我国承接的外商直接投资也主要分布在各中心城市与开发园区;围绕各区域中心城市或城市群已然浮现出我国区域性金融中心(表 4-11)。毋庸置疑的是,跨国公司在中国投资项目的地区分布呈现鲜明的沿海指向性与中心城市指向性。

表 4-12 我国七大区域性金融中心及其定位

城市	北京	上海	深圳—香港	大连	成都—重庆	郑州—武汉	厦门—台湾
定位	国家金融中心、决策中心	长三角地区金融中心、国际金融中心	珠三角地区金融中心、国际金融中心	东北亚金融中心	西南地区金融中心	中部地区金融中心	海峡两岸金融中心

资料来源:根据陆红军在 2012 搜狐财智中国峰会(2012 年 9 月 22 日,重庆)的报告《我向中央建议成立七个区域性金融中心》整理(http://cq.focus.cn/news/2012-09-22/2376656.html)。

4.4 典型区域中心城市生产性服务业空间对比

4.4.1 对比城市选择

考虑到本书研究案例城市郑州市,以及我国区域中心城市产业空间发展的不同阶段、位序、区位与态势等,特选择武汉、济南、长沙和西安作为主要对比研究城市(图 4-9)。一方面,5 个城市涵盖了我国从副省级城市到省会城市的中心城市行政层级,城市发展的位序规模客观上决定了郑州市区域中心城市的空间定位与国家中心城市尚不具备可比性,但西安、武汉等副省级省会城市则为郑州市提供了更多的学习和借鉴意义;另一方面,5 个城市分别镶嵌在我国东、中、西三大板块,并以郑州市为中心,延及周边省份,这有利于开展更具针对性的多层次分析与对比。

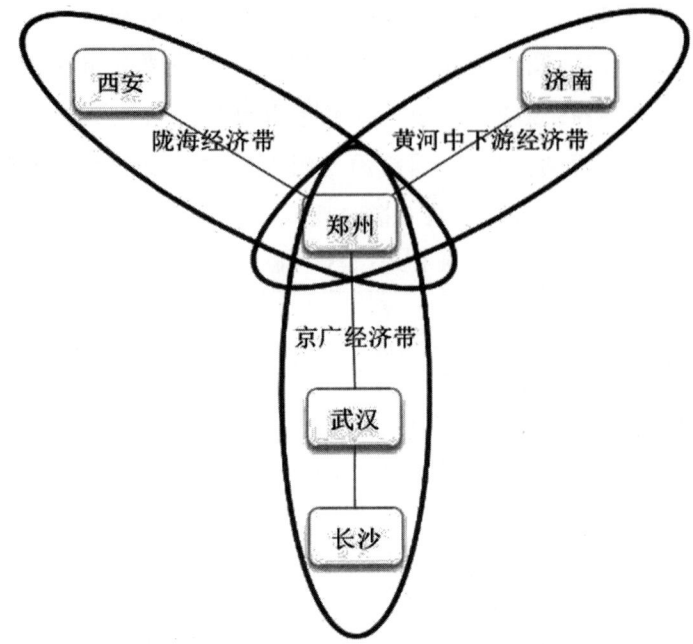

图 4-9 对比城市产业空间示意图

4.4.2 对比城市分析

(1) 工业化阶段划分

经济发展进程中,产业结构会呈现出一定的规律性特征,即第一产业无论是产值比重还是就业比重都会持续下降;第二产业比重先升后降;第三产业比重先是略微下降,而后平稳,再持续上升。经济学家钱纳里、库兹涅茨等先后总结出经济发展与工业化发展阶段,概称为"标准结构"。我国学者陈佳贵基于此进行了中国实证分析,并确定了基于中国发展水平的工业化阶段划分的依据。根据这一划分标准(表 4-13),郑州市 2012 年人均 GDP 8803 美元,处于工业化阶段的后期。从三次产业产值结构看,郑州市三次产业结构为 3∶56∶41,第三产业的比重与第二产业的比重仍有较大差距,仍处于工业化阶段的后期。同样的,从人口城镇化率和第一产业就业比重两项指标也可得出相同的结论。也就是说,当前,郑州市产业发展水平"稳定地"居于工业化阶段的后期水平,到后工业化阶段仍有一段路要走。同时，根据对城市工业化阶段划分依据以及表4-14中5个中心城市各项指标数值，认为当前5个区域中心城市均处于由工业化后期向后工业化迈进的阶段。这一判断结论也同时证明了将不同区域或省域中心城市放在一起具备可比性的假设前提。

表4-13 工业化阶段划分标准

基本指标	前工业化阶段	工业化阶段			后工业化阶段
		初期	中期	后期	
人均GDP（美元）	745—1490	1490—2980	2980—5960	5960—11170	11170以上
三次产业结构	A>I	A>20%,A<I	A<20%,I>S	A<10%,I>S	A<10%,I<S
城镇化率(%)	<30	30—50	50—60	60—75	75以上
第一产业就业比重(%)	>60	45—60	30—45	10—30	10以下

注：① 资料来源于陈佳贵（2007）的研究。
② 人均GDP采用2005年为基年的不变价值，单位为美元；表中A、I、S分别代表第一、二、三产业的比重。

表4-14 2012年5个中心城市工业化阶段特征

	西安	郑州	武汉	长沙	济南
人均GDP（元）	51166	62049	79482	89903	69444
三次产业结构	4.5∶43.1∶52.4	2.6∶56.4∶41	3.8∶48.3∶47.9	4.3∶56.1∶39.6	5.3∶40.3∶54.4
城镇化率(%)	49.3	66.3	67.5	69.4	66
第一产业就业比重(%)	22.3	20.4	12.1	24.3	19.5

（2）产业发展模式

根据三次产业在GDP中的比重的大小不同，可将不同城市划分为由最高产业部门决定的产业发展模式。一般来说，可将这些城市划分为再工业化城市和服务业化产业发展模式。因此，基于各城市历年三次产业的比重(%)可以得到如图4-10的结果。

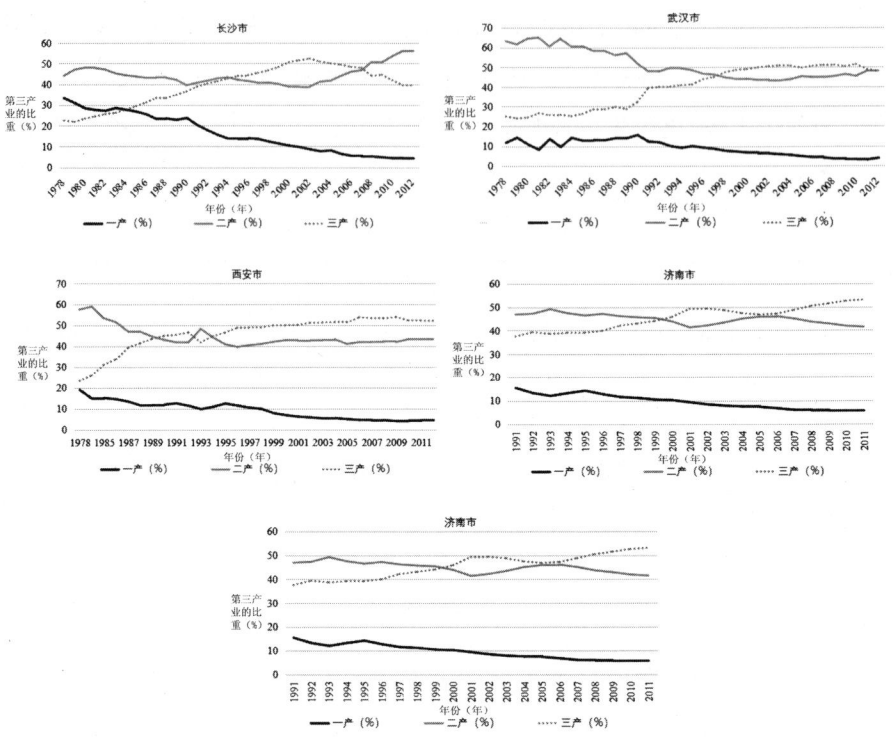

图 4-10　5 个中心城市历年三次产业结构

由图 4-10 可知：① 改革开放以来，5 个区域中心城市建基于不同的产业发展基础。例如，武汉和西安，1978 年两者的第一产业比重最小，且一直保持不变；长沙和郑州则是在改革开放的进程中才实现第三产业对第一产业的赶超；至 2012 年，5 个中心城市第一产业的比重均已降至 10% 以下。② 随着改革开放的不断深入，各中心城市更多展现了第二产业与第三产业比重大小互相交替更换的格局。例如，长沙、济南和武汉在不同年份实现了第三产业对第二产业的赶超，但也分别走上了不同的产业发展道路，长沙第二产业后来居上再次赶超，武汉在保持这一格局 14 年后形成两者并重的局面，而济南则一直保持这一格局到今天。而西安和郑州，尽管都经历过短暂的并重格局，西安基本保持了三次产业"三二一"的格局，而郑州的第三产业发展则稳定地居于第二产业的后面，"二三一"的格局仍有不断固化的趋势。总之，根据 5 个中心城市产业发展的形态，武汉、西安和济南为服务业化产业发展模式，长沙和郑州为再工业化产业发展模式,第三产业发展的引领作用仍有待加强。

从5个中心城市的宏观经济指标与发展速度看(图4-11和表4-15),武汉无论是在GDP总量与第三产业增加值的经济体量方面,还是在财政收入、固定资产投资与实际利用外资等经济发展指标看,都是5个中心城市中的首位城市。郑州第三产业发展的形势则不容乐观,2012年实现第三产业增加值在5个城市中最低,实现三产增速也明显低于其他4个城市。然而从具体指标的发展增速看,其他城市则都有赶超武汉的可能,如郑州进出口总额已大幅超越武汉的这一指标。

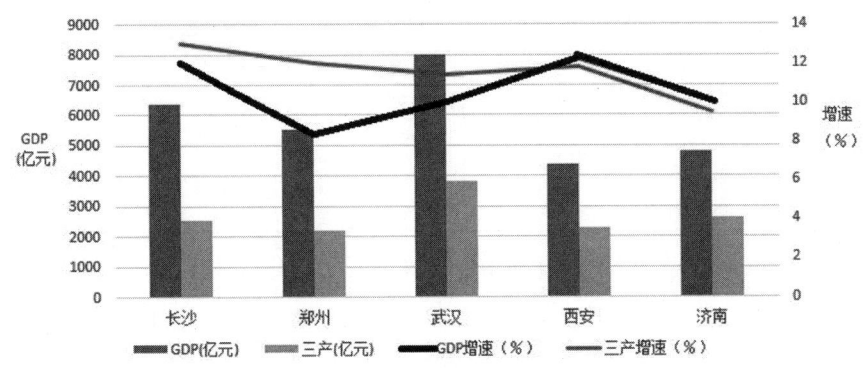

图4-11 2012年5个中心城市第三产业发展概况

表4-15 2012年5个中心城市宏观经济指标对比

城市	固定资产投资		财政收入		进出口总额		实际利用外资	
	规模(亿元)	增速(%)	规模(亿元)	增速(%)	规模(亿元)	增速(%)	规模(亿元)	增速(%)
武汉	5031	20.0	829	23.1	203	-11	44.4	18.2
长沙	4012	20.3	491	15.2	87	16.1	29.8	14.4
郑州	3561	22.7	607	20.8	358	124	34.3	10.6
济南	2186	20.4	381	17.0	92	-12	12.2	10.9
西安	4243	26.6	397	24.6	130	3.3	24.8	23.6

(3)服务业发展绩效

如表4-16所示,2010年,5个区域中心城市中,武汉的第三产业产值最高,相当于最低水平城市郑州的2.6倍,其他3个城市的第三产业规模旗鼓相当。在就业层面,武汉和西安第三产业就业人数排在前列,济南居中,长沙和郑州较为落后。但在三次产业就业结构占比中,长沙拔得头筹,占比突破65%,其他4个城市也均已接近60%这一关口。其中,与三次产业就业比重相类似的是,尽管生产性服务业就业整体规模差距不小,但在全部产业就业中的比重仍较为接近,除郑州生产性服务业就业占比不足20%外,其他4个城市的这一数字均在25%左右。

表4-16 2010年5个中心城市第三产业发展概况

2010年	第三产业产值（亿元）	第三产业就业		其中:生产性服务业就业	
		人数（万人）	占比（%）	人数（万人）	占比（%）
济南	2960	55.7	56.5	24.1	24.4
郑州	1754	41.1	55.4	13.6	18.4
武汉	4559	77.6	56.2	31.4	22.8
长沙	2628	47.3	65.4	17.8	24.6
西安	2763	76.4	59.3	34.0	26.4

从服务业的经济效应与空间绩效演进看（图4-12与图4-13）,无论是服务业密度,还是服务业劳动生产率,2000—2010年,5个中心城市两项指标均实现了大幅提升。其中,长沙服务业密度始终保持在5个中心城市的最高水平,2010年达到2.75万元/km²。至2010年,郑州和武汉服务业密度不相上下,居于5个城市的中间位置。在服务业劳动生产率方面,长沙仍居榜首,而郑州也连续居于5个中心城市的末尾,2010年仅相当于长沙的1/3强。

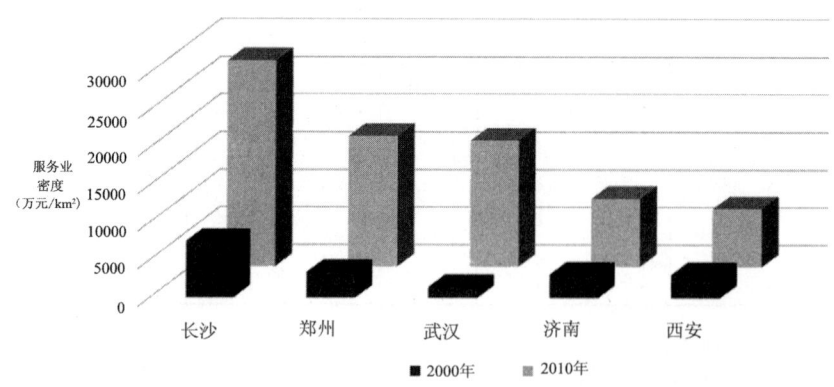

图4-12 2000—2010年5个中心城市服务业密度对比

4 宏观尺度:区域中心城市生产性服务业空间格局与过程

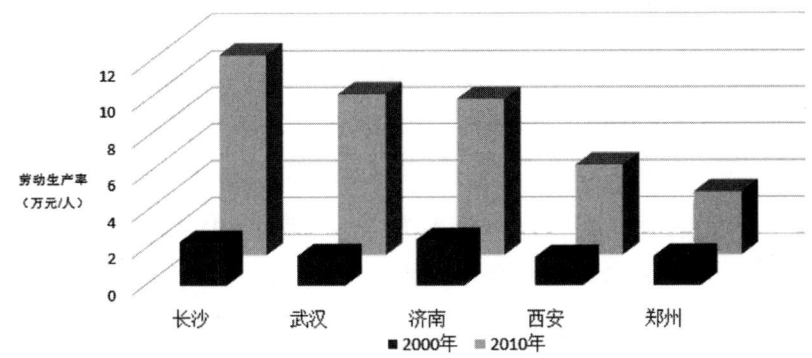

图 4-13　2000—2010 年 5 个中心城市服务业劳动生产率对比

整体而言,郑州无论是在第三产业产值、第三产业就业方面,还是在劳动生产率方面,在 5 个区域中心城市中的整体位置都较为落后。在积极落实建设高成长性服务业大省的当下,以郑州市为中心的河南省对此应投以更多的关注和思考。

从五大区域中心城市市辖区生产性服务业内部就业比重看(图 4-14),济南和武汉的交通运输、仓储和邮政业与金融业的就业比重最大,郑州和长沙的金融业和房地产业的就业比重最大,而西安就业比重较大的部门体现在交通运输、仓储和邮政业与科学研究、技术服务和地质勘查业。其中,具有共性的是,交通运输、仓储和邮政业,金融业与房地产业是构成各区域中心城市就业的重要部门,承载了以城市引领区域发展所必备的外向型服务功能。

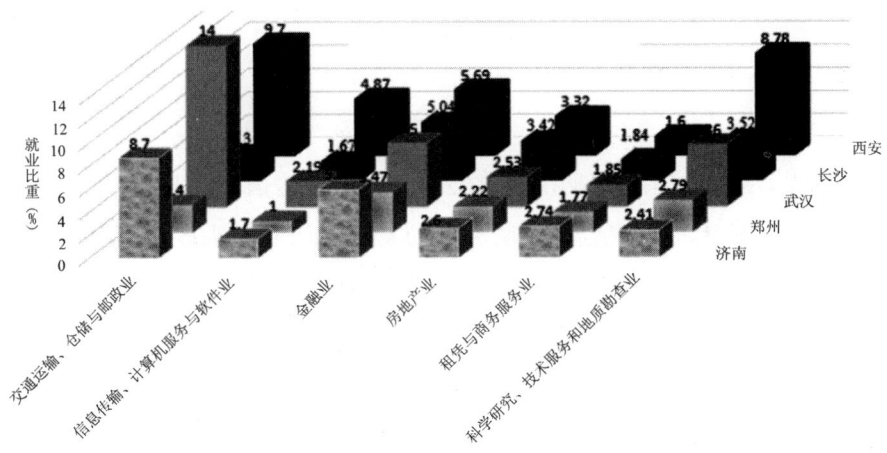

图 4-14　2010 年 5 个中心城市生产性服务业就业比重

（4）生产性服务业空间功能

区域经济学中，区位商常被用于判断一个产业是否构成地区专业化部门，是指一个城市特定产业部门经济产值或就业规模等所占比重与上一级部门该项指标在全部部门中的比重之间的比值。区位商越大，则可认为该城市在产业发展中的专业化水平越高。因此，有必要计算5个中心城市生产性服务业就业区位商。由表4-17可见，5个中心城市均有不同于其他城市的优势部门。例如，郑州，在金融业、房地产业、租赁与商务服务业中的区位优势较明显，而西安在信息传输、计算机服务与软件业，科学研究、技术服务和地质勘查业中的区位优势更为突出。

表4-17　2011年5个中心城市生产性服务业就业区位商

	交通运输、仓储与邮政业	信息传输、计算机服务与软件业	金融业	房地产业	租赁与商务服务业	科学研究、技术服务和地质勘查业
济南	1.10	0.97	1.21	0.85	1.40	0.55
郑州	0.70	0.69	1.27	1.31	1.41	0.97
武汉	1.42	0.72	0.86	0.70	0.76	0.89
长沙	0.65	0.93	1.22	1.51	1.17	0.97
西安	0.90	1.45	0.73	0.93	0.67	1.42

4.5　本章小结

首先，尽管我国服务业在全球层面落后于发达国家，但中心城市的竞争力获得了较大提升。生产性服务业的发展与政府宏观政策引领有着较强的关联效应。1993年以来的生产性服务业占比服务业持续低迷，迫切需要我们进行更深层次的思考与应对。其次，郑州城市空间扩张有着比其他中心城市更为现实的紧迫性，建设国家区域中心城市，承载更大的人口规模和更高水平的产业发展，需要立足于更大的城市发展空间。城市承载就业规模也基本符合城市首位分布与位序规模分布。从我国区域中心城市生产性服务业的发展看，我国区域中心城市发展的多元动力机制已然形成，一定程度上也代表了区域中心城市发展模式的成功转型。生产性服务业就业在区域中心城市层面的集散水平存在明显的内部差异和时空演变，生产性服务业在区域中心城市的就业规模与其城市规模成正比。经济转型前后的产业空间区位选择就大为不同，传统产业的区位因子在于降低生产成本，新时期的区位因子更加侧重对创新环境与创业氛围的营造。跨国公司在中国投资项目的地区分布呈现鲜明的沿海指向性与中心城市指向性。但区域中心城市层面的对比也显示，郑州市尽管与周边对比城市同样处于工业化后期阶段，但产业发展模式、服务业经济效率与空间绩效方面与其他城市还有不小的差距。在积极落实建设高成长性服务业大省的当下，以郑州市为中心的河南省应对此投以更多的关注与思考。

5 微观尺度:郑州市生产性服务业空间格局与过程

在研究案例选择上,本书立足于中部地区重要的中心城市、"中原经济区"核心城市——郑州市。选择以郑州市中心城区为研究对象主要基于以下三方面的考虑:一是作为河南省的省会城市,郑州市近年来经济迅猛发展,空间形态日新月异,迅速的城市化过程迫使人们开始思考其产业发展、结构调整与城市转型之间的关系。二是郑州市作为中部地区重要的中心城市,正积极打造和创建国家区域中心城市。与郑州市的经济地位攀升相伴随的是,郑州市产业发展与空间格局存在进一步提升和调整的内在要求。三是郑州市是立足于内陆地区的中心城市。

新中国成立后,郑州城市建设出现了重大飞跃。1953年,郑县升格为市;翌年,河南省省会西迁至郑州,这也是郑州市行政级别的重大提升。"文革"期间,郑州、开封市辖区域范围互有调整和增减。至改革开放后的1983年,新郑、密县、巩县、登封和中牟划归郑州,行政区域面积明显扩大。1987年,设邙山区(后改为惠济区)。其后,在郑州市辖区范围内先后建设高新技术产业开发区和经济技术开发区(其后也双双升格为国家级开发区)。2002年,郑东新区管委会成立,郑东新区规划与建设被提上议事日程。2009年,郑州新区管委会成立,一个包容更大区域范围的城市新区开始浮出水面。2010年,《郑州市城市总体规划(2010—2020年)》得到国务院批复,郑州市作为我国中部地区重要的中心城市和国家重要的综合交通枢纽的地位得以根本明确。2011年9月,国务院出台意见支持河南省建设中原经济区,中原经济区建设正式上升为国家战略,明确郑州建设国内大型航空枢纽。2013年3月,《郑州航空港经济综合实验区发展规划》被国务院批复实施,郑州成为国内第一个获批的以航空港经济为主体的国家级实验区。在推进中原经济区建设、实现中部崛起的当下,郑州市获得了难得的战略机遇。

郑州市地处中华腹地,居于九州之中,是十省通衢之地,是河南省的政治、经济、文化中心。当前,郑州市中心城区包括中原区、二七区、金水区、惠济区、管城区等5个市辖区,以及(国家级)高新技术产业开发区、(国家级)经济技术开发区、(城市)郑东新区(由于开发区与郑东新区缺乏前期独立的统计数据,相关统计数据分别被包含在中原区、管城区和金水区等行政区域范围内,所以在分析的过程中也根据其数据可获得性进行了不同层次的序列对比)、卫星城区上街区,以及郊县(市)中牟县、新密市、新郑市、登封市、巩义市、荥阳市(图5-1)。辖区面积7446 km²,市区面积1010.3 km²,郑州中心城区规划面积980 km²,2011年底建成区面积328km²;人口443万人,城镇人口占比高达84.3%。2011年郑州市实现GDP总量达4980亿元,同比增长13.8%;人均GDP为56856元,高于全国平均水平(35181元)。目前,郑州市已形成以纺织、食品、机械、建材、有色金属、耐火材料、能源和原辅材料为主导产业的经济格局。

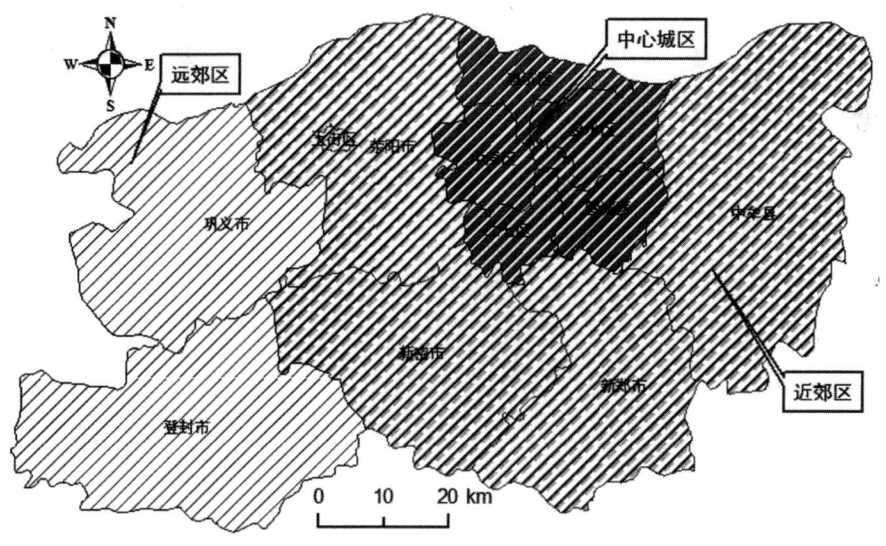

图5-1 研究区范围

5.1 郑州市生产性服务业发展概况

如表 5-1,2012 年,郑州市中心城区共有生产性服务业法人单位 14588 个。其中,从辖区看,金水区生产性服务业法人单位数遥遥领先,占比总量的 56.1%;其次是郑东新区,生产性服务业法人单位数接近 2000 个;突破 1000 个的还有中原区和二七区;由于成立时间最晚,航空港区生产性服务业法人单位只有 63 个,处于中心城区最后一位。从生产性服务业内部构成看,租赁和商务服务业拔得头筹,6983 个法人单位占比总量接近半数,达到 47.9%;其后是房地产业,接近 3000 个;再后依次为信息传输、计算机服务和软件业,科学研究、技术服务和地质勘查业,双双接近 2000 个;金融业由于行业特性,法人单位数总量最少。

表 5-1 2012 年郑州市生产性服务业法人单位数

(单位:个)

辖区	交通运输、仓储和邮政业	信息传输、计算机服务和软件业	金融业	房地产业	租赁和商务服务业	科学研究、技术服务和地质勘查业	小计
中原区	44	151	17	288	376	236	1112
二七区	32	121	19	288	416	126	1002
管城区	102	92	18	211	444	66	933
金水区	238	1136	246	1309	4447	815	8191
惠济区	35	47	4	80	66	28	260
经开区	70	100	27	140	304	103	744
高新区	7	100	3	85	57	130	382
郑东新区	63	138	54	503	859	284	1901
航空港区	24	6	0	17	14	2	63
小计	615	1891	388	2921	6983	1790	14588

从时间层次看,基于全国前两次经济普查数据对郑州市中心城区法人单位数与产业活动单位数进行对比可以发现(表 5-2):在生产性服务业内部构成中租赁和商务服务业拔得头筹。相比于法人单位数,产业活动

单位数量的差异较小,且除租赁和商务服务业外,其他部门都较为均衡。其中,金融业的法人单位数和产业活动单位数的规模演进最为明显和迅速;也就是说,以四大国有商业银行和保险机构为代表的金融服务企业遍及全国各地,垄断地位较强。以中国建设银行为例,在郑州市中心城区就有 57 家服务网点。在城区分布中,由于两次经济普查并未将高新区、经开区等功能新区单列,金水区在两次经济普查中的法人单位数都是遥遥领先的。

表 5-2 郑州市生产性服务业法人单位经济普查数据

(单位:个)

年份(年)	单位数	交通运输、仓储和邮政业	信息传输、计算机服务和软件业	金融业	房地产业	租赁和商务服务业	科学研究、技术服务和地质勘查业
2004	法人单位数	442	774	242	997	2148	856
	产业活动单位数	989	900	1374	1065	2446	950
2008	法人单位数	827	1174	210	2201	4238	1438
	产业活动单位数	1138	1499	1894	2216	4416	1533

年份(年)	单位数	郑州市	中原区	二七区	管城区	金水区	惠济区
2004	法人单位数	33120	3398	2487	2352	8944	840
2008	法人单位数	48507	4622	3483	4293	15480	1045

资料来源:河南省全国经济普查(2004,2008)。

同时,以郑州市统计年鉴数据分别对 2005 年和 2012 年郑州市中心城区法人单位数进行对比(图 5-2),两个年份最为突出的都是租赁与商务服务业,也都在金水区集中分布,房地产业与科学研究、技术服务和地质勘查业也都是金水区居于首位,其他辖区整体法人单位数不相伯仲。不同的是,到 2012 年,郑东新区异军突起,在中心城区法人单位数量升至第二位。同样值得提出的是,由于经济技术开发区与高新技术开发区发展的侧重与政策的不同,到 2012 年,经济技术开发区总体法人单位数量低于高新技术开发区的局面得以扭转,除科学研究、技术服务和地质勘查业外,经济技术开发区已经全部赶超高新技术开发区。

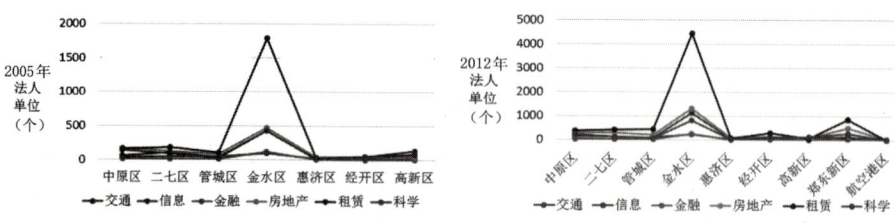

图 5-2　郑州市中心城区法人单位对比

从总体产业的注册类型看(图 5-3),郑州市基本单位由 2005 年的 3.7 万个升到 2012 年的 6.3 万个。尽管两个年份排在第一位的都是私营企业,但其比重发生了根本变化,2012 年私营企业法人单位超过半数,比重达到 52.4%。与此形成反差的是,国有经济和集体经济比重双双下降,总体比重由 1/4 下降到 2012 年的 1/10 左右,且国有经济位次也由 2005 年的第二位下降到当前的第五位,这也从一个方面印证和说明了民营经济发展的活力与重要性。在内资企业构成中,有限责任公司获得了较快发展,法人单位总量已然突破 1.5 万个,2005－2012 年在总体法人单位中的比重提升了近 10 个百分点。值得思考的是,一方面,作为内资企业构成的股份有限公司与股份合作企业,其加和比重也不过企业总量的 3%,且还有下降的趋势;另一方面,相对于内资企业法人单位总量的翻番,港澳台投资企业与外商投资企业在郑州市基本单位中的比重更是微乎其微,到 2012 年,两者的比重甚至降到了 1% 以下。这从很大意义上说明,郑州市在积极承接外商直接投资和产业转移方面,与东部沿海发达城市还有很大差距,还有很多重大的课题要完成。

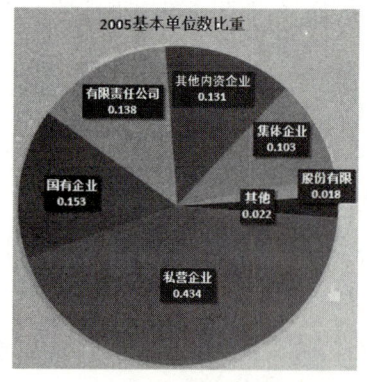
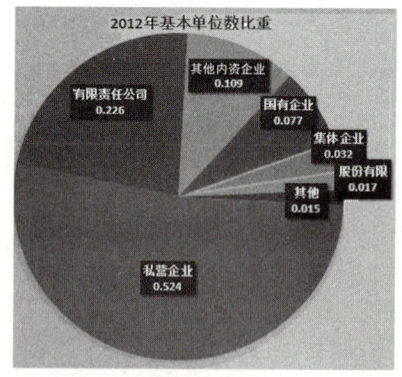

图 5-3　郑州市 2005－2012 年基本单位数及占比

5.2 郑州市生产性服务业空间格局

新中国成立以来,郑州市第三产业实现了恢复性发展。纵观郑州市第三产业(增加值)的发展演变过程(图5-4),大体上可以分为以下三个阶段:

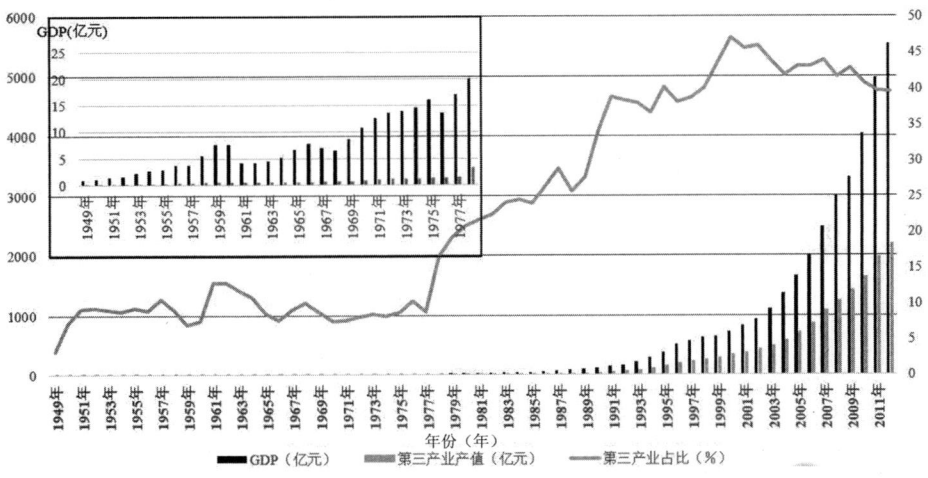

图 5-4 新中国成立以来郑州市第三产业发展概况

一是匀速发展阶段(1949—1978年)。自新中国成立到改革开放的30年间,郑州市国民收入与第三产业增加值均呈现一种稳定递增的态势,第三产业占比基本保持不变。如图5-4左上部分所示,实现GDP收入从1949年不足1亿元增加到1978年的20亿元。不得不提的是,"大跃进"推动下的1958年和1959年第三产业增加值出现短暂的峰值;而后,三年困难时期第三产业也受其影响产值降幅明显;其后,增加值仍呈现稳定递增的态势,这与当时经济发展的总体形势基本保持一致。30年间第三产业的产值占GDP的比重基本稳定在10%左右。应该说,作为一座火车拉出来的城市,随着河南省政府机构搬迁到郑州市,郑州市第三产业获得了从无到有、从小到大的发展,这为改革开放后郑州市第三产业大发展奠定了坚实的基础。这一阶段,郑州市是国家重点建设的工业城市,服务业作为工业的伴生物,其功能主要是传统的运输、商业和贸易,第三产业也主要集中在老城区。

二是快速发展阶段(1978—2000年)。改革开放的战略决策将经济建设作为一切工作的重点,郑州市国民收入与第三产业获得了复苏,并实现了快速发展。20多年间,相对于GDP总量和第三产业增加值的提升,第三产业占比实现了更为重大的突破,年增1.4个百分点,到2000年,第三产业占比达到历史峰值47%。这与其工商业城市的定位尤为契合,轻纺、商贸、轻工等成为国家主导战略下郑州市经济增长的主要动力。

三是调整发展阶段(2000年至今)。相对于第二阶段的快速发展,2000年以来,郑州市经济总量和第三产业增加值均实现了几何级数式的增长,生产性服务业、生活性服务业均得到了政界和学界的广泛关注。但第三产业占比不升反降,2012年已跌破40%的重要关口。应该说,产业结构的调整优化、经济转型升级对任何区域和城市都是一个大的考验,郑州市工业化比重过高,工业制造业产业链条短,技术水平和产业创新能力不足,经济服务化转型背景下调整发展的动力不足,这成为郑州市未来发展必须思考的重要问题。《郑州市城市总体规划(1995—2010年)》提出要把郑州市建设成为我国中部地区商业贸易中心、金融中心和陇海经济带中心城市。2010年获批的《郑州市城市总体规划(2010—2020年)》进一步指出要将郑州市建设成为中部地区重要的中心城市,国家重要的综合交通、通信枢纽和现代物流中心、商贸中心、历史文化名城,加之中原经济区建设、郑州航空港建设等战略举措,郑州市经济服务化转型获得了难得的机遇。

相关数据主要来源于《郑州市经济普查资料汇编》、《郑州市服务业企业名录》(工商局数据库)、郑州统计信息网(http://www.zzstjj.gov.cn/tjww/index.htm)、河南省统计局等,部分数据需通过实地调研获得。由于研究涉及的数据时间跨度较大,加之统计口径的变化,部分数据难以进行长时间序列的统计,因此在分析的过程中会对数据进行一些平滑处理,或者使用与其关联度较高的其他统计数据。这些处理过或者替代后的数据主要用于分析截面问题的差异性,不会对分析的结果造成太大的影响。

根据2010年《郑州市企事业名录》提供的3万余家企业,筛选出具有空间标识和企业信息说明的生产性服务业2594家,其中交通运输、仓储和邮政业240家,信息传输、计算机服务和软件业364家,金融业299家,房地产业412家,租赁和商务服务业934家,科学研究、技术服务和地质勘查业345家。根据企业地址在全球经纬度的空间数据(http://www.gpsspg.com/maps.htm),在ArcGis软件下获得郑州市中心城区生产性服务业空间分布(图5-5)。需要说明的是,分布图中的企业仅是对现有(2010年之前)企业的统计,部分企业的统计具有时滞性,如近年来大量企业在郑东新区和航空港区迅速集中,但在统计中尚未有所反映,且筛选工作难免具有一定的盲目性。

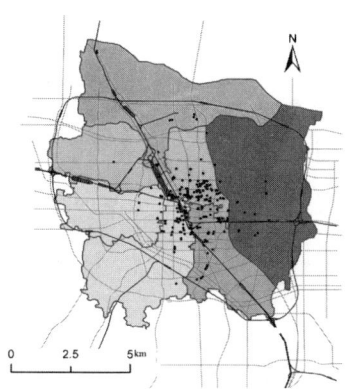

(a) 交通运输、仓储和邮政业

(b) 信息传输、计算机服务和软件业

(c) 金融业

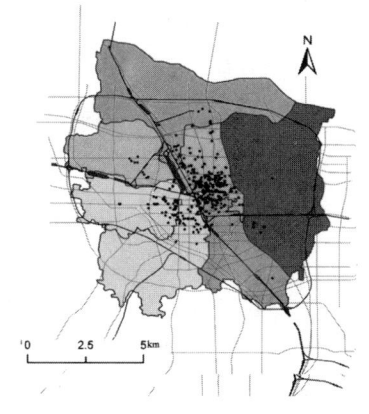

(d) 房地产业

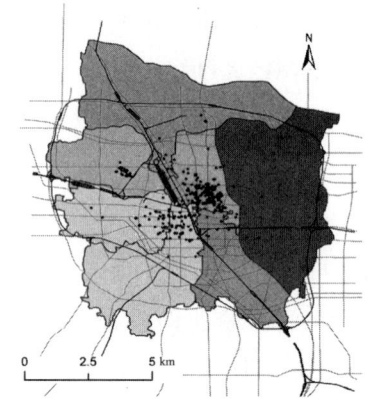

(e)租赁和商务服务业　　　　(f)科学研究、技术服务和地质勘查业

(g)生产性服务业

图 5-5　郑州市生产性服务业企业空间分布

5.2.1　交通运输、仓储和邮政业

交通运输、仓储和邮政业是保证生产、销售和消费过程顺利进行,对商品在流动和暂时停留时提供所需要的服务的行业。传统区位影响因子有交通、地租与服务对象区位等。从图 5-5a 可以看出,郑州市中心城区交通运输、仓储和邮政业空间布局呈现出以下特征:

(1)交通运输、仓储和邮政业中心指向性较为明显,金水区和二七区企业密度相对更大,沿铁路和主干道布局的特征明显。从 2010 年各辖区实现交通运输、仓储和邮政业产业增加值可以看出,金水区和二七区产业

增加值为中心城区交通运输、仓储和邮政业产业增加值的75%。以火车站和二七商圈为中心布局了郑州市对内对外的几个铁路站点和客运场站,交通运输、仓储和邮政业行业形成对运输工具和交通方式的区位指向。

(2)在郑州市未来围绕大枢纽构建大产业的发展中,交通运输、仓储和邮政业承载了城市区域的交通、物流、仓储、邮政等行业功能,会逐步形成以提供交通节点、物流服务、仓储运输、邮政等为主导功能的经济组织和空间主体。由郑东新区CBD、郑东高铁站点和郑州航空港组成的核心节点将成为继火车站——二七商圈之后交通运输、仓储和邮政业集聚发展的空间优位区位。以城市地铁为代表的线路走向基本反映了这一趋势,地铁1号线(包括2期工程)贯通了从高新区经火车站、CBD到高铁站的东西走向的交通线,地铁2号线(包括2期工程)由北到南连接了客运北站、紫荆山、客运陇海站并南延至机场的交通干线,这些都是交通运输、仓储和邮政业发展的空间载体。

5.2.2 信息传输、计算机服务和软件业

信息传输、计算机服务和软件业是以电信、互联网、广电、卫星传输等为基础,涵盖计算机与软件服务的系统性行业,是信息服务业的重要产业,在国民经济中发挥着不可替代的作用。随着技术的发展,不断产生新的服务内容和服务模式。阎小培(1996)认为,劳动力、市场、集聚、技术创新信息的易达性、风险资本的可获得性、发达通信网和运输网的易达性等是影响信息传输、计算机服务和软件业空间布局的重要因素。由图5-5b可以看出,郑州市中心城区信息传输、计算机服务和软件业空间布局存在以下特征:

(1)整体上看,金水区和二七区是信息传输、计算机服务和软件业企业分布最为密集和集中的区域,其他如高新区和经济技术开发区也出现了部分企业的集中分布。2010年中心城区实现信息传输、计算机服务和软件业增加值最高的是金水区(34.9亿元),其次是二七区(22.8亿元)。

值得指出的是，作为技术密集型产业集聚区的高新技术开发区实现信息传输、计算机服务和软件业增加值4.1亿元，这一数字甚至相当于中原区和管城区的总和。

（2）由于电子产品体积小、抗压性弱和附加值大等一些自身的特点，信息传输、计算机服务和软件业对运输工具的要求很高，很多东西需要航空运输，这样临近机场、高速公路、绕城高速公路的经济技术开发区就有很大的区位优势，再加上政府强有力的政策扶植，已经有不少企业在此布局。相信在未来的发展中，这些区域也将形成新的信息传输、计算机服务和软件业的集聚。

（3）信息传输、计算机服务和软件业对技术学习、引进与创新要求较高，行业区位分布趋向于向心集聚；向心化又吸引了更多的信息传输、计算机服务和软件业企业，使得中心区的信息产业更加密集、交流更为频繁，面对面交流有助于推进企业间技术学习、模仿与创新。

5.2.3 金融业

金融业是经营金融产品的特殊行业，包括银行、保险、证券、信托等行业。当今人类社会已经迈入金融时代、金融社会，金融无处不在并已形成一个庞大体系，因此，多项金融指标可从各个角度反映经济发展的整体和个体状况，金融业也便成为国民经济发展的晴雨表。由图5-5c可以看出，郑州市中心城区金融业存在以下分布特征：

（1）郑州市中心城区金融业分布更加集中，主要分布在金水路以北、经七路以东、东明路以西和东风路以南的区域。2010年郑州市金水区金融企业实现增加值突破百亿元关口，遥遥领先于其他区域。毋庸置疑的是，郑东新区（CBD）已成为金融业一个更为重要的新生高地，增加值迅速跃升至第三位，与第二位的二七区基本持平。因此，以二七—金水为主体的金融业集群与郑东新区金融业集群共同构成了郑州市金融业空间集散的中心节点。

（2）从微观尺度看，金融业单位分布并不均匀。以花园路、黄河路、金水路和经三路主干道为中心轴线的区域分布密度远高于其他区域,且在特定空间区位上形成叠式分布:一方面体现在区位优势明显的交叉路口,如花园路—黄河路、金水路—花园路、经三路—东风路、经三路—黄河路等;另一方面,主干道上的商务大厦中也有集中分布,如财源大厦、思达大厦、富凯大厦、银鑫商务、招商大厦等。因此可见,交通便利、信息交流便捷,是金融业区位选择的主要因素。

(3)金融业是政府严格控制的行业,具体的金融业务均存在相当程度的垄断性,如信贷业务主要集中在四大商业银行,证券业务主要集中在国泰、华夏、南方等全国性证券公司,因此,金融业倾向于在市中心区域布局,交通、信息交流的便捷是其区位选择的重要因素,具有很强的向心性。另外,金融业的具体业务亦须面向全体社会大众和企事业网络,各金融机构需要派驻分行、支行和分社等在全部空间范围内的适当区位从事一线事务处理和汇报业务,接近顾客是其区位选择的首要因素,多布局在商业活动密集的次级地区。

5.2.4 房地产业

房地产业是国民经济的重要组成部分乃至国民经济的支柱产业。房地产市场空间布局实质上是房地产市场内不同产品结构的房地产产品在城市空间区位上的选择。近年来,区域中心城市房地产业空间布局正不断引起越来越多的关注。例如,中心城区就业集中但容易造成交通往返的极大压力,使得郊区有成为"卧城"甚至"鬼城"的可能性。城市郊区产业布局和配套设施还不完善。同时,高房价、"炒房团"使区域中心城市房地产业发展出现"泡沫"或"畸形"。由图5-5d可以看出,郑州市房地产业企业在中心城区的分布特征如下:

(1)郑州市房地产业主要分布在西环路以东、北环路以南、中州路以西和航海路以北的区域内,密集区是农业路以南的金水区。通常认为,二七区和中原区是郑州市房地产业发展比较成熟的区域,主要是居住用地和高校用地。近年来,随着郑州市发展战略空间的东移和南下,郑东新区和航空港区房地产建设吸引了大量的房地产企业进驻。一定程度上可以说，房地产业布局受政府政策、交通与信息通达性等因素的影响。

（2）郑州市房地产业在金水区形成明显的集聚区，主要布局在金水路、文化路、花园路、黄河路、经三路这些主干道两旁，说明交通便捷性是其区位选择的重要因素。但在火车站附近并没有形成集聚，或许是，尽管其人流车流最为密集，但主体是以传统批发零售为主，对房地产企业并不具备更大的吸引力，甚至不能称其为服务对象。在金水区布局着附加值较大的现代服务业和政府机关、研究机构等，这些部门对房地产的需求最大，所以在此布局的房地产业企业可以及时把握市场信息和政策方向，使潜在客户成为最终客户。

5.2.5 租赁和商务服务业

租赁和商务服务业在生产性服务业中涵盖范围最广，企业数量最多，所以布局相对较广泛，基于其中间投入的特性，租赁和商务服务业对客户或市场的依赖性极强。因此，接近信息源和信息基础设施（信息枢纽和信息节点）是其区位选择的重要因素，交通的便捷性及在同行业中的竞争优势与创新能力也非常重要。由图5-5e可以看出，郑州市中心城区租赁和商务服务业空间布局存在以下特征：

（1）中原区东部、二七区和惠济区的北部、金水区的南部是租赁和商务服务业广泛分布的区域，企业密度较大。金水路以北、东风路以南、文化路以东和经三路以西的金水区是租赁和商务服务业最密集的区域，紫荆山广场附近布局也较为密集。这些地段一般是区域商业中心或者有市区交通干线，浓郁的商业氛围使它们成为郑州市的信息中心和信息大道。

（2）在郑州市最繁华的二七广场附近布局的租赁和商务服务企业并不多，尽管人流较大，但潜在需求并不够大，并且交通拥堵等使租赁和商务服务业更愿意选择在信息通畅，交通便利，经济、技术和文化交流广泛的商务活动密集的区域。随着郑州市战略空间的演进，原来的商业中心从二七区、中原区向金水区和郑东新区转移，尤其是郑东新区承载着郑州市现代商务服务业发展的重任,新的集聚将在此产生。

5.2.6 科学研究、技术服务和地质勘查业

科学研究、技术服务和地质勘查业由研究与试验发展、专业技术服务业、科技交流与推广服务业和地质勘查业共同组成,作为与企业相关联的中间性行业,主要面向社会和用户提供以知识为基础的中间产品和服务,也显著依赖于专业性知识和技术。此行业对专业性的劳动力和科研院所、高校、智库等具有高度依赖性。因此,接近信息技术的创新源和高科技人才密集区是其区位选择的重要因素,行业协会、高校、研究机构是其区位的重要选择。由图5-5f可知,郑州市科学研究、技术服务和地质勘查业存在以下分布特征:

科学研究、技术服务和地质勘查业主要分布在三环内的中原区和二七区、北环内的金水区和高新技术开发区,而惠济区、管城区、经济技术开发区分布较少。尽管不是经济发展的风向标,但科学研究、技术服务和地质勘查业更加注重技术扩散和技术创新所需要的良好的创新环境与技术交流通道。随着高新区附近大学城的建设和政府对官—产—学—研相结合的重视,高新区具备了良好的创新环境,并具有大量的创新主体,交通便利,地价较低,区位优势明显,科研人才资源集中,这些优越条件将使郑州高新区成为自主创新的孵化器和科技创新能力强劲、科技创新服务体系完善的国家级高新区之一,对生产性服务业与制造业的贡献日益提升。郑东新区交通便利、人才和知识密集、高校和科研院所集聚是科学研究、技术服务和地质勘查业布局的重要因素。

5.2.7 生产性服务业

综合观察郑州市生产性服务业各部门以及整体(图5-5g)可以发现:

(1)一方面,尽管生产性服务业各行业在空间分布上的特征不尽相同,但都呈现出明显的高度集聚形态,如金融业向郑东新区"一边倒"地集聚;另一方面,郑州市生产性服务业企业主要分布在火车站两侧、二七广

场周边、紫荆山广场周边、原省级政府机构驻地周围,空间界线也较为明显,即西至桐柏路、南至航海路、北至农业路、东至未来大道的郑州二环线内部,且以传统的二七商圈为主要中心高度集聚。

(2) 郑州市生产性服务业各行业在中心城区空间范围内交汇分布、多重汇聚,反映出生产性服务业各行业提供了制造业产业链前后端、上下游的各项产业关联服务,并构建多元化的学习、交流与创新网络。也就是说,产业发展在城市地域空间形态上表现出较强的广度扩张,呈现出产业发展的紧密关联性,行业的空间集散也引发了产业空间网络的扩张,进而促进多重汇聚的产业集群或产业群落的形成。

(3) 随着郑州市战略空间的演进与省级政府驻地的东向搬迁,生产性服务业空间布局也将呈现出明显和加速的空间再集聚。尤其是,以金融业集聚为引领的生产性服务业空间优位将更多体现在郑东新区,高新技术开发区将承载更多的以信息传输、计算机服务和软件业,科学研究、技术服务和地质勘查业集聚为引领的生产性服务业企业集聚和集中。最近获批的航空港经济综合示范区也将加速实现交通运输、仓储与邮政业等综合性生产性服务业企业的转移与入驻。换句话说,这一由城市单中心承载生产性服务业发展的格局将向城市多中心网络化结构演进,目前已呈现出生产性服务业向高新区、郑东新区、航空港区等城市多中心的外向拓展,城市生产性服务业空间正加速动态重构。

5.3 郑州市生产性服务业微区位分析

城市用地扩张表现在城市产业空间扩张,是空间扩张的实质。本书以城市用地面积衡量城市用地。早期编制的规划设计方案设定的郑州市建成区面积都很小,城市主要沿着东、西两个方向发展。1954年河南省省会西迁至郑州后,城市用地快速扩张(表5-3)。1956年郑州市建成区面积为40.3 km^2,到1976年郑州市城市建成区面积增加到73.6 km^2。改革开放后,由于各方面的原因(包括政策因素),郑州市的城市用地面积出现停顿甚至在有些年份还出现萎缩。因此,1983年前郑州市城市用地扩张的特点可总结为:政治地位和国家政策是用地扩张的主要原因;政府主导城市用地布局;城市用地扩张以工业用地为主,以住宅用地为辅;城市用地沿京广、陇海铁路自然扩张,且土地内部利用强度逐渐加大。

表5-3 郑州市建成区面积年度变化

年份(年)	1948	1956	1960	1966	1973	1976	1980	1983
建成区面积(km^2)	5.23	40.3	56	58	79	73.6	81	67.8
年份(年)	1989	1992	1995	1998	2001	2004	2007	2010
建成区面积(km^2)	78.9	114.4	133.5	136.6	169.2	185.4	202.2	294.0

伴随着1984年《郑州市城市总体规划》的批复,郑州市的发展开始复兴,1984年,城市建成区面积为69.3 km^2。特别是1998年住房制度改革以后,郑州市用地扩张加速。21世纪初,郑州市经济技术开发区和郑东新区建设规划的完成,城市新区的建设为用地扩张提供了更大的动力,至2004年郑州市建成区面积达到了185.4 km^2。随着2005年中原城市群和郑汴一体化战略的提出,建成区面积开始突破200km^2大关。2010年,郑州市建成区面积达294 km^2。该阶段的扩张呈现多元化趋势,如新区建设、房地产开发、基础设施建设和大学城的建设等。用地扩张以外延扩张为主、内涵填充式为辅。截至目前,郑州市中心城区已形成郑州经济技术开发区、郑州高新技术产业开发区、郑州航空港经济综合示范区等9个产业集聚区(表5-4),城市新区建设得以快速推进。围绕汽车、电子信息等主要产业形成与之相配套和关联的生产性服务业。

统计数据显示,到2013年第二季度,郑州市高新技术产业集聚区(含郑州高新技术产业开发区)、经济技术产业集聚区(含郑州经济技术开发区)、航空港区、国际物流中心园区、金岱工业园区和马寨产业集聚区6个中心城区产业集聚区建成区面积达9583km^2,共入驻单位3752个,实现从业人员46.8万人,这3个数字分别相当于郑州市域15个产业集聚区总量的59.3%、77.1%和72.8%。也就是说,中心城区产业集聚区借助空间区位优势以较少的建设用地承载了更多的单位与就业(6个中心城区产业集聚区建成区面积和从业人员数可见图5-6),其中又以高新技术产业集聚区、经济技术产业集聚区和航空港区三者最为突出。作为国家级产业区,三者在建设用地、入驻单位、从业人员等各项指标中,也均处于郑州市甚至全省领先水平。

表 5-4 郑州市产业集聚区主要产业类型

园区名称	主要产业
郑州经济技术开发区	汽车(整车)、发动机、特色装备(工程机械)、食品、饮料、烟草、电子信息(芯片制造)、生物医药
郑州高新技术产业开发区	电子信息(大功率 LED)、新材料(超硬材料)、生物医药、新能源产业、仪器仪表
河南出口加工区	新材料(超硬材料精细加工)、电子信息—芯片、LED、纺织服装
郑州国际物流中心园区	综合产业
郑州航空港经济综合示范区	汽车(新能源汽车)、新材料、食品工业、航空器材及零部件加工
郑州纺织服装产业园区	服装加工、印染、纺织机械
管城金岱工业园区	电子信息(LED)、汽车零部件、印刷包装
二七区马寨产业集聚区	食品、食品机械制造
二七区服装加工中心	集服装研发、设计、展示、加工、物流、综合服务于一体的大型加工中心

资料来源:根据王伟光(2010)的研究整理。

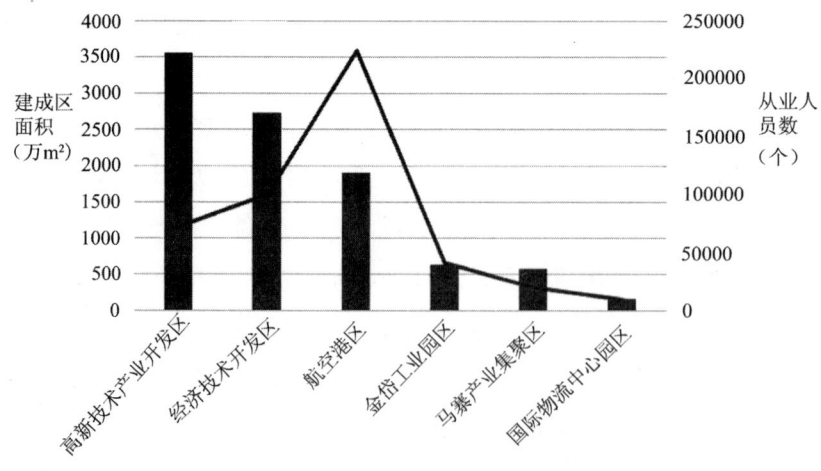

图 5-6 郑州市各产业区基本情况

当前,河南省着力推动以商务中心区和特色商业区引领服务业发展,建设高成长性服务业大省,在全省范围确定了 176 个商务中心区和特色商业区。郑州市共计 13 个(表 5-5),其中包括 1 个中央商务区(郑东新区中央商务区,也是全省唯一的中央商务区)、1 个商务中心区(巩义市商务中心区)和 11 个特色商业区。

表 5-5 郑州市商务中心区和特色商业区规划基本情况

名　　称	四至边界
郑东新区中央商务区	位于郑东新区,由商务外环路、如意东路、龙湖金融中心外环路、如意西路围合的"如意形"区域,规划面积 7.1km²
郑州市中原区特色商业区	东至百花里,南至伊河路、华山路、陇海路,西至能源路,北至中原路,规划面积 2 km²
郑州市二七区特色商业区	东至铭功路、西太康路、二七路、西大街、南下街、大同路、钱塘路、操场街、一马路,南至陇海路,西至京广路、正兴街、京广铁路东侧,北至金水河,规划面积 2.17 km²
郑州市管城回族区特色商业区	位于郑州市管城区,东至城东路,西至管城街、商城路、顺城街,南至城南路,北至城北路,规划面积 2.24 km²
郑州市金水区特色商业区	东至渠西路、文博东路,南至科源路、文博西路、白庙路、文化路、双铺路,西至信息学院路,北至东风路、文化路、文劳路,规划面积 0.98 km²
郑州市上街区通航特色商业区	位于郑州市上街区北部,东至汝南路,南至工业路,西至骊山路,北至牡丹江路(区界),规划面积 1.04 km²
郑州市惠济区特色商业区	东至文化路,南至开元路,西至东风渠,北至北四环,规划面积 1.68 km²
中牟县特色商业区	位于中牟县老城区,东至人民路,南至陇海路,西至建设路,北至爱乡路,规划面积 2.17 km²
巩义市商务中心区	位于巩义新城区,东至白云山路、永新路、崇信巷、广场南街,南至杜甫路,西至明月路、英才路、锦里路,北至新兴路,规划面积 1.86 km²
荥阳市特色商业区	东至荥泽大道、国泰路、福民路,南至郑上路,西至棋源路、红梅路、惠民路、国泰路,北至索河路,规划面积 1.16 km²
新密市特色商业区	东至雪花街,南至祥云街、政通路、栖霞街,西至人和路,北至青屏大街,规划面积 1.51 km²

续表

名　称	四至边界
新郑市特色商业区	东至创新路,南至华南城三路,西至环西路,北至双湖大路,规划面积 2.54 km²
登封市特色商业区	东至书院河路,南至洧河路,西至嵩阳路,北至大禹路,规划面积 2.2 km²

资料来源:河南省统计局。

5.3.1　火车站—二七商圈

在传统概念里,火车站的形象一度被嘈杂和脏乱差所主宰,郑州火车站穿行的多是出入商贸城的进货商人,交通拥挤而繁忙。正如上文分析,生产性服务业部分行业并未在火车站—二七商圈形成空间集聚也主要是由于该区域的"传统性"特点。尽管如今这种现象仍然存在,但各大批发商场已然开始了转型发展之路。以银基商贸城更名为银基广场为代表,这一主流的市场空间和商业业态正在发生转变,火车站—二七商圈正由原来的批发市场向现代商业综合体转型。未来,以二七纪念塔为中心,以京广路—金水路—紫荆山路—陇海路为边界线的城市商业综合体将成为主导,以批零购物、餐饮娱乐、电子商务和文化教育为主体服务功能的商业综合体建设,必将改变区域消费结构与消费人群。值得提醒的是,转型之后的服务功能更加综合和全面,交通连接功能更加秩序化和合理化,业态转型所服务的对象将以对内为主,即以郑州城市居民为主,外向化功能将被其他如 CBD 等核心节点所取代。截至目前,二七特色商业区投资亿元以上的落地项目共计 18 个,项目总投资超过 300 亿元,这势必将为二七商圈的复兴注入一剂"强心针"。

5.3.2　CBD

近年来,随着中心城市的快速发展与经济转型,由传统制造业向现代服务业与高新技术产业过渡的经济引擎使得中央商务区(CBD)成为城市产业空间发展的新宠。纽约曼哈顿、上海浦东陆家嘴等也使得这一概念更多、更成功地深入人心,且往往成为其他中心城市区域建设 CBD 的范本和典型。一般认为,CBD 区域地价往往成为城市地价的峰值区域,因而高楼林立,商务、法律、金融等机构林林总总密布其中,CBD 构成了城市功能的核心,其产品和服务主要面向整个城市和区域的生产机构与经济主体。CBD 为高层次现代服务业,是重建城市交通体系的枢纽,主要是为生产性服务业提供空间载体。在 CBD 的空间定位中,一般参照墨菲(1972)较早提出的标准,即区域办公建筑的比例超出总建筑面积的 1/3,就可将该区域确定为 CBD。我国学者陈一新(2006)将 CBD 的概念划分为广义和狭义,广义的概念是将 CBD 看作和商务功能紧密相关的城市产业空间的核心区域,狭义的 CBD 专指位于城市中心地带的专门化办公区域。当前国内主流观点与其狭义概念一致,并往往将其与纽约曼哈顿、香港中环等更具广义概念意义的 CBD 相提并论、混合使用。事实上,像曼哈顿、中环这种土地性质混合使用、城市功能多元综合的区域,应称为中央活动区(Central Activity Zone,CAZ)。

  CAZ 的概念较早出现在伦敦、芝加哥等全球性城市的远景城市规划中,旨在将城市中心区域发展的框架拓展到 CBD 的产业范畴之外,如行政教育、居住休闲、商业零售等更能服务于公司企业的多个领域。也就是说,CAZ 是城市发展的多功能活动中心,甚至可以发展成为城市新兴的复合型休闲旅游区域(如北京王府井、上海南京路等),其服务对象的范畴更加宽泛。CBD 与 CAZ 的产业与空间特点见表 5-6。

表 5-6　CBD 与 CAZ 服务对比

	CBD	CAZ
区位	城市中心	城市中心、副中心
交通与设施	枢纽	枢纽、重要节点
活动时间(h)	5×8	7×24
服务对象	主要为外部	外部+内部
产业类型	金融商务办公机构、部分配套,外向型	金融、办公、居住、休闲等多元,外向型

续表

	CBD	CAZ
优点	集中、互动与带动，城市形象与竞争	功能复合，需求多样，更平衡的居住工作关系，城市活力，流动性强
缺点	内部孤立陷阱，功能单一，缺乏兼容	规划与实施难以控制，混合的可能冲突

资料来源：根据张庭伟、王兰(2010)的研究整理。

根据CBD与CAZ的优缺点分析，CAZ更加注重城市多元功能的复合运用，保证了中心城区不仅依靠楼宇经济与总部经济，而且多种经济活动并存，激活了城市活力，也增强了城市空间的包容性与流动性。因此，在希望以建设CBD以吸引高端产业集聚和承接跨国公司时，应规划建设CAZ而非单纯的CBD。从郑州市规划建设的CBD来看，城市CBD立足于实现互联共生的生态理念，以如意湖为中心，周边环线布局金融、会展、商务产业，并同时布局城市居住空间、公共空间、绿色空间、滨水空间等，城市功能多元复合(图5-7)，符合对城市CAZ建设的要求，更加有利于城市服务业尤其是高端生产性服务业向心集聚，提高城市向心力与竞争力。

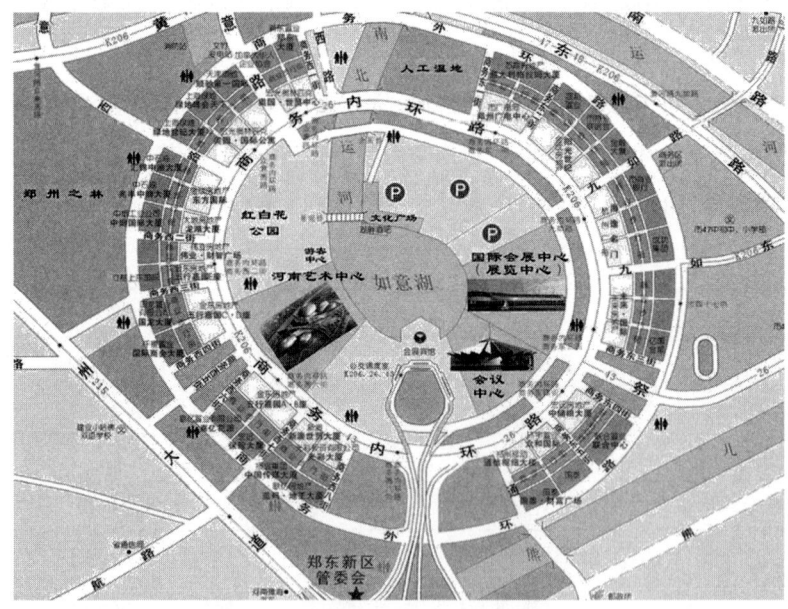

图5-7 郑东新区CBD空间布局

资料来源：郑东新区管委会CBD建设指挥部。

5.3.3 高铁、地铁与航空港

高铁、地铁、机场、城市轨道交通等多元的新型城市交通工具成为当代区域中心城市发展的重要依托。在"十二五"期间,河南省将以郑州市为中心,进一步开通覆盖河南省18个省辖市的城际公交,建设城际铁路网络、城市公共客运网络与高速公路、铁路和城际铁路,通达整个中原城市群节点的城市交通网络,构建中原城市群网络式的空间格局。2012年国务院批复的《中原经济区规划》明确指出,要提升郑州全国性综合交通枢纽地位,加快推进郑州东站、郑州新郑国际机场和郑州火车站三大客运综合枢纽建设改造,推动铁路、公路、民航等多种运输方式高效衔接,实现客运零距离换乘、货运无缝对接。以郑州为中心将建成"双十字"铁路客运枢纽和"米"字形客运专线网络,郑州市将成为国家唯一的"米"字形高铁枢纽,城市间便捷高效的连通网络形态日益成为现实。绝大多数的城市轨道交通系统用于市内通勤,在很多场合下城市轨道交通系统都会被当成城市交通的骨干,也通常成为城市用以解决交通拥堵问题的方法。《2014—2020年中国城市轨道交通行业发展模式与未来前景分析报告》统计数据显示,2013年末,中国累计有19个城市建成并投运城轨线路87条,运营里程2539千米。郑州市已经加入这一名单,2013年12月28日郑州地铁1号线开通运营,2014年底郑州—开封轻轨、郑州—焦作轻轨即将开通运营。

2013年3月国务院正式批复了《郑州航空港经济综合实验区发展规划(2013—2025年)》。郑州航空港经济综合实验区成为全国首个上升为国家战略的航空港经济发展先行区,并于2014年9月提前实现自贸区功能。航空港区作为郑州新区总体规划的一个重要组成部分,是全省经济社会发展的核心增长点和改革发展综合实验区之一,也是河南省对外开放的重要窗口和基地,将成为中国重要的国际航空物流中心。规划提出围绕航空物流、高端制造和现代服务业建设产业创新中心,将重点吸引和承载以专业会展、电子商务、航空金融和服务外包为主导的现代服务业企业在此集聚落户,建设高端航空港经济产业体系。

5.4 郑州市在城市—区域中的产业空间演进

5.4.1 郑州市流的空间分析

(1) 郑州市经济联系强度

随着地理学计量与理论革命的开展以及区域科学的兴起,引力模型被引入到地理学领域,并广泛应用于"空间相互作用"的经验研究当中。计算城市间经济联系强度的公式为:

$$P_{ij} = (k\sqrt{P_iV_i} \times \sqrt{P_jV_j})/D_{ij}^2 \tag{5-1}$$

式中,P_{ij}为i、j两城市的经济联系强度;P_i、P_j为两城市的人口指标,通常为市区非农人口数;V_i、V_j是两城市的经济指标,通常用城市(或市区)的GDP或工业总产值度量;D_{ij}是两城市的距离;k为常数。利用河南省省辖市市区的非农业人口和GDP数据来测算中原城市群城市之间的经济联系。所需数据分别来自2001—2011年《河南统计年鉴》、《中国城市统计年鉴》和2000年《河南调查年鉴》。运用上述数据分别计算出了2000年和2010年中原城市群各城市之间的经济联系强度值(表5-7)。

表5-7 2000年和2010年郑州市与中原城市群各城市间经济联系强度

城市关系	2000年	2010年	年均增长率(%)
郑州—开封	45.2	283.46	20.2
郑州—洛阳	16.66	119.87	21.8
郑州—平顶山	12.01	81.13	21.0
郑州—新乡	36.71	231.44	20.2
郑州—焦作	23.11	164.91	21.7
郑州—许昌	33.72	219.21	20.6
郑州—漯河	6.6	40.84	20.0

从上表可以看出,随着社会经济的快速发展和全球化、城市化、信息化的快速推进,城市间的经济联系强度不断提升。2000年郑州市与中原

城市群其他城市间的联系强度均不超过50;到2010年,城市间联系强度均大幅攀升,尤其是郑州市与开封市、新乡市和许昌市的经济联系强度均突破了200,郑州—开封的城市联系强度最高达283.46;联系强度较低的平顶山市和漯河市也均实现了5—6倍的增长,10年间平均增长率均在20%以上。

(2) 郑州市交通网络

根据中原城市群道路交通网络(图5-8),区域内省道、国道、高速公路、铁路、在建城市轨道交通等城市交通网络相互交错、四通八达。就当前整体格局与规划建设中的交通设施而论,中原城市群区域交通网络实体已然形成,正逐渐构建起一个联动其他节点城市的城市群网络和1小时经济圈。同时,以郑州为中心的"米"字形高铁建设,将郑州从"四通"升级到"八达",让更多的城市能够直接参与和共享郑州2小时经济圈所带来的资源配置优势,迎来重要发展机遇,还将使中原经济区和周边的珠三角、长三角、皖江经济带、成渝经济区有机衔接,这对全国经济的快速融合具有重要作用。

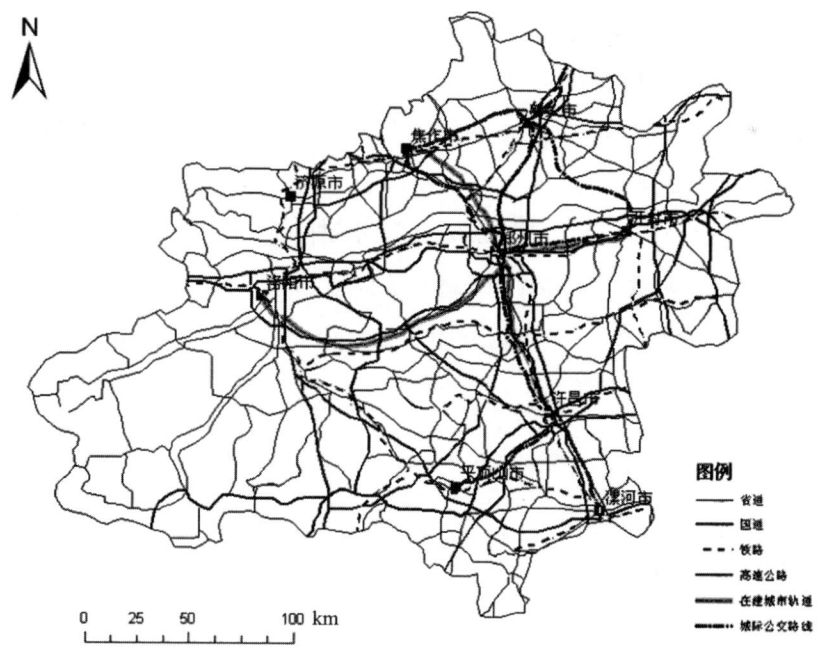

图5-8 郑州市在中原城市群交通网络中的枢纽地位

（3）郑州市互联网络

互联网的发展在我国仅有几十年的历史，但发展速度飞快。信息化发展成为我国与西方发达国家在世界舞台上竞争的后发优势，并且我国在积极开发互联网技术研发和产业链条。面对世界各国激烈竞争的环境，信息化在我国经济发展建设中具有重要的战略地位。以郑州市为中心的中原城市群、中原经济区建设也面临着同样的机遇与挑战。2012年河南省人民政府办公厅下发《关于加快通信信息网络基础设施建设的意见》（豫政办〔2012〕111号）文件，提出加快建设"宽带中原"战略。郑州市围绕互联网发展，推进"智慧中原"、"数字河南"、"光网城市"和"无线城市"等重大工程建设。《河南统计年鉴》统计显示：2000年以来郑州市互联网用户基本实现了指数级上升，增幅显著。2011年郑州市互联网用户达到747.78万人，而2006年尚不足100万人。区域互联网络的蓬勃发展将增强郑州市外向连接服务功能，助推流的空间的演进。

由河南省互联网络运营拓扑数据与相关调研可知，当前河南省网络运营主要依托中国联通和中国移动两家公司，中国电信在河南省网络运营中的比重较低，故而将其忽略。中国联通的双核设定在郑州和洛阳，中国移动的双核均设在郑州，按照网络技术设置默认向外流量的"负载均衡"。根据2012年11月河南联通公司和河南移动公司各城市间互联网流出均值流速（Mbps），借助城市间流量分配模型（式5-2），测算出城市间互联网流量系数（Tolley R，1995；曹小曙、闫小培，2003），并在ArcMap10.0中作图分析，可透视出目前郑州市在中原城市群互联网中的情况（图5-9）。

$$C_{ij} = F_i F_j \Big/ \sum_{j=1}^{n} F_j, j \neq i \qquad (5\text{-}2)$$

式中，C_{ij}表示城市i传输到城市j的互联网流量系数，F_i和F_j分别为城市i和城市j的互联网流量。

如图5-9所示，中原城市群最大的几个互联网流量系数均围绕省会城市郑州市而分布，如郑州—洛阳、郑州—焦作和郑州—新乡；而郑州—开封和郑州—许昌互联网流量系数相对较低，但也均高出中原城市群一般城市间的互联网流量系数。因此,郑州市作为中原城市群乃至中原经济区的通信枢纽中心地位得以形象地展示,与其他城市能够产生相对显著的关联网络与信息传输,这有助于推动城市区域流的空间的发展和增强。

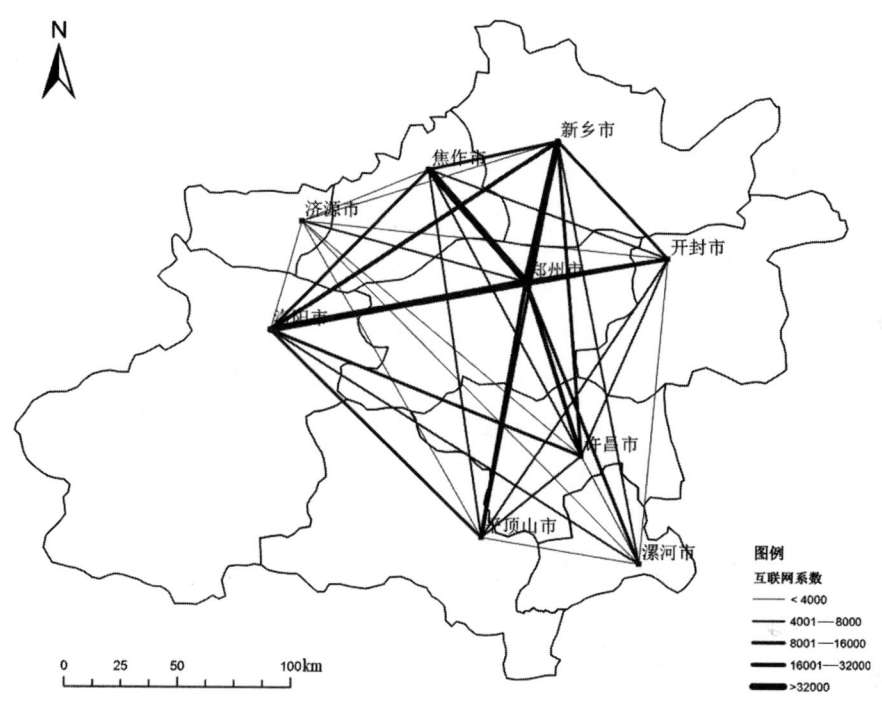

图 5-9　2012 年中原城市群互联网流量系数

5.4.2　郑州市域产业空间演进

改革开放以来,郑州市服务业快速发展,尤其是以商业中心城市建设为主导方向的发展,极大地推动了城市商业、交通、金融保险等生产性服务业的快速发展。在城市中心城区形成了生产性服务业的高度集聚,在周边郊县的空间分布则相对分散。数据显示,2000 年郑州市实现第三产业生产总值 332 亿元,其中金融保险业、房地产业和交通运输、仓储和邮电通信业三项生产性服务业实现生产总值 152 亿元,占比接近 50%。从空间构成看,郑州市中心城区接近 90 亿元,占比全市总体的近六成。到

2012年,郑州市第三产业生产总值达2274亿元,相当于2000年的近7倍;其中生产性服务业6个部门实现生产总值1183亿元,占比超过50%。在这一千多亿元的产值中,郑州市中心城区达到814亿元,占比全市总体的近七成。生产性服务业经济规模的空间集聚性明显提高。

数据显示,2000年郑州市金融保险业、房地产业和交通运输、仓储和邮电通信业三项生产性服务业单位从业人员7.2万人;其中,中心城区5.6万人,占比超过3/4。到2012年,郑州市生产性服务业6个部门实现单位从业人员19.9万人;其中,郑州市中心城区达到17.7万人,占比达89%。生产性服务业就业规模的空间集聚性更加明显。

整体上说,尽管郑州市各郊县实现了经济总量的较快增长,但服务业发展较为落后也是不争的事实。当前,中心城区实现了郑州市生产性服务业近八成的经济总量,承担了全市生产性服务业的近九成。也就是说,相对于全市层面,生产性服务业在中心城区呈现出高度集聚的空间格局,并呈现出加速集聚的趋势。

5.4.3 郑州市在中原城市群中产业空间的演进

20世纪70年代,日本学者川岛辰彦最早提出构建 $ROXY$ 指数,主张通过考察变量增长性的差异来分析区域发展的空间运行轨迹,进而刻画经济主体时空演化的基本特征(Hiraoka,1995)。其基本模型如下:

$$ROXY = \left(\frac{WAGR_{t,t+1}}{SAGR_{t,t+1}} - 1\right) \times 10^4 \quad (5\text{-}3)$$

$$WAGR_{t,t+1} = \sum_{i=1}^{n}\left(r_i \times \frac{x_i}{\sum_{i=1}^{n} x_i}\right) \quad (5\text{-}4)$$

$$SAGR_{t,t+1} = \frac{\sum_{i=1}^{n} r_i}{n} \quad (5\text{-}5)$$

$$r_i^{t,t+1} = \frac{x_i^{t+1}}{x_i^{t}} \quad (5\text{-}6)$$

式中,x_i 代表 i 单元的考察变量的原始值,可代表某一产业的总产值,

5 微观尺度：郑州市生产性服务业空间格局与过程

也可表示为一个城市或区域的总人口、某一城市或区域的土地利用数量；$r_i^{t,t+1}$ 表示 i 单元的考察变量在 t 至 $t+1$ 年间的增长率；$WAGR_{t,t+1}$ 和 $SAGR_{t,t+1}$ 分别表示该指标在 n 个单元内由 t 至 $t+1$ 年间增长率的加权平均值和算术平均值，加权权重以该指标在全单元内的比重为依据。根据 $ROXY$ 和 $\Delta ROXY$（不同阶段间 $ROXY$ 指数值的差额）数值正负与大小构建指标变动的范畴，即在不同的象限间的运行轨迹。

如图 5-10 所示，当 $ROXY$ 指数为正时，即坐标系的右半部分，表示测度指标的加权增长率大于平均增长率；也就是说，权重大的区域该指标增长率偏大，指标要素向权重高的地区集中，因此将导致该区域的发展呈现不断极化的趋势。当 $\Delta ROXY$ 数值也为正时，即坐标系的第一象限，表示指标在时间序列上的变化呈现加速极化（AE）的态势。反之，当两项数值均为负值时，即坐标系的第三象限，整个区域的发展将趋于加速收敛（AD）。当 $\Delta ROXY$ 数值为 0 时，则表示前后阶段的指标保持恒定或中和态势。

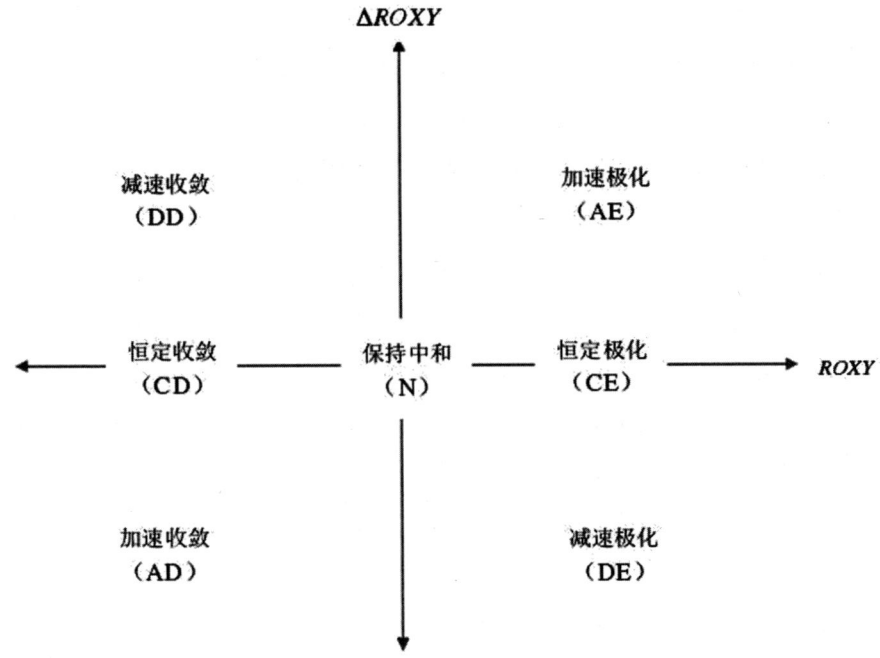

图 5-10　$ROXY$ 和 $\Delta ROXY$ 指数不同阶段的评价状态

中原城市群是以郑州市为中心,以地区性中心城市为节点构成的紧密联系圈,包括 9 个地级市、14 个县级市和 33 个县,土地面积 5.87 万 km²。2012 年中原城市群常住人口 4153 万人,实现 GDP 规模 1.74 万亿元,相当于 2000 年的 6.5 倍,占比河南省 GDP 总量由 2000 年的 52.2% 增加到 2012 年的 59.3%。近年来,中原城市群已成为河南省乃至中部地区承接沿海地区产业转移和西部资源输出的枢纽和核心区域之一,并将成为辐射中原经济区、促进中部崛起的重要核心增长板块。

当前,ROXY 指数模型已开始应用于对区域经济社会发展的测度(Zhang,2010;史雅娟等,2013)。本书基于人口城镇化、土地城镇化和产业非农化的城镇化三位一体框架,选取人口数据、土地数据和产业数据作为指标(杨建涛等,2014)。由于改革开放以来济源市在行政区划上先后经历了调整、计划单列和省政府直辖,考虑到数据的完整性和可比性,在时间尺度上选择 1996 年以来的面板数据。采用数据的空间尺度存在差异。其中,人口数据(1996—2011 年)选用中原城市群地级市和县级市的非农人口(地级市为市辖区非农人口,县级市为总人口中的非农人口),土地数据中的建设用地(1996—2012 年)与产业数据中的第二产业、第三产业生产总值(1996—2012 年)均采用地级市市辖区数据。以上统计数据均来自历年《河南统计年鉴》、《中国城市统计年鉴》和《全国分县市人口统计资料》。在不同规模序列的城市对比中,参照 1980 年国家建委有关城市划定标准,即市区(包括中心城区和近郊区)非农业人口达到 100 万以上为特大城市,50 万-100 万人为大城市,20 万-50 万人为中等城市,20 万人以下为小城市。

根据式 5-3,本研究首先基于人口维度来计算 1996 年以来的 ROXY 指数,根据其变动趋势,以其转折节点划分为 1996—1999 年、2000—2003 年、2004—2007 年、2008—2011 年 4 个阶段。为便于城镇化三个维度间进行对比分析,以产业和土地维度测算的 ROXY 指数也依据上述 4 个阶段划分,其中最后一个阶段为 2008—2012 年。

(1) 人口发展态势

如表 5-8 所示,城市人口 ROXY 指数表明,中原城市群城市人口经历了一个恒定收敛—加速极化—加速收敛—加速极化的空间循环发展进程。结合表 5-9 数据来看,在初始阶段的 1996—1999 年,$\Delta ROXY$ 数据恒定为 0,中原城市群城市非农人口增长呈现收敛态势,县级市人口平均增速高于地级市,中小城市人口平均增速高于大城市和特大城市。2000—2003 年,城市人口呈现加速极化态势。一方面,省会郑州市非农人口平均增速达到 3.61%;另一方面,尽管从行政级别看,该阶段地级市和县级市城市人口的平均增速较为接近,但从城市规模看则差别较为明显,中等规模城市人口增速最高,其中沁阳、新密两市平均增速甚至超过 10%。2004—2007 年,中等城市人口增速更是远超大城市和特大城市,从行政级别看地级城市增速仅为 1.62%。整体上看这一阶段中原城市群城市人口呈现收敛现象,且收敛处于加速状态。2008—2011(2012)年,这一态势再次出现逆转,极化现象加速呈现,相对于县级市或小城市的人口规模整体处于负增长,大城市、特大城市成为人口不断增长的主要"蓄水池",省会郑州市人口平均增速再次超过 3%,领先于中原城市群其他城市。

表 5-8 城镇化不同阶段的 ROXY 指数及其演化路径

阶段(年)和演化路径	城市人口		城市用地		第二产业		第三产业	
	ROXY	$\Delta ROXY$	ROXY	$\Delta ROXY$	ROXY	$\Delta ROXY$	ROXY	$\Delta ROXY$
1996—1999	-36.27	0.00	6.01	0.00	-78.52	0.00	246.44	0.00
2000—2003	3.80	40.07	-9.55	-15.56	90.54	169.06	207.83	-38.60
2004—2007	-163.13	-166.93	175.14	184.69	-28.33	-118.87	115.57	-92.26
2008—2012	110.48	273.61	-44.97	-220.10	70.54	98.87	81.69	-33.88
演化路径	CD—AE—AD—AE		CE—AD—AE—AD		CD—AE—AD—AE		CE—DE—DE—DE	

(2) 土地利用态势

如表 5-8 所示,城市建设用地 ROXY 指数表明,中原城市群建设用地经历了一个恒定极化—加速收敛—加速极化—加速收敛的空间循环发展进程。由表 5-9 可见,1996—1999 年,相对于中原城市群 9 个城市 3.08% 的建设用地年均增速,中等规模城市这一数字仅为 2.01%,且其中既有开封建设用地的零增长,也有平顶山和焦作两市建设用地年均增速超过 5%,整体上呈现极化态势。2000—2003 年,一方面,各城市建设

表 5-9 城镇化不同阶段各要素平均增长率

(单位:%)

类型	年份(年)	省会	地级市	县级市	特大城市	大城市	中等城市
城市人口	1996—1999	2.97	2.33	3.43	2.55	2.32	3.66
	2000—2003	3.61	2.78	2.74	2.18	2.21	4.19
	2004—2007	2.93	1.62	4.25	2.18	1.29	9.22
	2008—2011	3.19	1.69	−0.83	2.25	1.83	0.51
建设用地	1996—1999	3.42	3.08		2.67	3.67	2.01
	2000—2003	8.52	6.52		6.85	6.17	7.07
	2004—2007	19.59	8.59		11.41	6.05	12.12
	2008—2012	3.21	4.01		3.27	3.40	6.29
第二产业	1996—1999	5.20	4.67		6.52	0.94	12.14
	2000—2003	26.67	26.80		29.37	24.65	29.59
	2004—2007	25.17	25.94		25.11	25.62	27.58
	2008—2012	17.22	12.35		14.17	11.49	12.71
第三产业	1996—1999	13.33	6.89		13.15	5.11	4.73
	2000—2003	20.12	17.03		21.60	16.47	8.48
	2004—2007	22.01	18.19		19.82	18.01	16.89
	2008—2012	16.15	13.57		14.94	13.26	13.10

用地的扩张速度均比第一阶段翻一番;另一方面,各不同规模序列的城市建设用地年均增速基本一致,尽管 ROXY 和 ΔROXY 数据均较小,但已呈现加速收敛态势。2004—2007 年,省会郑州市作为中原城市群的核心城市,以郑东新区规划和 CBD 建设为序幕,"做大做强"省会郑州成为省委省政府共同的愿景。这一阶段郑州建设用地年均增速达 19.59%,遥遥领先于其他城市(许昌除外),3 年间,郑州市建设用地面积增加了 71%,建设用地加速极化的态势尤为明显。在不同规模序列城市的对比中,特大城市中的郑州、中等城市中的许昌是建设用地扩张速度大幅提升的绝对主力。到 2008—2012 年,城市建设用地大幅扩张的趋势得以较大改变,集约节约利用土地的方针政策得以有效地贯彻实施,尤其是郑州市,建设用地年均增速迅速回落至 3.21%,在中原城市群 9 城市中仅列倒数

第3位。从整体上看中原城市群9城市建设用地年均增长水平较为接近，城市用地再次回归到收敛状态。

（3）产业发展态势

如表5-8所示，城市第二产业ROXY指数表明，中原城市群第二产业经历了一个恒定收敛—加速极化—加速收敛—加速极化的空间循环发展进程。由表5-9可见，1996—1999年，河南省工业化进程起步较早的郑州、洛阳两市第二产业产值年均增速达6.52%，许昌、济源等城市年均增速超过10%，各城市间第二产业呈现相对收敛状态。2000年以来，随着我国"十五"计划和城镇化发展战略的推进，河南省工业化、城镇化发展获得了难得的战略机遇，工业化进程加速推进。2000—2003年，各不同规模序列的城市第二产业产值年均增速均超过20%，但从内部看，既有像洛阳、许昌和焦作三市的年均增速超过30%，也有开封、新乡两市年均增速不足20%。2004—2007年，第二产业加速极化的态势扭转为加速收敛，这得益于河南省规划并加快建设中原城市群发展的政策刺激，工业化较为落后的开封和新乡在此阶段的第二产业产值年均增速分别增加到25.3%和23.6%，与其他城市旗鼓相当。2008—2012年，世界经济危机带给河南省的冲击较大，加之河南省各城市产业结构调整与转型发展的影响，第二产业产值年均增速大幅回落，但内部差异却因此拉大，如郑州增速达17.22%，相当于增速最低的平顶山6.9%的2倍还多。

如表5-8所示，城市第三产业ROXY指数表明，中原城市群第三产业则始终处于极化状态，只是不同阶段的极化速度有所差异。由表5-9可见，1996—1999年，中原城市群9城市第三产业产值所呈现出的极化现象最为突出。郑州、洛阳两个特大城市的第三产业产值平均增速相当于中等城市的近3倍，更有焦作、漯河两市第三产业产值增速为负的情况。到2000—2003年，各不同规模序列的城市均实现第三产业快速发展，年均增速均较第一阶段有明显提升，省会郑州这一数字开始突破20%，但城市之间第三产业发展的差距有所缩小。2004—2007年，各城市第三产业产值年均增速不相上下，使得减速极化的态势进一步增强。到2008—2012年，各城市第三产业发展增速均有所下滑，极化态势逐步减弱。

（4）郑州市发展态势

从人口发展看，由于郑州市城市非农人口基数较大，同样规模的非农人口其增速相对较低。由表5-9可知，在1999—2007年，郑州市城市人口增速较慢。但2008年以来，河南省非农人口呈现明显的特大城市人口集聚指向的特征，尤其是郑州市，2011年城市市辖区非农人口253万人，占全市非农人口的57.9%。

从建设用地看，相对于前三个阶段，2008—2012年，郑州市市辖区建设用地扩张的速度不是更快了，而是更慢了，严格说来是最慢了，且落后于全省任一规模等级的城市。这与前文对郑州市建成区的分析结果基本一致。同时，应该对2008年以来的全省城市建设用地相对收敛的形势进行深入思考，以产业集聚区和特色服务业园区建设为重点的建设用地扩张在全部城市空间均衡铺开。其城市产业空间绩效到底如何？

从产业发展看，郑州市除在1996—1999年第二产业增速相对缓慢外，第二产业和第三产业在各个阶段均保持了两位数的增长速度，且在2000—2007年始终保持20%以上的高位增速，呈现出以产业发展引领城市化快速推进的局面。需要指出的是，一方面，2000年以来郑州市第三产业与第二产业发展增速间的差距逐步缩小，甚至基本持平，第三产业与第二产业发展呈现同步状态；另一方面，郑州市第三产业发展在全省处于首位，也就是说，郑州市第三产业发展奠定了省域城市层面更大、更快、更强的发展格局。

（5）小结

综上所述，并结合图5-11所示，可以发现：

（1）中原城市群城市人口与第二产业经历了相同的恒定收敛—加速极化—加速收敛—加速极化的空间循环发展过程，建设用地却呈现出与城市人口、第二产业截然相反的时空演进过程，第三产业又呈现出与人口、土地和第二产业完全不同的空间极化态势。也就是说，城市人口、土地和产业发展在推动城镇化发展中的作用机制和效应不尽相同。在城市发展的不同阶段，各要素也会呈现不同的运行轨迹和动态。因此，在刻画城市—区域产业空间演化的过程中，往往会发现不同要素间的不匹配，如城市人口与建设用地截然相反的运行轨迹,这与当前学术界的观点较为一致。

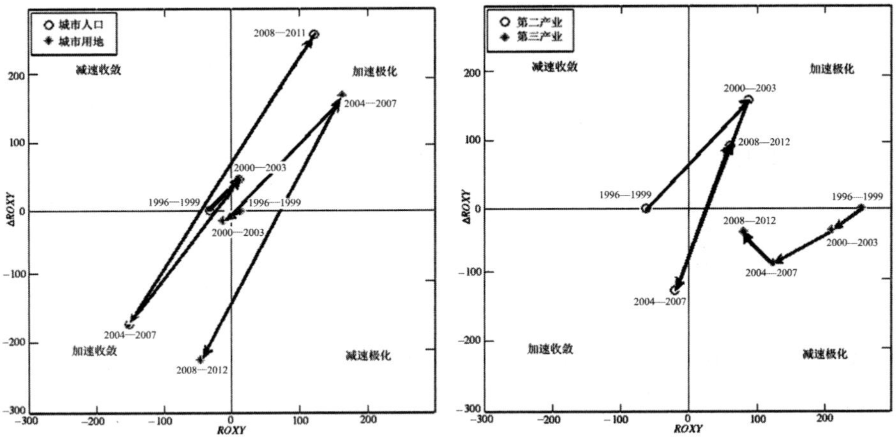

图 5-11　1996—2012 年中原城市群城市人口—产业—用地 ROXY 指数演进

（2）从发展动力看,产业非农化在各个阶段都是城市发展的"领头羊",产业发展承载非农人口就业的增速整体较为缓慢,人口城镇化进程相对缓慢；土地城镇化既包容着城市产业发展与空间扩张的"冲动",也面临着集约节约用地的硬约束。这使得我们必须认识到,不同要素在发展时序上的不匹配,客观上印证了城镇化发展不可能是一蹴而就的,单从任一维度去看待和推动城镇化都是难以有效地推动城镇化进程的。

（3）从郑州市人口—产业—用地三位一体城市化建设实际来看,产业的迅猛发展与人口集聚需要更大的空间载体,尤其是 2008 年以来的人口—产业—用地格局,以第二产业和第三产业同步快速发展引领城市化发展的作用力依然强劲,中心城市承载非农人口的作用更为明显。强调集约节约利用土地的同时,应实现郑州市城市建设用地规模的适度扩张,合理规划建设城市产业空间,引导非农人口集聚发展。

5.5　本章小结

立足于郑州市工业化发展后期阶段的基本特征和发展实际,梳理了郑州市生产性服务业发展概况,对生产性服务业空间格局进行了分析。

研究发现:(1)尽管生产性服务业各行业在空间分布上的特征不尽相同,但都呈现明显的高度集聚形态,且以传统的二七商圈为主要中心高度集聚。(2)产业发展在城市地域空间形态上表现出较强的广度扩张,呈现产业发展的紧密关联性。(3)随着郑州市战略空间的演进与省级政府驻地的东向搬迁,生产性服务业空间布局也将呈现明显和加速的空间再集聚。这一由城市单中心承载生产性服务业发展的格局将推动城市多中心网络化结构的演进。对郑州市生产性服务业微区位进行分析认为,传统火车站—二七商圈的转型、CBD向CAZ的演进,以及高铁、地铁与航空港等新型连接方式与流的空间将进一步加快生产性服务业的空间集散形态的演进与动态重构。郑州市在城市—区域中的产业空间表明,郑州市在中原城市群发展中的中心性地位已基本呈现,产业的迅猛发展与人口集聚需要更大的空间载体,应实现郑州市城市建设用地规模的适度扩张与合理规划。

6 郑州市生产性服务业空间演进的动力机制与综合绩效

从发展机制上说,历史和初始条件构成了城市—区域发展的传统要素,尽管影响深远,却并未成为最终的决定要素。城市—区域发展的实践表明,一些初始水平和条件相同或相近的国家和地区,历经的发展模式、如今的发展程度却多不相同。市场化路径、区域政策、制度体制、社会环境等多元驱动和外生冲击共同推动了城市—区域生产性服务业的转型与差异化发展,政府作用、市场力量及其影响下的生产性服务业空间响应才真正决定了一个城市—区域空间的重组与建构。

6.1 生产性服务业空间重构的市场机制

6.1.1 全球化与信息化

当今世界已然是个全球化连通的世界,全球化已渗透到城市工作和生活的方方面面。全球化代表着一种不可逆的社会发展趋势,成为产业革命以来最为重要的时代特征。全球日益成为一个更加多元而又复杂的网络体系,既包括经济、社会、文化等诸多领域,也体现为资本、技术、信息等要素的自由流动、复杂结网与多向融合。而城市尤其是重要的中心城市正成为这一网络结构中的重要节点与枢纽。

随着服务全球化速度的加快,生产性服务业也迎来了快速发展的大好时机。跨国投资的产业结构随着全球经济服务化和信息技术发展趋势的加强也发生了显著的变化。变化最为明显的是高端制造业和服务业跨国投资比重进一步加大。全球服务业转移的重要承接地是东南亚、东亚和南亚,中国将是主要的参与者,郑州市的某些行业具有一定的竞争优势。因此,服务领域和高端制造业成为全球产业转移的重点,郑州市生产性服务业将借助这一契机实现快速发展。高度发达的信息技术是企业管理体系和生产体系中生产性服务业分离的必要条件。便捷、低成本的信息和交通网络为各种企业在不同区位分别安置研发、生产、营销等环节,以便充分利用不同区位的比较优势,从而为提高效率、降低成本提供机遇,并引发企业管理行业的新一轮革命,服务环节的重组和重新分工成为重中之重。

全球化带来的不确定的机遇与挑战,所有国家尤其是新兴经济体都必须更好地去把握它,中国也不例外。事实上,中国在改革开放30多年的全球化过程中"收益颇丰",或者说已经在很大程度上融入其中了,中国已经成为世界经济共同体中不可或缺的重要组成部分(郑永年,2009)。以生产性服务业建构全球和区域范围的控制权和影响力,可以获取更大的城市产业竞争力。当前,全球化、信息化不断推进组织机能外包,分工正在模糊化,"组织"也正在瓦解。大量产业正在经历"体验式"转型与变革,传统的"功能"正在让渡于"体验",价格内建于价值,且不再是价值的表征。因此看来,生产性服务业不仅推动了产业转型与结构升级,也直接促生着新型经济形态和空间网络的形成。以北京和上海为引领的国家中心城市、国家区域中心城市正不断顺应全球化与信息化的契机,迎头赶上,不断提升其在全球分工网络中的位置。郑州市在这一空间体系中也正不断顺应战略机遇,积极实现跨越式发展。

6.1.2 国际产业分工与产业转移

国际产业分工是国际贸易与区域经济联系的重要基础,体现为各国、各地区间的劳动分工与协作。自18世纪产业革命以来,国际产业分工也经历了几个阶段。尤其是21世纪以来,随着科学技术的迅猛发展,经济全球化与区域经济一体化趋势增强,国际分工也不断深化,生产性服务业的国际转移也得以高速推进。

(1) 国际分工由比较优势向竞争优势转化

基于李嘉图比较优势理论与 H-O 定理(赫克歇尔—俄林定理),国际产业分工首先是基于区域间产业比较优势和要素禀赋,即区域发展的自然条件具有决定性作用。随着区域贸易的推进与资本、技术的跨地域拓展,一个城市、区域乃至国家要在当代国际分工体系中获得一定的甚至更高的收益与地位,就必须在资源禀赋和比较优势的基础上寻求本地产品在更大市场上的竞争优势。当前,欧美国家基于资本、技术跨区域流动实现了后工业化国家自身利益最大化,在国际分工体系中居于领先地位。

(2) 国际分工由国家向城市—区域集聚

在经济全球化发展的大背景下,区域一体化发展的趋势也愈发明显。那些在地理上相近的区域开始形成多样化的区域经济共同体,如全球视域下的欧盟、东盟、北美自由贸易区,国家视域下的波士顿—华盛顿经济带、长三角经济区、珠三角经济区、中原城市群,等等。城市群成为区域间分工、合作与竞争的基本单元,国际分工成为大区域发展面对的共同选择。从当前全球经济发展的现状看,以城市群和自由贸易区为主要形态的区域一体化分工模式不但提高了资源要素利用和配置的效率,加强了各区域间的经济联系,而且提高了生产性服务业发展的国际分工水平。

(3) 产业内部分工不断深化

随着经济全球化的迅速推进,世界主要城市与国家开始更加积极地融入全球分工体系。以跨国公司为主要形式的全球产业链不断涌现,基于产业发展的研发、设计、生产、销售与售后服务的完整产业链可以在全球范围内分工布局,使得各个城市与国家都有机会成为产业链的某个环节的发生地,生产性服务业的跨区域分工与转移得以顺利实现。同时,产业内部分工开始成为跨国公司国际分工的重要形式,跨国公司不断加强对高附加值环节的核心控制,而将低附加值的生产性环节向全球分包,甚至完全退出这一领域。因此,产业的主导要素或分工特性愈发明显,如产业链条中的劳动密集型、资本密集型或技术密集型各个环节的分工不断深化。

(4) 产业分工的自增强机制

作为一种具有正反馈的动态系统,新产业区服从动力学的推动机制,即原有的初始状态会在外部事件的扰动下形成因果累积循环。在经济学意义上,这一正反馈的内涵就是边际报酬递增。也就是说,正是边际报酬递增的非农产业,尤其是(生产性)服务业的逐渐发展壮大推动了经济活动的内在经济联系,并最终推动了产业组织的空间集聚。由于分工本身就是效率提高与竞争合作的结果,各经济主体自然会选择高效的产业部门,并不断分化剥离出更细的专业分工组织。用数学表达即为分工度 f 的变化率与 f 自身成正比,其微分方程为:

$$\mathrm{d}f/ft = kf \tag{6-1}$$

式中 k 为比例常数,解方程可得 $\ln f = kt + c$,即

$$f = ekt + c \tag{6-2}$$

在产业集群其他经济参数不变的情况下,其分工度是时间的指数函数,即为一条指数曲线。这条曲线的变化反映了产业集聚区分工度的自我繁殖和增强过程。

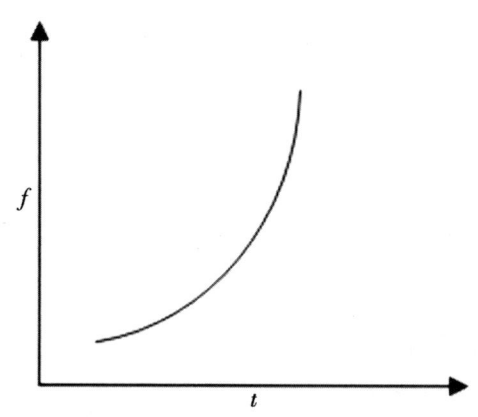

图 6-1 产业分工的自增强机制

资料来源:根据仇保兴(1999)和周维颖(2004)的研究绘制。

当前,以富士康及其他全球 500 强企业为代表,大量企业集团或龙头企业不断向郑州市各主要产业功能区转移和集聚,深入契合全球生产性服务功能与分工网络。这种分工网络与产业转移有助于加速实现城市生产性服务业的发展,甚至可以实现"弯道超车"和"无中生有"。

6.1.3 科技创新

随着知识经济时代的到来,知识与技术比以往任何一个时代都具有更加重要的地位和作用。当今世界已逐步形成以科技知识为核心的国际分工体系,拥有先进知识与技术的世界城市成为这一体系的核心,知识与科技水平落后的城市和国家就会处于这一体系的边缘地带。更为重要的是,由知识与科技引领的这一核心—边缘模式具有更加鲜明的自增强机制,"核心"对于全球分工网络的主动性、支配性将更加突出。因此,科学技术的创新能力,成为一个城市或国家参与全球分工与合作最为重要的砝码。

当前,科技进步成为推动经济社会发展的第一生产力,加剧了产业之间的要素流动与资源配置,成为经济格局转型发展的"加速器"。一方面,科技进步更需要在空间优位上集聚产生,生产要素更加集聚,中心功能更加强化;另一方面,科技进步也促进了城市功能和空间生产的分散化,区域中心城市的部分功能开始甚至成规模地向周边地区梯度转移,做大了城市发展的整体框架,城市区域的资金、技术、信息等要素呈现合理化的空间流动,从而形成更大城市—区域空间范围内经济强度的增强和网络化联系的形成,城市空间结构也基本具备了由单中心向中心—外围再到多中心结构演化的条件。

从根本上说,科技进步加剧了劳动分工与产业结构的演替,能够有力地促进新兴产业的发展,尤其是生产性服务业的发展与繁荣。这些产业在后工业化时代的柔性经济组织的影响下集群发展,对空间区位的要求将不同于传统产业,由科技进步所衍生出来的一系列新兴产业和生产性服务业也为城市产业空间结构重构提供了直接的动力源泉。

当前,以信息传输、计算机服务和软件业,科学研究、技术服务和地质勘查业为代表的技术密集型行业已经成为郑州市生产性服务业发展的重要行业门类,以总部经济、研发为主体的科技创新活动实现大幅提升。这有助于提升郑州市产业活动的技术层级与经济结构的优化升级,进一步促进生产性服务业的集聚集群发展与郑州市外向技术服务和辐射效应的发挥。

6.1.4 社会资本网络

Putnam(1993)较早地提出了社会资本是社会组织所共同具有的特性,如社会信用、社会规范与社会网络联系等。拥有较多和较高的社会资本网络的城市和区域,其企业将能够更加便利地获取所需要的资源、劳动力和投入要素,企业间基于产业前后向关联的投入与产出间的联系更为密切,这更有利于企业在此区位上的集聚分布。Bar(2000)在分析其原因时进一步指出,嵌入于社会网络中的社会资本有利于知识的传播和技术信息的流动,进而降低了交易成本,有利于企业之间技术外溢和知识外溢效应的形成。一般来说,大量企业与高校、科研院所这一知识源或创新源相毗邻,聚集了人才、资本与技术资源,并吸引了许多的银行、投行以及风险投资机构等,在较小的空间范围内形成了社会网络和交流平台,人员之间相互交流、协作,增加了企业间的面对面交流(face to face interaction/contact)和信息服务的机会。一方面,减少了信息传递的障碍,降低了彼此学习交流的社会成本;另一方面,也能够有力地促进隐性知识的交流与扩散,加快企业间创新网络的发育和形成。更为重要的是,社会资本网络和面对面交流更能确立一种个人之间或企业之间的信任(Coffey & Shearmur,2002)。而信任恰恰是降低企业交易成本最为有效的工具。例如,我国物流行业分别以申通快递和佳吉快运为代表的"桐庐现象"和"佳木斯现象"就是这一解释最典型的反映。

随着行政权力从中央政府向地方政府的转移,经济体制中的控制权利和命令也从政府转向市场。现在,企业和政府之间的关系已发生了根本性变化,企业的一些市场决策基本上是基于市场机制,而不是之前的政府主导。

1984年10月,党的十二届三中全会通过的《中共中央关于经济体制改革的决定》标志着城市市场化改革正式启动。这个决定指出将经济体制改革的重点由乡村转向城市,即从农民转向从事第二、三产业活动的企业。在该决定中,国有企业(SOEs)被赋予了更多的自主权,企业合同责任中管理人员和员工的工资由之前的政府负责分摊国有企业所有收益、成本和责任体制变为与企业效益挂钩,实行工资弹性化标准。该决定同时还引入了市场机制分配资源,在一定程度上对商品价格的监管有所放开。1995年,中央政府启动的"现代企业体系"改革,目标就是建立有效的企业管理结构,加速国有企业向现代企业的转型,进一步清晰地定义了所有制形式。企业体制改革的重点不仅仅是国有企业,非国有企业的改革同样也是重点(Ming、Zhang,1999;Yang、Xia,2001)。固定资产投资中各种资金来源比例的变化更好地证明了企业体制改革的重点。如图6-2所示,国有集体经济在固定资产投资中的比重从2000年至2012年持续下降;与之相反,个人投资在固定资产投资中的比重持续上升。

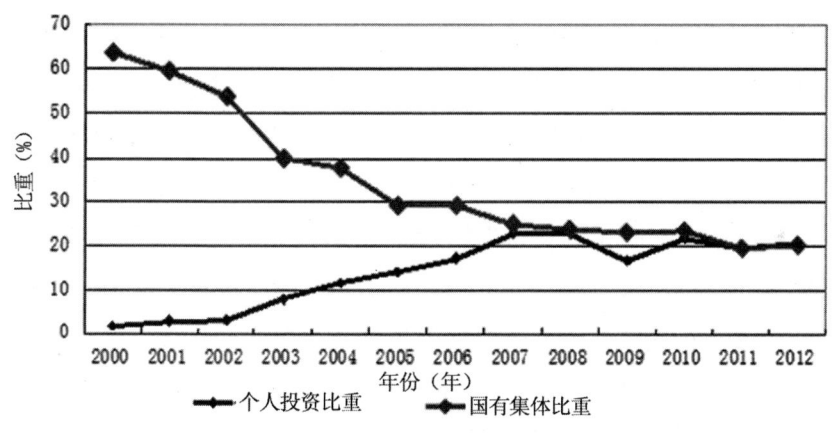

图6-2 郑州市2000—2012年投资来源比重

企业和政府的关系从根本上发生改变是在允许商品、劳动力、资金、技术和房地产等经济要素进行自由贸易和交换的市场机制逐步建立后(Han,2000)。20世纪80年代早期,土地市场和房地产市场逐步建立,中央政府就土地使用权制度的改革在全国范围内选择了若干城市进行了试点改革,这些市场的形成直接影响企业的区位选择行为(Fu,et al,1999;Zhu,1999)。市场化的改革加上土地房地产市场的建立,使得企业在区位选择时遵循着与西方国家城市类似的逻辑框架——花钱买地,价高者得。

市场化改革的另一方面的体现就是外商直接投资和进出口总值。郑州市外商直接投资从1988年的645万美元上升到2012年的342898万美元。2012年末,郑州市累计实际利用外资1636251万美元。1998—2012年的15年内,郑州市进出口总额从8亿美元增至358.3亿美元;其中进口总额从2.2亿美元增加到155.7亿美元,出口总额从5.8亿美元增加到202.6亿美元。

6.2 生产性服务业空间重构的政府机制

6.2.1 城市规划新思维

城市是一个复杂的巨系统。为使城市产业空间结构真正实现资源配置的高效以及实现人们对宜居城市的理想化追求,城市规划学者不断探索出多种合理的城市产业空间发展模式,而城市规划本身也应成为政府调控和优化城市产业空间结构的"看得见的手"。从霍华德田园城市肇始到20世纪中期,围绕城市发展无序蔓延而出现多种规划理念,如"新城市主义"、"精明增长"和"紧凑城市"等,我国城市规划在不断地吸收利用外国先进的理论与理念。2008年,《中华人民共和国城乡规划法》开始颁布和实施,这意味着我国城市发展的规划理念有了坚实的法律基础和依据,进而使城市发展在规划制度的引导下逐步步入有序发展的轨道。因此可以说,城市规划尤其是规划新思维已经成为影响城市产业空间组织与空间结构更为有利的外部因素,能够科学地将城市引向合理、有序和理性可持续的发展格局。新中国成立以来,随着国家形势的逐步稳定,全国的工作重心开始转移到经济建设上来,城市建设成为经济发展的重要组成部分。但整体上来看,城市发展只是作为国家战略的一部分,更多地服从于国家宏观格局的调整与配置,且城市空间定位也历经了长时间的转型演变(表6-1)。郑州市不仅实现了行政区划上的重大调整,也在规划目标定位上逐步提升(表6-2)。

表 6-1　我国城市定位的转型历程

时间(年)	城市定位	备注
1949	把消费城市变成生产城市	3月17日《人民日报》社论
1953	城市建设的速度必须由工业建设的速度来决定	6月在北京召开的第一次城市建设会议
1960	三年不搞城市规划	11月召开的第九次全国计划会议,这是新中国第一次逆城市化运动
1978	切实做好城市的整顿工作,控制大城市规模,多搞小城镇	3月第三次城市工作会议批准《关于加强城市建设工作的意见》
1980	国家第一批历史文化名城名单公布	预示着以工业为中心的建城模式正在悄然扭转
1990	严格控制大城市规模,合理发展中等城市和小城市	4月1日起施行《中华人民共和国城市规划法》;4月18日,中央宣布浦东开发开放
1998	中共中央第一次明确提出小城镇战略	十五届三中全会通过《中共中央关于农业和农村工作若干重大问题的决定》
2000	城市化首次被提到国家发展战略层面	《"十五"计划纲要》
2005	工业反哺农业,城市支持农村	《"十一五"规划纲要》首次提出
2007	圈、群时代:以特大城市为依托,形成辐射作用大的城市群	党的十七大报告
2010	实施区域发展总体战略和主体功能区战略,积极稳妥推进城镇化	《"十二五"规划纲要》

资料来源:根据吕宗恕(2010)的研究整理。

"一五"计划前,郑州市曾进行过两次城市规划,即1951年北京市都市委员会陈斡、钟汉雄制定的《郑州市将来发展计划》和1952年上海联会工程师事务所哈雄文编制的《郑州市都市计划》。纵观两次规划方案,都以欧美国家主导规划思想为指导,特别是当时流行的"花园城市"思想。1953年我国开始施行第一个五年计划,集中发展重工业。"一五"期间,郑州市是国家重点建设的工业城市,是全国纺织工业基地,也称"纺织城"。"二五"期间,郑州市是面向全国的综合性工业城市。

表 6-2　郑州市城市(总体)规划的演进历程

有关规划	规划目标与定位	备注
1951年《郑州市将来发展计划》；1952年《郑州市都市计划》	花园城市、综合性工业城市	1954年省会迁往郑州
1984年《郑州市城市总体规划》	重要的铁路交通枢纽、轻纺工业城市	
1995年《郑州市城市总体规划（1995—2010年）》	中部地区商业贸易、金融中心，陇海经济带中心城市	目标是达到中等发达国家同类城市水平
1996年《郑州市国民经济和社会发展"九五"计划和2010远景目标纲要》	商贸城建设，区域中心城市	1997年成为全国商贸中心改革试点城市
2006年《郑州市"十一五"规划纲要》	建设全国区域中心城市、全国重要现代物流商贸城市、全国重要交通通信枢纽城市	
2010年《郑州市城市总体规划（2010—2020年）》	中部地区重要的中心城市、国家重要的综合交通枢纽、现代物流商贸中心和历史文化名城	

"文化大革命"时期，郑州市经济发展缓慢。一直到1983年，郑州市的城市发展空间增长仍然缓慢，甚至出现萎缩。1984年1月25日，《郑州市城市总体规划》获得国务院批复，规划中将郑州市的功能定位为我国重要的铁路交通枢纽、以轻纺业为主的工业城市。"六五"期间，郑州市交通优势首次受到中央重视，工业发展也得到了复兴。1992年，郑州市被批准为实行沿海开放政策的内陆开放城市。1996年3月郑州市审议通过的《郑州市国民经济和社会发展"九五"计划和2010年远景目标纲要》指出：以商贸城建设为龙头，把郑州市建成吸引力和辐射力较强的中心城市。1997年，郑州市成为全国商贸中心改革试点城市，从而转向商贸服务业。2006年，《郑州市"十一五"规划纲要》指出：把郑州市建设成为全国区域性中心城市、全国重要现代物流商贸城市、全国重要交通通信枢纽城市。2010年，《郑州市城市总体规划（2010—2020年）》获国务院审批，该规划进一步强调要将郑州市建设成为中部地区重要的中心城市、国家重要的综合交通通信枢纽、现代物流商贸中心和历史文化名城。

6.2.2 制度与体制改革

1978年以前,国家保持着高度集中的政权结构,郑州市政府对城市发展的作用很有限。中央政府控制城市政府管理权力的同时还掌控着经济权力,从生产、流通、分配到最后的消费。地方政府在高度集中的政权下显得相对被动(Wang,1988),缺乏发展动力,从而导致经济效率低下,发展缓慢。

1978年以后,中央政府和地方政府的管理和财政关系开始改革。地方政府具有更多的自主管理权力,如工资调整、外汇和外汇管理、价格控制权、审查和批准固定资产投资项目等。这些权力的分散激发了地方政府寻求发展的能动性。1994年1月1日,中央政府和地方政府分税制财政体系正式启动,新的财政体系明确了国家和地方税收之间的界限,建立起了一套固定、正式的分配体系。同样,财政支出也根据管理职能划分。在新的税费体制下,地方政府有着独立的税收来源和清晰的财政支出,从而促进地方政府寻求自身发展。

权力的分散化不仅有利于激励地方经济的发展,而且还赋予地方政府更多的经济发展职责。市政府与区县政府之间也实施类似的财政政策。在这些政策的激励下,市政府和区县政府逐渐改变自身行为,积极推动地方经济发展,从而谋求更多的财政收入(Zhu,1999)。在郑州市,各级政府对城市的发展都具有重要作用,包括乡政府和街道办事处,各级政府职责在政府行政组织框架中有着清晰的界定,即"二级政府,三级管理"。二级政府是指市政府和区政府,三级管理指两级政府加上第三级街道办事处的管理。这种组织构架有效地确保了市政府和区县政府在城市发展过程中的领导角色,两级政府和街道办负责城市日常管理。在这种组织框架内,区县政府具有一系列管理权力和职能,从相关规划、公共事务维护、开发项目的审批到产业管理等。

同时我们发现,城市发展中各级政府关注的重点并非完全一致。例如,在城市中心区的开发过程中,区政府关心的是成本、产出和土地利用强度,而市政府则更期望减轻过度集约化和土地利用强度,缓解市域层面的交通问题(Fu,Somerville,2001)。在这种行政组织框架内,各级政府的行为都将影响企业行为,包括企业区位选择行为。郑州市根据自身中心性功能、城市定位和城市建设承载平台(见表6-3),在未来的发展过程中,可以从中原经济区、郑州航空港区、郑东新区、郑州经济产业集聚区、郑州市商务中心区与特色商业区等方面透视郑州市远景战略目标。

表6-3 郑州市中心性功能与城市建设承载平台

中心性功能	综合承载平台
经济集聚区	综合保税区、中原经济区、航空港经济综合示范区、郑东新区、产业集聚区、中央商务区与特色商业区、中国三大商品交易中心(中西部唯一)
创新集聚区	全国科技进步示范城市、国家服务业综合改革试点城市、全国科技进步示范城市
文化集聚区	祭祖大典、森林城市、绿博园、豫剧艺术节、少林武术节、国际马拉松、全国文明古都、历史文化名城
高端服务中心	世界旅游城市市长论坛(永久举办地)、中部地区物流联盟
对外交流门户	国家铁路枢纽、国家八大航空枢纽、全国电信枢纽、全国长途交换中心、全国一级邮区中心局、国家九大物流区域中心、综合交通枢纽建设试点城市

改革开放30多年来,我国创造了举世瞩目的经济发展"奇迹"。黄宗智(2009)认为,这主要源于我国计划体制与市场机制的相互作用,尽管这一独特的体制也导致了一系列社会和环境问题的发生,但这些问题会进一步倒逼或引致出后续的一系列改革措施,社会体制不会处于僵化状态,而是"仍然在转型"的阶段。他提出,计划体制在短时间内能够充分动用大规模的社会资源,经由"摸着石头过河"的改革探索逐步推进市场化,结合市场刺激而形成经济改革的"基础性"或"决定性"动力。在地方政府,"招商引资"和征用土地成为最为常见的经济发展策略,市场化的运作更加刺激了地方政府部门发展的积极性。从东部沿海到中西部内陆,从发达城市到贫困的县域,各地多把招商引资作为第一优先目标,甚至成为政绩考核的主体。因此,政府部门俨然成为一种企业化组织,"牟利"成为各级政府部门的迫切追求,因此出现了部门间"共谋"与矛盾,也成为计划经济与市场经济结合的另一面。

当前，政府由管制型向服务型的转变再次得到了党中央高层的肯定。2013年11月通过的《十八届三中全会公报》再次强调，必须切实转变政府职能，建设法治政府和服务型政府。这也意味着国家机制体制根本性转变的过程仍在持续。按此安排，全国各级地方政府、各中心城市均将顺应政府职能转变，充分发挥市场在资源配置中的决定性作用和更好地发挥政府的服务型作用。近年来，由政府组织提供医疗、教育、社保等公共福利的举措，就是这种逻辑的充分体现。其中，大多都是由政府统筹规划，同时借助市场机制来激励创新性，利用竞争与市场提高效率与效益。同时，全球范围内呈现出的分权化与多中心治理也给我们提供了制度改革可能带来的"红利"。国务院总理李克强也始终强调，改革是当前推动我国经济社会发展的"最大红利"。美国学者凯文·凯利早在20世纪90年代就以"预言"的形式写就了《失控》一书，主张绕开中心法则，寻求组织架构的变革，用中心权力的丧失去换取整个组织以更旺盛的活力实现信息的通畅流动。

以上国家体制机制性建构在各省域和市域层面均有体现，且大同小异。然而，各城市由于发展的规模、层次、阶段等都不相同，政策的效应也会有所区别。因此，在不同的城市和区域开展不同的功能试点，成为一种政策推行前的重要环节。而且，和一般的欧美发达国家或民主制国家大多预测与模拟不同的是，我国开展试点的难度相对较小，由中央部门发布试点决策，各地进行探索与试验，根据各地实际操作的结果，以及地方在功能试验探索中的适应能力、学习能力等创新性经验，采用并向全国推广。换句话说，这种实用性、灵活性的改革举措，丰富了我们对经济发展"摸着石头过河"的认识，也增强了将其付诸实践的可行性与操作性。如我国"营改增"的探索先从上海市一个试点开始，后向北京市、天津市、安徽省等10个省市推广，进而在2013年8月向全国推广。再如郑州市，就同时承载着服务业综合改革试点城市和综合交通枢纽建设试点城市等城市功能。整体上说，一个城市在某一领域先行先试的改革模式，对城市本身也是一种难得的改革与转型的契机。

6.2.3 重大事件

城市的发展及其空间过程是由内部经常性动力构成的内部增长和由外部突发性动力构成的跨越提升共同组合而成。而作为一种特殊的外部突发性动力,"重大事件(mega-events)"对于"城市发展"的重大作用开始受到越来越多的关注,进而成为解构和重构城市产业空间的新战略工具,从而在推动城市发展方面被誉为"可与19世纪工业革命相比的发动机"。世界城市发展的规律和经验表明,以重大展览会、节庆、博览会等为支撑的"重大事件"对提升城市、区域和国际竞争力以及促进城市产业空间转型有着重要的意义。古典城市时期利用万国博览会而彻底转型的巴黎(1867年)、现代城市时期借助于奥运会而成功迈向现代化大都市的汉城(首尔)(1988年)和巴塞罗那(1992年),以及借助奥运会和世博会而提升国际形象的北京(2008年)和上海(2010年),已成为"重大事件"与城市联动发展的典范。在经济全球化的新竞争环境中,随着以经营、策划等"软件"优化角度寻求城市发展契机为特征的"城市管治"(governance)日益盛行,被誉为城市产业空间增长"发动机"的"重大事件"越来越成为"城市推广"(urban marketing)的重要手段。国内外研究表明,"事件"和城市物质空间的扩展与更新(如城市规划建设)之间存在关联,"事件"植入是城市产业空间结构调整的重要促进机制,具有激发作用的"大事件"在城市发展阶段跨越中发挥了重要作用。不仅如此,"大事件"能够巩固区域的传统与价值观念,促进社会的互动与凝聚,并提升地方的骄傲感与社区精神,进而成为城市政府实施增长型公共政策的载体和进行地域营销有力的政治工具。因而,"重大事件"深刻地影响着城市产业空间发展的演变,其空间效应也明显不同于城市长期内生增长的结果。

然而,具有全局性、长远性和稀缺性特征的"重大事件"往往被狭义地理解为展览会、节庆、博览会等具体活动,而对影响更为综合和深远的"制度性重大事件",如中原经济区等国家战略及其相关制度安排,则缺乏应有的关注。"重大事件"应被视为一个由内外因素共同植入城市的社会进程，同时也是全球化语境下城市外部力量（不仅包括用以进行"城市推广"的具体事件，也包括全球和国家层面的制度性事件）植入城市进程（urban process）中的空间生产与再生产过程，是城市内外因素结合，城市内部政治、经济与文化力量结合的产物（陈浩等，2010）。

因此，深入研究中原经济区、郑州航空港经济综合示范区等这些国家战略"制度性重大事件"，对区域中心城市的"空间植入"，即城市产业空间解构与重构过程，对于深化和拓展"重大事件"与"城市发展"关系的理论，深刻重构和创新城市产业空间，提升"中原经济区"城市竞争力和展示城市形象，具有十分重要的理论和实践意义。

城市产业空间解构和重构过程，即是对已有城市产业空间物质本体的"创造性破坏"（creative destruction）过程。但仅靠城市内部经常性动力，很难实现这种"创造性破坏"。在这种情况下，具有城市产业空间增长"发动机"作用的"重大事件"往往会成为城市产业空间重构、城市形象改善和城市竞争力提升的最佳机会。"重大事件"作为一个植入城市的空间生产与再生产过程，其突出作用在于快速推进城市物质空间的重构，通过耦合外在的社会变迁或通过空间对社会的反作用扩展到城市社会空间统一体的整体结构变迁，即实现城市社会空间的演化（陈浩等，2010）。

然而，在"重大事件"与"城市发展"之间的关系认识上，学术界和决策实践中往往注重"重大事件"的具体样态及内涵，如重大展览会、节庆、博览会等。尽管实践表明这些"事件"足以对城市产生重要作用，改变城市的空间结构，甚至决定城市产业空间转型的主题和方向，但更具全局性、长远性和稀缺性的"制度性重大事件"却在理论视野中消失掉了，从而仅仅把目光局限在城市事件和具体活动上。基于此，考察和探索"制度性重大事件"对区域中心城市产业空间的作用，应该成为重新建构"事件"与"城市产业空间"关系理论的基本出发点。

国内外研究表明，"事件"和城市物质空间的扩展与更新（如城市规划建设）之间存在关联，"事件"植入是城市产业空间结构调整的重要促进机制，具有激发作用的"大事件"在城市发展阶段跨越中发挥着重要作用。不仅如此，"大事件"能够巩固区域的传统与价值观念，促进社会的互动与凝聚,并提升地方的骄傲感与社区精神,进而成为城市政府实施增长型公共政策的载体和进行地域营销有力的政治工具。但这些研究特别关注以重大展览会、节庆、博览会等为支撑的"重大事件"对促进城市产业空间转型的重要作用和意义。同时,"制度性重大事件"具有显著的区域差异。对于"制度性重大事件",不同区域及城市政府有不同的认识,其响应速度、资源配置、制度安排和产业调整存在明显差异。因而,"制度性重大事件"对于不同区域中心城市的"空间植入"过程,即对城市产业空间的解构与重构过程具有差异性。

6.3 生产性服务业空间响应

6.3.1 点—面:空间优位

"行为主体需要做区位选择"是经济地理学一切问题的出发点(梁进社,2008)。区位选择是空间优化和对空间和地方的竞争;换句话说,区位选择通常具有唯一性和排他性。区位选择不仅仅是选择一个地点,无论它是市场偏好还是原材料偏好,更重要的是选择与这个地点相关的其他点中的资源要素。因此,在传统区位理论中,市场中心、运输成本、劳动力成本成为重要的考量指标。而在克鲁格曼"新经济地理学"所设定的宏大背景下,企业布局与经济发展所呈现出的中心与边缘结构也是缘于在各大小市场之间的选择。近年来,地理学的"新经济地理学"转向着重强调经济主体在制度、文化等领域的"嵌入"(克拉克等,2005)。总之,无论是空间竞争,还是文化制度的嵌入,都提供了一种生产性服务业空间优位或者再区位的视角,空间优位成为生产性服务业企业由点向面铺开的空间响应。

以前文5.2节中对生产性服务业空间格局的分析为前提,作为传统服务业的集散中心,火车站—二七商圈在当前的生产性服务业空间格局中并非是所有生产性服务业企业"趋之若鹜"的空间区位,部分行业在此地没有形成集聚中心正好从反面回答了该商圈并非行业企业的空间优位，或因过度拥挤，或因层次不高，或因出现了新的更合适的空间区位。因此说，空间优位是企业基于自身成本最小化和利益最大化的现实选择，生产性服务业企业空间集聚集群发展正是由大量企业所形成的点—面空间优位的综合体现。

6.3.2 面一体：区位协同

（1）产业转移与承载的区位协同

联合国贸易和发展会议（UNCTAD）发布的《2007年世界投资报告》数据显示，无论是发达国家，还是发展中国家，汽车、电子信息、化工与设备制造都是跨国公司直接投资的热门制造业行业；同时，金融保险、交通和商务服务业也都是服务业吸引外国直接投资最多的行业。整体上说，在全球视域下，集中转移与承载制造业的区域往往也是生产性服务业倾向转移与承载的区域，而且，越是在主要城市或主要国家，这一区位协同的趋势越明显。《2013年世界投资报告》进一步指出，全球产业价值链在世界经济中的主导地位日益明显。正如前文分析，这些全球产业链或价值链也由跨国公司所主导。2012年，由跨国公司主导的全球价值链约占全球贸易的80%。值得一提的是，相对于发达国家增值贸易对GDP的平均贡献率18%，发展中国家要高出10个百分点。以中国、新加坡、马来西亚等为代表的部分发展中国家，通过FDI（外商直接投资）不断介入价值链层次中技术含量较高的经济活动，显著提高了自身参与全球价值链的程度，成功提升了高附加值产品和服务的出口。

（2）产业网络关系的区位协同

作为一定区域范围内由众多具有分工合作关系的企业与其关联组织集中布局的一种新的空间经济组织形式，产业集群这种纵横交错的产业网络关系促生了空间意义上的区位协同。以全球最大的物流运营商——马士基集团（丹麦）为例，马士基承揽着阿迪达斯、耐克、米其林、宜家等著名企业的全球物流服务，仅宜家公司一家，就包括面向全球29个国家、2000多家供应商的上万种家具材料的物流业务。1995年，宜家开始在中国设立办事处。然而,中国当时的物流水平不足以满足其对物流能力、效率、质量控制等多方面的要求,因此,宜家更愿意自己的战略合作伙伴马士基承揽业务。尽管当时马士基并不能在中国设立物流公司,不过马士基通过驻地上海的办事处快速部署了宜家的中国市场物流计划,通过香港、新加坡等地为宜家提供物流代理服务。随着宜家战略中心向中国转移,马士基也实现了在中国由沿海向内陆的快速扩张,它们的长期合作使得彼此实现了在中国各大城市业务中的相互促进,双方区位协同能够形成规模经济效应。

从郑州市城市功能转型的大背景出发,要充分关注生产性服务业与制造业之间、生产性服务业内部之间、产业集聚区内外部之间的空间集散形态与产业关联,以及在城市交通、人口等方面的协调性与关联性。通过社会资本网络、面对面交流与外向产业关联,不断建立和拓展城市生产性服务业空间内部联系与外部拓展,强化产业、行业与企业间由平面到立体的区位协同优势。对相关产业发展在空间上进行协调与融合,有助于把城市生产性服务业发展的集聚功能和优势发挥到最好。

6.3.3 体—动:流的空间

在早期的航海时代,西方殖民者主要借助两种媒介——地图和报纸作为远洋航运系统的工具,尽管受当时技术水平和传播能力所限,但却建构了全球信息传播的雏形。如今的互联网技术使得信息的传播打破了传统时空的束缚,信息的"爆炸式"累积即将开始引发新一轮的变革,同时包括信息形态的变化,这引起了各行各业对"大数据"概念的狂热。信息的生产、采集、应用与表达使它作为一种"流空间"的外延更加广泛,也意味着即将呈现一场时代转型。在这场转型中,"流空间"实现了时空的压缩,经由网络可以进入某一虚拟空间,成为参与城市运营与管理的一部分。网络技术的应用将信息在数据中心汇聚、分类、应用,使不同的信息系统间产生林林总总、千丝万缕的联系与互动,以点对点、点到点的方式构建一个平行、协同的复杂网络。

随着城市由工业制造向以知识、信息、智慧集散地为主的方向转型，区域中心城市，尤其是全球城市系统的高级别枢纽城市对以知识密集、创新密集为代表的高新技术产业和高附加值产业的吸引力更加明显，逐步拓展为产品设计研发、服务营销的集聚地，延伸为科技创新的主要平台。以物联网、云计算等为代表的新一代信息技术应用正在改变着传统的产业发展模式。这将极大地改变甚至彻底颠覆传统社会从企业到城市到区域的空间结构与组织方式，"流空间"将成为区域、城市以及微观组织的主要载体，智慧城市、"第三空间"、信息港等新的空间组织方式将不断呈现。

当前，我国已经进入信息化建设的全面快速发展时期。随着 3G/4G 进程的加快升级与物联网的发展，信息移动交流更为便捷、高效。中国互联网信息中心（CNNIC）最新统计显示，截至 2013 年上半年，我国网民数量已接近 6 亿人的规模，互联网普及率已达 44%，其中，利用手机上网的网民数量超过网民的 3/4。2013 年 11 月 11 日，阿里巴巴集团淘宝网络平台实现单日总销售额 350.18 亿元，再度刷新了由其一年前创造的单日总销售额，这或彻底改变人们对电子商务运营模式的认知。可以说，移动信息平台的大众化应用更加广泛而深远，城市移动信息化的发展将成为"流空间"下新的经济增长点。以新浪微博为例，据 DCCI（中国互联网数据中心）发布的《2012 中国微博蓝皮书》显示，在新浪微博平台入驻的企业已超过 1.6 万家，主要分布在 22 个行业，且大多为服务业领域的企业，除了排名第一位的餐饮美食类，第二至第五位的行业依次是汽车/交通、商务服务、电子服务和 IT 企业，且入驻量均超过 5000 家。这些行业生产性服务功能较为明显，通过利用和发挥微博自媒体互动性强的特点，将企业、品牌等有效信息传达给目标受众，并促使他们产生能够有利于企业发展的态度和行为，激活了人际关系链。海量的碎片化信息和平等的交流模式激发了异常活跃的网络互动。这种新型的互动和营销方式能够产生一种"化腐朽为神奇"的力量，成为一种必须引起充分重视的力量。甄峰等（2012）发现，中国城市网络存在明显的等级关系与层级区分，城市的网络连接度与城市等级表现出相对的一致性。因此可以说，互联网对产业空间的"溶解"，已不再单纯是商业层面的挑战。

流的空间不同于地方空间,它从根本上代表了一种动态理念,强调了在人流、物流、资本流、技术流、信息流等多元要素流动下,产业空间组织不再受制于特定的空间要素,而是在更大尺度、更广范围自由流动(沈丽珍,2010;孙中伟、路紫,2005)。与原来的地方空间以距离为主要刻画指标不同的是,在流的空间,地点和距离的重要性已让位于时间。社会学家卡斯特尔鲜明地指出,在信息时代城市的支配性功能与过程日益以网络组织起来,呈现出一种"瞬时通达"的全球定位网络,这种流的空间甚至消弭了"地方空间"的区域壁垒甚至国家壁垒(Castells,2000)(如图6-3)。更为重要的是,两种不同模式界定了中心化与网络化的产业空间形态,以及地方化与全球化两种不同的产业空间组织关系。流的空间通过影响城市经济发展方式、要素成本,促进了城市圈层式空间分布向网络化模式转变,重构了城市用地结构与多元化城市功能空间,促进了城市新型功能集聚体的产生(如知识密集区等),并呈现出一种城市社区"流动化"的空间态势。从根本上说,流的空间网络一方面有助于消弭在不同空间尺度上密度—距离—分割的差异;另一方面,也有助于强化中心密度,建构以强枢纽—大连通—高产业为特质的城市中心或多中心。

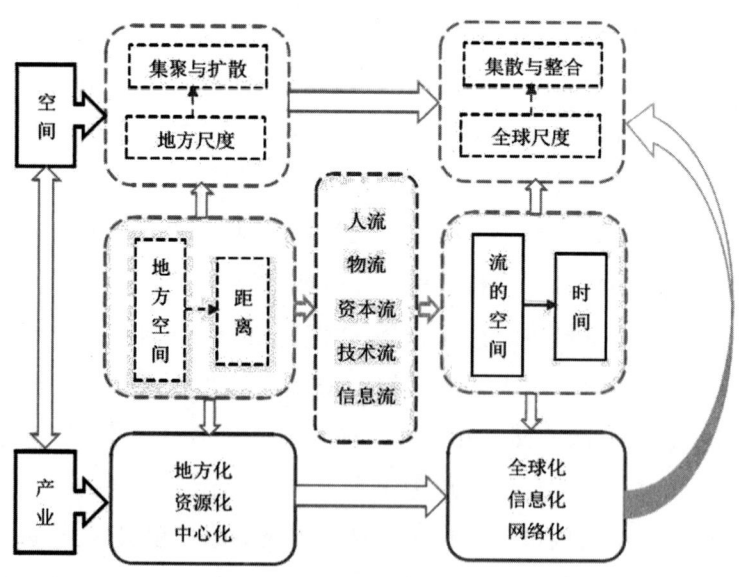

图6-3 流的空间与地方空间下的产业组织

6.4 生产性服务业综合绩效

6.4.1 产业关联效应

投入产出法是分析生产性服务业产业关联效应的重要方法。根据里昂惕夫投入产出模型,可以发现生产性服务业微观层次的产业需求与供给信息,以此来探讨生产性服务业发展对经济社会发展的作用水平。常用的产业关联指标主要有直接消耗系数、影响力系数和感应度系数。由于我国当前的投入产出表数据截至 2007 年省域层面,因此实证分析中采用河南省 2007 年投入产出表进行分析。

直接消耗系数是产业生产中直接消耗的投入分量,系数值越大,说明部门间直接依赖性越强。如表 6-4,交通运输及仓储业、邮政业、金融保险业、综合技术服务业消耗的主要是其自身;邮政业的生产性服务业消耗主要在金融保险业与科学研究事业;信息传输、计算机服务和软件业的最大消耗是金融业;租赁和商务服务业更多的消耗不在自身,而在于房地产业、金融保险业与综合技术服务业;其他产业如房地产业与综合技术服务业,对生产性服务业的直接消耗则不太明显。

产业影响力是反映某一产业的最终产品变动对整体经济总产出变动的影响能力,即产业变动对国民经济各部门产生的需求拉动作用。影响力系数可以反映这一影响程度的相对水平,其计算公式如下:

$$e_i = \frac{\frac{1}{n}\sum_{j=1}^{n}C_{ij}}{\frac{1}{n}\sum_{i=1}^{n}\left(\frac{1}{n}\sum_{j=1}^{n}C_{ij}\right)} = \frac{\sum_{j=1}^{n}C_{ij}}{\frac{1}{n}\sum_{i=1}^{n}\sum_{j=1}^{n}C_{ij}} \quad (i,j=1,2,\cdots,n) \quad (6\text{-}3)$$

$$e_j = \frac{\frac{1}{n}\sum_{i=1}^{n}C_{ij}}{\frac{1}{n}\sum_{j=1}^{n}\left(\frac{1}{n}\sum_{i=1}^{n}C_{ij}\right)} = \frac{\sum_{i=1}^{n}C_{ij}}{\frac{1}{n}\sum_{i=1}^{n}\sum_{j=1}^{n}C_{ij}} \quad (i,j=1,2,\cdots,n) \quad (6\text{-}4)$$

表 6-4 2007 年河南省生产性服务业直接消耗系数

	交通运输及仓储业	邮政业	信息传输、计算机服务和软件业	金融保险业	房地产业	租赁和商务服务业	科学研究事业	综合技术服务业
交通运输及仓储业	0.1798	0.0099	0.0033	0.0317	0.0137	0.0489	0.0690	0.0360
邮政业	0.0002	0.0107	0.0006	0.0072	0.0011	0.0032	0.0094	0.0023
信息传输、计算机服务和软件业	0.0080	0.0013	0.0199	0.0290	0.0018	0.0059	0.0051	0.0071
金融保险业	0.0523	0.0000	0.0011	0.0665	0.0088	0.0189	0.0140	0.0070
房地产业	0.0003	0.0009	0.0052	0.0089	0.0039	0.0077	0.0023	0.0007
租赁和商务服务业	0.0020	0.0010	0.0018	0.0174	0.0198	0.0056	0.0046	0.0126
科学研究事业	0.0010	0.0000	0.0006	0.0000	0.0000	0.0000	0.0018	0.0019
综合技术服务业	0.0002	0.0001	0.0000	0.0005	0.0002	0.0004	0.0001	0.0014

式中，e_i 和 e_j 分别代表产业的感应度系数和影响力系数，n 为产业数目，C_{ij} 为列昂惕夫逆矩阵 $(I-A)^{-1}$ 中的元素。因此，若某产业的感应度系数 e_i（或影响力系数 e_j）大于 1，表明该产业的感应度（或影响力）在全部产业中居于平均水平以上；否则，则居于平均水平以下。感应度系数越大，说明该产业部门对经济发展的需求感应程度越强；影响力系数越大，该部门对其他部门的拉动作用也越大。根据 2007 年河南省生产性服务业各行业 e_i 和 e_j 的分析，可看出生产性服务业各产业间的关联强度（表 6-5）。

表 6-5 河南省生产性服务业投入产出关联系数

生产性服务业	影响力系数	感应度系数
交通运输及仓储业	0.8310	1.1611
邮政业	0.7390	1.0560
信息传输、计算机服务和软件业	0.6590	0.5810
金融保险业	0.6508	1.0795
房地产业	0.6923	0.4568
租赁和商务服务业	0.9405	0.6860
科学研究事业	0.9344	0.8006
综合技术服务业	0.8151	0.4632

从表6-5中可以看出,感应度系数较大的产业包括交通运输及仓储业、邮政业、金融保险业,这3个行业对经济发展的需求感应程度较强;而其他行业感应度系数较小,尤其是房地产业和综合技术服务业感应度系数尚不足0.5。影响力系数最大的是租赁和商务服务业,其影响力系数尚不足1,即生产性服务业全行业影响力系数均不足1,生产性服务业各行业的影响力系数差异不及感应度系数的差异明显。整体上说,2007年河南省生产性服务业领域尚不存在影响力系数和感应度系数都较大的产业(大于1),即在经济发展中没有哪个行业具有举足轻重的地位,这也是内陆省份经济结构层次不高的现实无奈。因此,迫切需要区域中心城市郑州市通过生产性服务业发展引领产业关联发展,实现结构升级与区域经济转型发展。结合前文分析,郑州市生产性服务业发展中,交通运输及仓储业、邮政业、金融保险业,以及房地产业对城市经济拉动的作用已然呈现,也正逐步扩大对区域生产性服务业发展的引领与辐射作用,区域中心城市的中心性作用得以明确。

6.4.2 经济绩效

从宏观方面看,生产性服务业的崛起与发展同区域大分工密切相关,生产性服务由"内在性"向"外在性"不断演进,是专业化分工逐步细化、市场化能力和水平不断推进提高的结果。从微观方面看,生产性服务业是众多制造企业为应对更加剧烈和复杂的市场竞争而采取的"服务化战略"的结果(顾乃华,2011)。企业竞争力不仅来自传统制造环节的效率,也来自诸如组织研发、人力资源管理、法律与金融服务等内部服务的有效组织与供给。在市场竞争下,企业必须寻求更加明确的、更高的或新的竞争优势来源,生产性服务由内部构件日益转变为独立运作和社会化分离。就我国而言,当前我国制造业正在经历转型与"阵痛",在经济运行的各领域展开全方位的开放与竞争。在此情形下,生产性服务业的发展有助于缓解制造企业向高端迈进的动力不足问题,同时,在企业组织、企业品牌与企业创新能力方面都有各自独立的生产性服务对接与推进。因此,可以断言的是,伴随着我国经济结构的调整与区域内生能力的增长,生产性服务业在服务业中的比重在不断提高,以生产性服务业的崛起为代表的区域中心城市服务化战略在大力推进。

郑州市生产性服务业发展对郑州市经济增长具有重大的推动作用,在 GDP 中亦占有相当大的比重,且在生产性服务业增加值方面形成了以交通运输、仓储和邮政业,金融业和房地产业为主导的整体格局,三者 2005 年以来生产性服务业的占比始终高于 70%,尤其是在 2012 年这一比重已然突破 80%。要进一步分析生产性服务业各行业对 GDP 贡献的大小,可通过行业 GDP 贡献度来计算,其计算公式为:

行业 GDP 贡献度 = (行业增加值增量/GDP 增量) × 100%

根据这一公式,采用时间序列对郑州市 2005 年(根据对第三产业的划分,2005 年之前统计缺失信息传输、计算机服务和软件业,租赁和商务服务业,科学研究、技术服务和地质勘查业的数据)以来的生产性服务业对 GDP 贡献度进行分析和比较(见表 6-6)。

表 6-6 2005 年以来郑州市生产性服务业对 GDP 贡献度

年份(年)	GDP(亿元)	交通(%)	信息(%)	金融(%)	房地产(%)	租赁(%)	科学(%)
2012	5550	1.134	−0.279	2.220	0.437	0.127	−0.479
2011	4980	0.396	0.400	0.751	1.190	1.299	0.683
2010	4041	0.817	0.662	0.828	0.891	0.087	1.410
2009	3308	−0.303	−0.380	2.941	6.449	−1.022	2.280
2008	3004	0.814	−0.178	0.921	−1.002	−0.382	1.443
2007	2487	0.772	1.128	1.197	2.931	0.898	0.653
2006	2013	0.880	1.701	1.243	1.054	1.411	0.613

2005 年以来,郑州市生产性服务业对 GDP 增长的贡献水平有所起伏。2006 年,郑州市 GDP 总量突破 2000 亿元大关,并形成一种每两年增加额突破上千亿的总体格局。2006 年伊始,生产性服务业中有信息传输业、计算机服务业、软件业、金融业 4 个行业对 GDP 的贡献度都超过了 1%。其后,各行业对 GDP 的贡献度交相起伏。2009 年房地产业对 GDP 的贡献度一度突破 6%,但也有除金融业以外各行业在不同年份对 GDP

的贡献度为负值的状况。比较来看,交通运输、仓储和邮政业,金融业和房地产业对 GDP 的总体贡献水平最高,这与 2010 年三者增加值总量占比生产性服务业总量的 80% 也是一致的,对郑州市服务业发展甚至是 GDP 起到了更大的带动和拉动作用。

6.4.3 空间绩效

在剖析城市区域生产性服务业发展现状与融合分析的基础上,建立生产性服务业发展的空间绩效评价模型。结合前人已有研究与专家咨询,笔者认为,要科学分析生产性服务业发展的区域差异与层次,应从生产性服务业发展的总体性、结构性、成长性和效率 4 个方面入手,在遵循科学性、动态性、可操作性和独立性等原则的基础上,建立了城市生产性服务业空间绩效评价指标体系(图 6-4)。

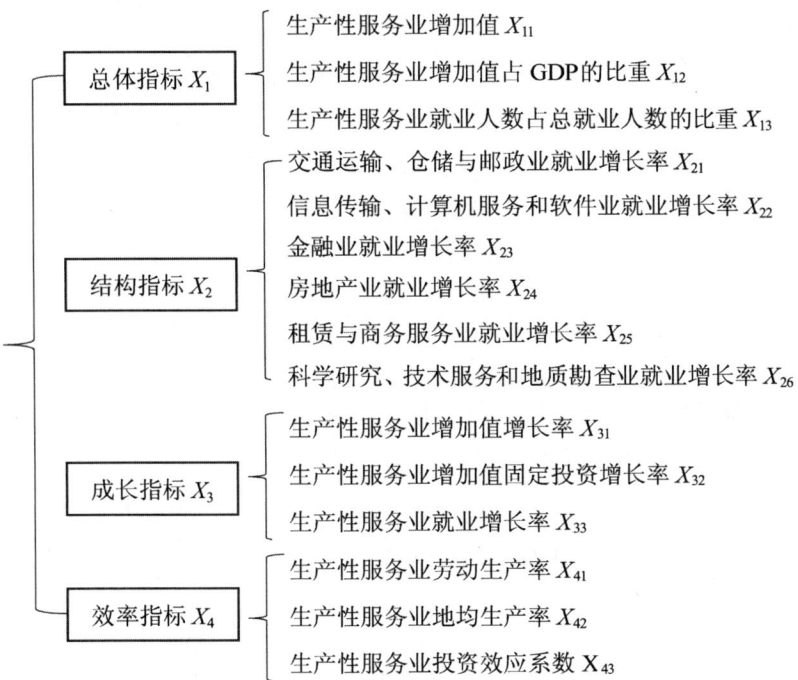

图 6-4 城市生产性服务业空间绩效评价指标体系

在此,有必要对以下几个指标进行说明:

① 生产性服务业劳动生产率＝（生产性服务业增加值/生产性服务业就业人数）×100％；

② 生产性服务业地均生产率＝（生产性服务业增加值/建成区面积）×100％；

③ 生产性服务业投资效应系数＝生产性服务业增加值/生产性服务业固定投资额。

根据《中国统计年鉴》、《中国城市统计年鉴》相关统计数据，可对我国区域中心城市生产性服务业发展的空间绩效进行综合评价与对比分析。在此，部分生产性服务业增加值数据采用服务业数据。

趋近理想解方法（TOPSIS法），是一种多目标决策方法。其基本思想是通过构造问题的"理想解"和"负理想解"，借助"理想解"和"负理想解"去排序，用靠近"理想解"和远离"负理想解"的程度，作为评价各个方案的依据。"理想解"是备选方案的最优解；反之，"负理想解"是备选方案的最不优解。TOPSIS评价模型的建立过程如下：

① 构建初始矩阵，评价指标归一化。假设问题模型有 n 个目标和 m 个被评价单元，第 i 个评价单元在目标 j 下的值为 M_{ij}，将初始矩阵标准化处理后，得到的矩阵记为 $\boldsymbol{Z}_{ij}$。

$$\boldsymbol{Z}_{ij} = \begin{bmatrix} Z_{11} & Z_{12} & \cdots & Z_{1n} \\ Z_{21} & Z_{22} & \cdots & Z_{2n} \\ \cdots & \cdots & \cdots & \cdots \\ Z_{m1} & Z_{m2} & \cdots & Z_{mn} \end{bmatrix} \quad (6-5)$$

② 确定理想解和负理想解。理想解 Z^+ 的第 j 个指标值为 Z_j^+，负理想解 Z^- 的第 j 个指标值为 Z_j^-，有：

$$\boldsymbol{Z}_j^+ = \max(Z_{1j}, Z_{2j}, \cdots, Z_{mj}) \quad (j=1,2,\cdots,n) \quad (6-6)$$

$$\boldsymbol{Z}_j^- = \min(Z_{1j}, Z_{2j}, \cdots, Z_{mj}) \quad (j=1,2,\cdots,n) \quad (6-7)$$

③ 计算距离，确定接近度。

$$D_i^- = \sqrt{\sum_{i=1}^{m} n\boldsymbol{Z}_{ij} - \boldsymbol{Z}_j^-} \quad (i=1,2,\cdots,m; j=1,2,\cdots,n) \quad (6-8)$$

$$D_i^+ = \sqrt{\sum_{i=1}^{m} n\boldsymbol{Z}_{ij} - \boldsymbol{Z}_j^+} \quad (i=1,2,\cdots,m; j=1,2,\cdots,n) \quad (6-9)$$

6 郑州市生产性服务业空间演进的动力机制与综合绩效

$$C_i = \frac{D_i^-}{D_i^+ + D_i^-} \quad (i = 1, 2, \cdots, m) \tag{6-10}$$

上式表明，C_i 越大，表明第 i 个评价对象越优，根据接近度的大小，就可以对评价对象进行排序。按照以上指标选择与标准化处理方法构造决策矩阵，结合上文运算过程，可得如表 6-7 的结果。

表 6-7　2011 年区域中心城市产业空间接近度

城市	D^+	D^-	C_i	排序	城市	D^+	D^-	C_i	排序
北京	1.214	1.262	0.510	1	南昌	1.482	1.163	0.440	5
天津	1.533	0.690	0.310	12	济南	1.557	0.552	0.262	22
沈阳	1.477	0.673	0.313	11	青岛	1.508	0.655	0.303	14
大连	1.555	0.650	0.295	16	郑州	1.662	0.642	0.279	20
长春	1.631	0.524	0.243	25	武汉	1.512	0.589	0.280	19
哈尔滨	1.550	0.591	0.276	21	长沙	1.560	0.727	0.318	10
上海	1.226	1.114	0.476	2	广州	1.201	0.953	0.442	3
南京	1.486	0.724	0.327	8	深圳	1.294	1.024	0.442	4
杭州	1.454	0.653	0.310	13	重庆	1.626	0.546	0.251	23
宁波	1.542	0.746	0.326	9	成都	1.436	0.816	0.362	7
合肥	1.595	0.680	0.299	15	西安	1.495	0.624	0.294	17
福州	1.729	0.571	0.248	24	乌鲁木齐	1.428	0.882	0.382	6
厦门	1.627	0.659	0.288	18					

根据表 6-7 可知：① 生产性服务业空间接近度最高的是北京市，作为首都，北京市第三产业较为发达，实现第三产业增加值与比重结构都是全国最高的，生产性服务业就业规模全国最高。但是，产业空间接近度 0.510，也表明北京市生产性服务业发展总体上面临其他区域中心城市的激烈竞争，且在一些指标上其他区域中心城市能够超越北京市。根据指标看，主要是由于北京市生产性服务业各行业就业规模的相对增量不足；也就是说，基数更大，同样规模的就业增量其增长率相对较小。② 生产性服务业空间接近度最高的 4 个城市仍为我国四大核心城市北上广深，分别为我国从东南沿海、东部沿海至京津环渤海的中心城市，生产性服务业均处于全国领先地位，属于全国服务业发展尤其是生产性服务业发展的第一梯队。③ 中西部地区生产性服务业空间接近度较高的是中部地区

的南昌市和西部的乌鲁木齐市,这主要得益于生产性服务业各行业就业规模的增量相对突出、增长率较高的影响。如南昌市2011年房地产业、租赁和商务服务业就业增长率均处于25个中心城市的首位。与此类似的是,乌鲁木齐市在服务业增长率和信息传输、计算机服务和软件业就业增长率2项上位居25城市首位。换句话说,尽管总体规模上与东部地区中心城市仍有不小的差距,内陆中心城市在生产性服务业发展的增速上并不逊色,也只有在发展增速上实现超越,才能不断缩小与东部中心城市的差距。④郑州市位居25个中心城市的第20位,整体上生产性服务业发展不仅与东部沿海中心城市有很大差距,甚至在发展增速上也落后于其他大多数内陆中心城市。以郑州市生产性服务业发展为中心,按照现有速度计算,建设内陆地区高成长性服务业大省,河南省还有更长更为艰难的路要走。因此,实现高成长性服务业发展,必须建设以郑州市为中心的生产性服务业集群,加强顶层设计,高标准、高速度推进生产性服务业高度集聚与产业关联,实现弯道超车、跨越式发展。

6.5 本章小结

对郑州市生产性服务业空间发展格局演进的机制分析主要立足于市场和政府的双重机制,并建立了城市产业空间响应的三级模式。市场机制主要体现在全球化与信息化、国际产业分工与产业转移、科技创新与社会资本网络,政府机制主要体现在城市规划新思维、制度与体制改革和重大事件。在市场与政府双重作用下的生产性服务业空间响应机制既包括经济主体对空间优位的选择,也包括产业对空间的区位协同,还包括动态效应下的流的空间网络建构,即城市内部产业空间点—面—体—动的系统逻辑。当前我国区域中心城市产业发展多元动力机制已然形成,一定程度上代表了区域中心城市发展的成功转型。

对郑州市生产性服务业空间发展格局演进的综合绩效分析从生产性服务业关联效应、生产性服务业发展对区域经济的效应和生产性服务业空间绩效三个层面展开。首先,根据投入产出关联模型,河南省仅有交通运输、仓储和邮政业及金融业生产性服务业需求明显,在河南省省域层面尚不存在在经济发展中具有举足轻重地位的生产性服务业主导行业。其次,生产性服务业的崛起有助于区域中心城市服务化战略的推进和区域经济的发展。当前,交通运输、仓储和邮政业,金融业和房地产业对郑州市服务业发展起到了更大的带动和拉动作用。作为中心城市,郑州市在生产性服务业建构的中心性作用已然浮现。最后,根据城市生产性服务业空间绩效评价指标体系对我国中心城市进行了总体评价。郑州市整体上生产性服务业发展不仅与东部沿海中心城市有很大差距,甚至在发展增速上也落后于其他大多数内陆中心城市。当前,经济受全球化风险的影响和挑战更强,这对郑州市尚不完全成熟和发达的生产性服务业也是巨大的挑战。与国际大都市相比,郑州市及其周边区域制造业的规模明显偏小,几乎没有世界级的生产基地,生产性服务业和制造业的互动发展也呈现出行业之间的差异。目前以郑州市为中心的中原经济区还没有形成合理的生产性服务业产业分工体系,郑州市还难以对其他城市产生较强的辐射能力,处于"弱核牵引"态势。且商务成本、土地价格、综合劳动力成本和生产服务成本上升,企业负担和政府行政成本偏高,生产性服务业高素质人才短缺,生产性服务业企业融资较为困难,企业经营信心不足,交通与环境问题也不容乐观,这些都成为郑州市未来生产性服务业空间的发展与引领作用的发挥所不得不重视的问题。这也构成了区域中心城市生产性服务业空间重构的前置性条件。

7 转型期郑州市生产性服务业空间重构模式与调控

7.1 转型发展的目标与思路

当前,在全球新一轮产业革命初现端倪的时期,我国与西方国家站在同一起跑线上,利用全球化、信息化契机,着力推动经济结构调整与转型发展。作为中心性功能节点的各区域中心城市,必须更加积极主动地应对挑战,确保在国家激烈的区域竞争与国际竞争中占得先机,赢得竞争优势,为区域发展乃至全国发展大局作出新的更大的贡献。

7.1.1 总体目标

通过10到20年的努力,郑州市初步实现生产性服务业发展由低增加值向高增加值、由低附加值向高附加值、由低成长性向高成长性、由低技术密集向高技术密集、由大规模生产向柔性专精生产的全面战略转型,在生产性服务业领域或现代服务业领域全面赶上或接近东部沿海中心城市和其他内陆中心城市,部分领域实现对其他区域中心城市的超越和领先,成为全国由生产性服务业引领城市经济转型发展的先行区和示范区,显著提升在全国区域中心城市中的地位。

7.1.2 基本思路

以科学发展观为指导,以加快经济发展方式转变为方向,以体制机制创新为动力,紧随全球经济技术变革与发展的新趋势,强化新一轮产业革命下城市经济转型发展的技术研发、市场培育、金融与商务服务、高端人才培养与引进等关键环节,推进郑州市区域中心城市全方位建设,实现经济发展方式向服务化经济转型,推进经济向创新驱动、质量效益和集约高效型转变。

(1) 实施新定位战略

全面融入全球生产性服务业创新体系和产业发展网络。全球化转型发展背景下,产业内部分工与垂直专业化成为国际分工的重要形式,外包成为企业外向型战略的重要手段,全球价值链催生了一个紧密的全球生产和连接网络。其中,知识与技术的更新与交流更加便捷和迅速,研发、金融等高端生产性服务会向全球城市、各区域中心城市等重要节点集聚和回流。因此,以郑州市为代表的区域中心城市迫切需要积极迎合这一趋势和契机,向发达国家和我国生产性服务业先进的区域中心城市学习,缩小差距,实现"弯道超车",进而建构以生产性服务业引领产业发展与空间布局的国家区域中心城市。

(2) 实施新主体战略

要加快生产性服务业技术创新和培育高成长性产业主体。坚持企业为创新主体,支持企业进行原始创新、集成创新、技术学习和消化、再创新;着力推进高校、科研院所与企业产—学—研一体化建设平台;大力推进企业技术研发,增强技术创新能力,尽快在生产性服务业各重点领域或关键节点取得突破;鼓励社会资本、风险投资和外资机构的进入;支持和培育中小企业的创新与创业;积极引进国际高端生产性服务业和高端人才;消除技术转化与产业化发展的障碍与壁垒,培育一批具有国际水平与竞争力的生产性服务业发展主体和创新主体。

(3) 实施新载体战略

着力构建基于重点生产性服务业和高成长服务业的产业空间载体。有针对性地制定促进生产性服务业转移与发展的财政、金融、税收等各方面的政策;围绕物流、金融、商务、房地产等重点生产性服务业产业链条,高起点规划和建设一批数字化制造业和服务业产业园区;积极吸引国内外高端生产性服务业产业转移、企业落户与科技成果的孵化,促进生产性服务业高端集聚与配套发展;在中央商务区、航空港区、产业集聚区等科技资源丰富而成长性又好的区域形成包括产品研发设计、制造、应用、会展营销、配套服务等重点产业链条的产业高地。

7.2 城市生产性服务业空间重构的发展取向

7.2.1 高度集聚的产业空间内核

随着全球化、信息化时代的到来,城市空间内核的产业与产业集群高度集聚成为空间发展的主要表达。产业发展推动城市化进程,推进城市、企业、政府、产业链等发生深层次变革。以生产性服务业引领推动城市产业空间不断内向压缩、高度集聚,形成高度集聚的产业空间内核。一方面,这种高度集聚的空间内核体现为产业核心区的地理空间的紧凑,城市空间优位累积循环;另一方面,也表现在以资本、技术、高素质人才等在优位空间的集聚,在微观尺度空间形成功能完备而高度复合、动态优化的产业高地。当前,郑州市正在经由传统的单中心向多中心转变,不同生产性服务业功能的多中心建构成为区域中心城市空间发展的多元主体。

7.2.2 紧密关联的产业空间网络

未来的城市产业空间,一定是以生产性服务业实现产业关联并推进产业集群形成的。产业集群内部各生产性服务业企业之间、各关联企业之间,通过面对面交流、技术学习、沟通与联系,在产业链条上紧密关联,竞争合作。从目前来看,在独立于传统的火车站—二七商圈区域,业已初步浮现和形成以信息传输、计算机服务和软件业,科学研究、技术服务与地质勘查业及金融业等产业集聚,高技术含量、高资本投入、高素质人才集聚,产业关联也日益密切。随着区域中心城市分工的深入发展与产业结构的调整优化,城市产业空间关联网络也更加紧密和高效。郑州市多中心空间内的生产性服务业企业高度集聚,多形成彼此互联互通的产业上下游、全生产服务产业链关系。紧密高效的产业关联是建构区域中心城市生产性服务业空间网络的基本前提。

7.2.3　有序分布的产业空间层级

一方面,从产业空间的宏观组成看,生产性服务业各行业在优位空间高度集聚,围绕产业链条形成紧密关联的产业集群和产业群落。知识经济时代,城市产业空间已经由工业化时代单纯的层级模式演化为具有层级性的产业空间网络形式,且在更大空间尺度范围内同样存在这一层级效应。另一方面,从产业空间的微观组成看,城市生产性服务业在城市空间形成产业发展的内核与高地,且生产性服务业不少兼有服务于制造业和商业的功能,衔接周边的是生产性服务业与都市型工业错落有致地紧密关联,各类制造业则外迁分散在城市郊区与城市交通线上。在城市多中心的产业发展中,围绕各自的中心分布,形成多个中心—外围相互衔接、关联有序的产业空间形态。当前,郑州市在市域和中原城市群中的主体地位已基本呈现,且基本服从首位分布与位序规模率。但相对于其他区域中心城市或全国层面,郑州市仍处于"弱核牵引"的态势。也就是说,郑州市国家区域中心城市的建设,有待于以生产性服务业引领城市向更高的规模等级城市攀升。

7.2.4　动态转型的产业空间建构

产业空间网络并非一成不变。随着制造业产业链条的不断剥离和独立,生产性服务业产业部门不断丰富,产业结构调整的演变成为城市未来产业空间演替的主流成因。空间替代是一个空间继承原有空间或对原有空间形成的冲击(高雪莲,2007)。一种新的生产性服务业业态,只要有充分的市场和空间竞争力,且又能够承担更高的地租,就有实力去选择最佳的区位;那些不具备或失去优势竞争力的产业业态只有被取代。因此产业空间业态的专业化与多元化始终并存,双向博弈,且处于不断的动态转型与调整优化中,进而实现城市产业空间的可持续性建构。郑州市生产性服务业空间重构面临难得的战略机遇,以问题为导向,迫切需要在城市经济转型发展的背景下实现城市产业空间的可持续性建构。

7.3 城市生产性服务业空间重构的模式选择

7.3.1 城市生产性服务业多中心网络化发展模式

城市生产性服务业多中心网络化产业空间发展模式的构建,为区域中心城市进一步推进以生产性服务业建构城市空间格局提供了更加科学合理的理论依据。基于前文对郑州市产业空间与网络中呈现出的城市多中心形态的浮现与产业网络关系的分析,提出郑州市城市多中心网络化发展的空间重构模式。

相对于宏观尺度上的多中心城市,城市多中心设定的出发点也是为了避免单中心模式下一极独大、单核引领的不足,但对各中心间的关联关系与效应期望较低。也就是说,围绕两个中心,枢纽节点在理论上甚至可以不发生直接的关联,然而从事实上看,这一观点较为乐观。基于区域比较优势的专业化分工和发展战略,城市多中心相互关联,要素自由流动。尤其是,随着信息化和交通运输"高速时代"的到来,城市单中心模式也受到了极大挑战,高铁、空港、轨道交通的出现,缩短了城市之间的时空隔离,可以在任何方向直接切入城市,而非城市单中心,区域中心城市有机会直接参与到全球产业分工中去也未必就是中心城区或中心节点。甚至,城市产业发展"无中生有"的理论假设在富士康进驻郑州航空港中也得到了重要验证,城市产业空间格局也必然随之发生变化。但毋庸置疑的是,城市产业多中心发展模式日益得到多方关注与认同。

从郑州市生产性服务业空间格局看,尽管生产性服务业各行业在空间分布上的特质不尽相同,但都呈现出明显的高度集聚形态。其集聚载体已拓展到传统火车站—二七商圈之外的郑东新区CBD、高新区、航空港等新的城市中心节点中,甚至部分生产性服务业行业并不在这一传统商圈集聚,这也对产业发展提出了挑战与转型要求。郑州市未来生产性服务业的多中心形态已然浮现,且随着郑州市战略空间的演进与省级政府驻地的东向搬迁,CBD向CAZ的演进,高铁、地铁与航空港等新型连接方式的出现与流的空间网络的形成,生产性服务业的空间重构也明显加速。换句话说,这一由城市单中心承载生产性服务业发展的格局将实现向城市多中心网络化结构演进,城市生产性服务业空间向加速动态重构。

从郑州市城市区域中的产业空间演进看,郑州市在中原城市群发展中的中心性地位已基本呈现,产业的迅猛发展与人口集聚需要更大的空间载体,应实现郑州市城市建设用地规模的适度扩张与合理规划。但区域中心城市层面的对比也显示,郑州市在产业发展模式、服务业绩效方面与其他区域中心城市还有不小的差距。也就是说,郑州市在以生产性服务业建构区域中心城市产业空间整体上仍处于"弱核牵引"阶段,有待进一步加速壮大和发展。

本书定义的城市多中心网络化产业空间发展模式,是指在一个区域中心城市空间范围内,按照生产性服务业发展在城市空间的集聚形态、产业关联与发展潜力,内聚发展各具特色的城市生产性服务业专业化分工、配套与产业链服务,依托城市发达的交通、互联网络与流的空间,动态建构产业紧密关联、多中心网络化有序发展的城市产业空间。郑州市多中心网络化产业空间发展依赖于城市历史演变与转型发展的逻辑,要发挥城市比较优势,建构城市产业竞争能力,提高城市产业关联、功能复合与综合绩效,推进城市可持续发展。

7.3.2 郑州市T形生产性服务业空间建构

《郑州市城市总体规划(2010—2020年)》、《郑州市国民经济和社会发展第十二个五年规划纲要》均开宗明义,在加快建设郑州都市区规划之初,就提出构建国家区域中心城市的核心定位与目标,提高首位度,建设中原经济区核心城市,提出以郑州新区为突破,加快区划调整,构建"核心、组团、多点"的郑州都市区发展新格局。突出发展金融、物流、会展等现代服务业,培育"高成长性区域、高成长性产业、高成长性企业",把推动服务业大发展作为产业结构优化升级的战略重点,努力形成以服务经济为主的产业结构,建设区域性现代服务业中心。

根据前文分析,郑州市生产性服务业多中心可以定位在火车站—二七商圈、CBD、高铁站—新郑州站、航空港、高新区及经开区这几个生产性服务业集聚效应明显、产业关联紧密、流的空间网络良好的城市核心节点。以其为核心,合理有序地布局生产性服务业与制造业企业,形成多中心网络化发展的经济轴带,即如图 7-1 所示的 T 形城市生产性服务业空间形态。

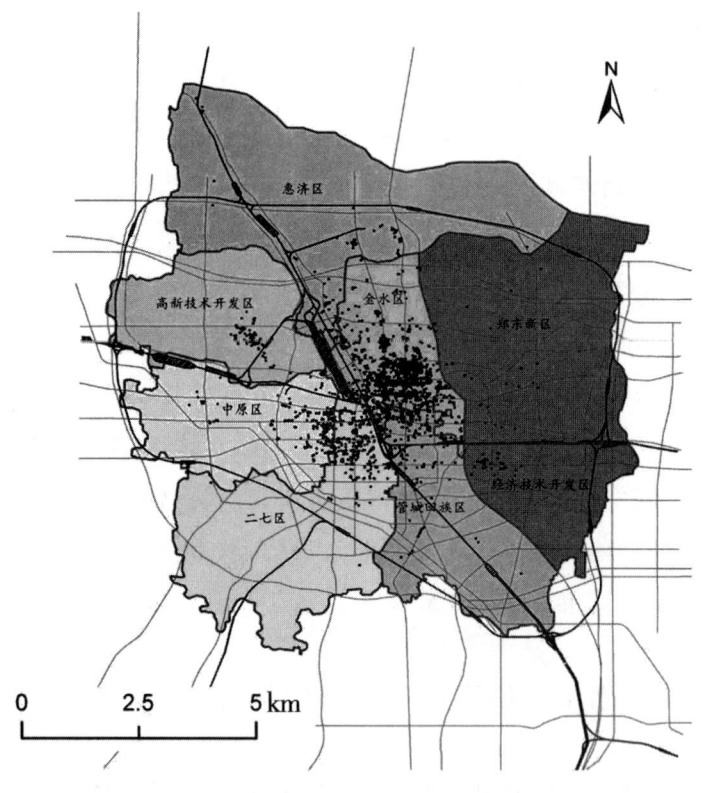

图 7-1 郑州市生产性服务业 T 形空间形态

根据图 7-1,郑州市国家区域中心城市建设,需要以生产性服务业建设为重要支撑。生产性服务业在城市空间的集聚与集群发展是转型期对城市产业空间的可持续性重构。其中,以火车站—二七商圈、高铁站—新郑州站、航空港、高新区与经开区为核心节点,建构了郑州市四通八达的城市交通与物流网络。以 CBD 为中心的郑东新区,正在建设以商务、金融、咨询为重点的高端生产性服务业集聚平台,以高新区、经开区为中心,承载以计算机服务、软件业、科学研究、专业技术服务等为依托的生产性服务业集聚区。同时,辅以郑州市辖区内 11 个特色商业区建设,共同构成郑州市生产性服务业发展的 T 形空间产业带,由多中心向外辐射,呈现城市多中心网络化发展的空间形态。

《郑州市国民经济和社会发展第十二个五年规划纲要》提出,高新技术产业开发区要着力打造战略性新兴产业,着力发展第三产业,着力提升自主创新能力,建成国家创新型产业园区。郑东新区延续高起点规划,加快 CBD、新郑州站、商住物流区的建设,建成以国家区域性金融中心、中部地区总部经济中心、中部会展之都、现代商务商贸中心等为特色的多功能现代城区。经济技术开发区依托出口加工区和国家保税物流中心,建设全省先进制造业集聚区、科技创新核心区、现代物流枢纽区,构建功能完善、政策优惠、通关便捷的对外开放窗口。航空港区加快建设新郑综合保税区,以富士康科技园区建设为契机,大力发展电子信息、航空物流、高端商贸等产业,建成郑州新区发展的先行区、中部最大的国际航空物流中心。

近年来,得益于郑州新区、中原经济区、航空港经济综合示范区等宏观战略的实施,河南省政府和郑州市政府在推动现代服务业尤其是生产性服务业和高成长性服务业发展方面给予了广泛的政策支持和倾斜。仅 2014 年,有利于加快推进生产性服务业发展的政府文件多达数十项(表 7-1),尤其是《国务院关于加快发展生产性服务业促进产业结构调整升级的指导意见》(国发〔2014〕26 号)和《河南省人民政府关于建设高成长服务业大省的若干意见》(豫政〔2014〕42 号)对生产性服务业的发展提出了更为明确和细致的指导意见,现实指导意义更为重大。

表 7-1 加快生产性服务业发展方面的政府文件(2014 年)

主　题	编　号	发布时间
国务院关于加快发展生产性服务业促进产业结构调整升级的指导意见	国发〔2014〕26 号	2014 年 7 月 28 日
河南省人民政府关于进一步促进全省产业集聚区持续健康发展财政扶持政策的通知	豫政〔2014〕71 号	2014 年 9 月 12 日
河南省人民政府关于创新机制全方位加大科技创新投入的若干意见	豫政〔2014〕64 号	2014 年 8 月 5 日
河南省人民政府关于印发河南省新型城镇化规划(2014—2020 年)的通知	豫政〔2014〕55 号	2014 年 7 月 3 日
河南省人民政府关于取消调整下放行政审批项目和部门非行政许可审批事项的决定	豫政〔2014〕52 号	2014 年 6 月 23 日
河南省人民政府关于促进快递服务业发展的意见	豫政〔2014〕47 号	2014 年 5 月 26 日
河南省人民政府关于促进高新技术产业开发区发展的意见	豫政〔2014〕43 号	2014 年 5 月 13 日
河南省人民政府关于建设高成长服务业大省的若干意见	豫政〔2014〕42 号	2014 年 5 月 8 日
河南省人民政府关于印发河南省主体功能区规划的通知	豫政〔2014〕12 号	2014 年 1 月 21 日
河南省人民政府关于加快电子商务发展的若干意见	豫政〔2014〕11 号	2014 年 1 月 21 日
河南省人民政府关于加快流通产业发展推进现代商品市场体系建设的意见	豫政〔2014〕7 号	2014 年 1 月 15 日
河南省人民政府关于健全企业服务工作体系构建企业服务长效机制的若干意见	豫政〔2014〕3 号	2014 年 1 月 9 日

资料来源:根据河南省人民政府网站整理。

7.4 郑州市生产性服务业空间重构政策建议

7.4.1 生产性服务业发展适度超前规划

生产性服务业是制造业高度发展的产物,又反过来影响并加速推动着制造业的进一步发展,也使得现代制造业与生产性服务业密不可分。所以,做到城市或区域生产性服务业发展的适度超前规划有助于推动城市区域产业发展与相互融合。同时,积极落实空间布局的协同规划对提升产业布局规划价值和规划实施效益、指导国土空间有序开发和保护、形成可持续和富有竞争力的空间结构、营造优良的人居和投资环境等方面都有着重要的现实意义(樊杰等,2014)。当前,郑州市作为河南省省会和中部地区的重要中心城市,中心性经济功能辐射中原经济区,城市区域外向连接日益便捷、高效和密切。但毋庸置疑的是,郑州市尤其是中心城区土地和人力资源成本上升必然会影响这一中心性功能的发挥。同时,郑州市生产性服务业发展整体上较东部沿海城市与其他内陆中心城市还有不小的差距,缺乏经验与技术。因此,适度超前规划以生产性服务业发展为引领的产业发展是区域中心城市产业发展模式的优选逻辑,宜提前着手加快进行。

7.4.2 适时推进区划调整与功能区建设

建设郑州市国家区域中心城市,有必要大胆地进行行政区划调整,充分考虑经济高速发展的可能趋势,拓展城市空间发展框架,保有城市发展预留空间。郑州市当前产业集聚区发展中,工业所占比重较大,而当前全球范围内面临着制造业产能过剩,迫切需要从服务业集聚区发展入手实现经济转型,推进产业升级,推动产城融合,实现区域经济可持续发展。首先,引导生产性服务业向产业集聚区和重点功能区集聚,进而形成具有郑州市特色的生产性服务业集聚区和功能区。借助郑州新区、航空港区、中央商务区和特色商业区等产业载体，引导特色生产性服务业在其空间优位周边集聚发展，并呈现专业化和高端化发展态势。其次，引导产业集群内的企业不断加强企业联合与网络协作，通过行业协会、行业联盟等，积极构建优势资源信息的共享机制，通过龙头带动与多种形式的有效合作，构建功能互补、网络化融合协作的格局。

应该说，富于活力的中心区成为城市健康发展最重要的体现，也是高端人才生活、工作、交往最为密集且效率最高的区域。从推进人才建设与转型动力上看，要顺应中心城市产业发展趋势，实现由CBD向CAZ空间的拓展与演进，强化CAZ空间优势与功能复合，保持CBD核心功能的集聚强度，保持CBD与外围区域的连通性与整体协调性。努力打造航空港，积极推进产业集聚区和特色商业区加快发展。同时，当前在空—铁联运等新型模式主导下的城市综合体的建设也应成为中心城市产业发展的重要载体。

7.4.3 开放生产性服务业发展与竞合

当前，生产性服务业发展市场将更加开放，"引进来"和"走出去"的双向对等发展模式持续演进。跨国公司基于自身理念推进服务产业在我国大陆的纵深转移与发展，这给予了包括郑州市在内的区域中心城市新的战略机遇。因此，进一步推进服务业开放发展也是区域中心城市实现产业发展与竞争力提升的重要途径。实践证明，像金融业、信息产业等生产性服务业的跨区域流动为区域中心城市提供了新的经济增长点，带动区域经济发展与产业结构升级。因此，抢抓机遇，积极参与全球生产性服务业分工体系是区域中心城市发展的重要举措。要进一步放宽市场准入机制，大力推进混合所有制经济发展。

一方面，在开放中求发展，在发展中促开放。生产性服务业作为商品和其他服务的中间性投入，是参与全产业链分工的重要环节，也一定要建立在不断开放的环境中，应对生产性服务业内部区别对待，渐次开放。根据国际经验,生产性服务业的对外开放一般在消费性服务业之后,生产性服务业内部,也大多呈现以交通运输、物流商贸为先,金融电信为后的逐步开放的基本格局(方石玉,2008)。当前,以郑州新区重点面向金融业、航空港区重点面向交通和物流业的态势全面铺开、协同推进。不同的生产性服务业行业,其开放发展的提供方式与内容也应有所不同。

另一方面,兼顾"引进来"和"走出去"。以郑州市为缩影,我国生产性服务业"走出去"发展的实力还远不如"引进来"的能力。这主要是由于我国生产性服务业发育不够充分,生产性服务业整体规模有限,市场竞争力不足。但产业发展必须未雨绸缪,在当前服务全球化的新契机下,应加强国际生产性服务业产业流动的跟踪与研究,借鉴成功的典型,探讨生产性服务业双向发展的有效路径。以区域中心城市为试点,有针对性地制定发展策略,让生产性服务业既能够"引得进来",也能够"走得出去"。

7.4.4　推进产业分工协作与职能分解

建议各级政府积极顺应产业发展趋势,吸收和借鉴各地区服务业综合改革试点的经验,也包括及时总结郑州市国家服务业综合改革试点的经验教训,鼓励和引导部分具备条件的制造业企业向服务型部门转变和转型发展,加快推进企业第二、三产业的分离。当前,在国家服务业综合改革试点中,积极探索企业第二、三产业的分离,不断激发企业开展产业分离的积极性,结合生产性服务业发展的特点,对部分行业可选择一些行业优势明显、带动能力强劲、上下游服务配套拓展能力强的龙头企业或国有大中型企业开展先期改革,加快企业转型升级与职能分解。以点带面,顺次推开,鼓励企业通过兼并、重组、联合等多种新型态式进行产业价值链整合与拓展,加快形成专业能力强大、带动优势明显、竞争水平高的生产性服务业产业体系。

7.4.5　有序承接生产性服务业产业转移

基于改革开放政策的不断深化,通过承接生产性服务业的国际产业转移,推进我国产业结构不断优化升级。当前,我国承接生产性服务业国际转移的规模不断增大,但其中传统的劳动密集型产业仍然占有较大的比重,尽管对解决国内就业起到了不可替代的重要作用,但却阻碍了产业附加值的提升。因此,承接国际产业转移要注重质与量的双重考核,积极主动地承接高端生产性服务业的转移。承接高端生产性服务业的转移,首先是各级政府要营造良好的环境与氛围。完善、便捷、高效的基础设施建设是营造高端生产性服务业承接环境的前提和基础。其基础性软件工程体现为要强化技术人员培训,在一个良好的软硬件环境下加强与跨国公司这一高端生产性服务业转移主体的沟通与合作,能够更深层次地参与到其分工体系中去,同时力避和严控其中可能的风险。

郑州市作为一个内陆型区域中心城市,区位优势与后发优势明显,以高铁为新型代表的十字轴线凸显,外向辐射功能日益强化。然而,整体上看,郑州市生产性服务业发展在全国各中心城市中的位次还不够突出。未来一段时期,要认真贯彻《国务院关于进一步做好利用外资工作的若干意见》,加大专业科技人才的培训与引进,充分利用各种形式承接高端生产性服务业的国际转移与区域转移。总结并拓展以往"关系招商"、"集群招商"等成功做法,积极鼓励和承接全球性跨国公司、高端龙头企业和高端产业在郑州及其周边城市落户,并进一步使这些企业成为具有更多关联性、合作性的企业入驻郑州市的桥梁。同时,利用自身优势,推动自主技术进步与创新,加快区域生产性服务业产业结构升级。

7.5 本章小结

以郑州市为代表的区域中心城市迫切需要实施新定位、新主体、新载体战略,以高度集聚的产业空间内核、紧密关联的产业空间网络、有序分布的产业空间层级和动态转型的产业空间建构为发展取向,基于对郑州市产业空间与网络研究中呈现出的城市多中心形态的浮现与产业网络关系的分析,提出郑州市城市多中心网络化发展的空间重构模式,即郑州市T形生产性服务业空间建构,并从产业发展适度超前规划、区划调整与功能区建设、开放产业发展与竞合、推进产业分工协作与职能分解、有序承接产业产业转移等方面提出了对策建议。

8 结论与讨论

8.1 主要结论

论文通过对城市经济转型背景下生产性服务业空间结构与重构相关研究的述评,总结了生产性服务业空间重构的相关理论,提出了生产性服务业空间重构的基本概念与内涵,建立了生产性服务业空间重构的基本理论分析框架,包括宏观尺度上城市生产性服务业空间格局—过程—机理—绩效的系统分析,也包括微观尺度上点—面—体—动的组织逻辑。以转型期区域中心城市郑州市为研究对象,以社会经济统计年鉴、人口经济普查数据、实证调研材料等为源数据,依托 ArcGis10、SPSS17.0、NoteExpress 等软件平台,借助投入产出表、空间计量、位序规模率、TOPSIS 模型等定量技术手段,以系统论为总原则,在区位论、产业集群理论、产业转型理论的指导下,通过对郑州市生产性服务业发展现状格局、1996—2012 年的 17 年间人口—产业—用地的系统结构分析、动力机制与空间响应分析,以及综合绩效的评价,探寻现存问题的症结所在,设计区域中心城市生产性服务业空间重构的理论模式,指导郑州市生产性服务业空间重构的实践。

全书主要研究内容与主要研究结论如下:

1. 国内外相关文献的梳理与阐释

生产性服务业是面向生产而非消费,提供中间需求性质服务的产业类型。在逻辑体系上,我国生产性服务业发展参照国际通行方法,又不同于国外发展现实,尤其是房地产业在生产性服务业系统内的存废争议也提供了一种国内外结构差异的证据;在空间层次上,国内外学者已初步建

8 结论与讨论

构了从宏观的城市—区域空间关系,到中观的城市产业空间集散与机制,再到微观区位因子与要素的系统分析框架,理论与实证分析相结合,提出了城市产业空间结构与重构的理论模式与效应。但整合生产性服务业宏观到微观层次的系统性综合研究与对比分析仍有待进一步加强,对细分行业内部异质性的分析较为不足,围绕产业生产性服务功能变革的"3W1H"(What-Who-Where-How)机制与绩效研究尚不多见,与现实发展的结合也还有待进一步深化。

生产性服务业空间重构是转型背景下产业发展主体的空间优位选择与格局演进,反映了经济活动再区位特征以及空间关系的重新组织。生产性服务业空间发展与政府宏观政策引领有着较强的关联效应。

2. 生产性服务业空间重构研究基于城市产业空间的多尺度分析框架

通过对国内外转型发展与产业空间的关系和中心城市生产性服务业空间发展的系统分析,明晰了区域中心城市生产性服务业空间重构的学科前沿、关注热点、研究方法与存在问题。基于"地域分工—贸易联系—空间集聚"城市区域产业空间集散的一般逻辑,建立了区域中心城市生产性服务业空间重构的理论分析框架。分析认为,城市生产性服务业空间重构立足于城市之外的宏观视域,包括产业空间格局—过程—机理—绩效的系统联系,立足于城市内部微观层次,即对点—面—体—动的多维动态结构的描绘,同时也立足于产业空间多尺度的有机连接与互动整合。

3. 多维解析郑州市生产性服务业空间结构的水平、格局、机制与绩效

(1) 从国际、国内和我国区域中心城市三个维度展现了生产性服务业发展的空间视域,分析指出生产性服务业发展与政府宏观政策引领有着较强的关联效应。我国区域中心城市发展的多元动力机制已经形成,一定程度上也代表了区域中心城市发展模式的成功转型。郑州市在城市区域中的产业空间演进表明,郑州市在中原城市群发展中的中心性地位已然呈现,城市承载就业规模也基本符合城市首位分布与位序规模分布。郑州市城市空间扩张有着比其他中心城市更为现实的紧迫性,建设国家

区域中心城市,承载更大人口规模和更高水平的产业的发展需要立足于更大的城市发展空间。

(2) 立足于城市产业空间发展点—面—体—动逻辑,以 ArcGis 为技术支撑,运用统计数据、企业数据得出郑州市生产性服务业各行业空间格局,提出郑州市生产性服务业空间高度集聚、和而不同的特征。研究认为:① 尽管生产性服务业各行业在空间分布上的特质不尽相同,但都呈现出明显的高度集聚形态,且以传统的二七商圈为主要中心高度集聚;② 产业发展在城市地域空间形态上表现出较强的广度扩张,呈现产业发展的紧密关联性;③ 当前,传统的火车站—二七商圈的转型,CBD 向 CAZ 的演进,高铁、地铁与航空港等新型连接方式与流的空间,将进一步加快生产性服务业的空间集散形态的演进与动态重构。

(3) 基于 1996—2012 年的人口—产业—用地的系统结构分析表明,郑州市产业的发展与人口集聚需要更大的空间载体,尤其是 2008 年以来以第二产业和第三产业同步快速发展引领城市化发展的作用效度强劲。这一方面反映了服务业不同于人口、工业和用地的空间演进逻辑,另一方面也充分验证了(生产性)服务业持续高度集聚的发展动态。且随着郑州市战略空间的演进与省级政府驻地的东向搬迁,生产性服务业空间布局也将呈现出明显的和加速的空间再集聚。这一由城市单中心承载生产性服务业发展的格局将实现向城市多中心网络化结构的转换。

(4) 基于区域中心城市生产性服务业多尺度的格局与过程的研究,系统剖析了郑州市生产性服务业空间发展的市场机制和政府机制,建立了区域中心城市点—面—体—动不同阶段的三级空间响应机制,即空间优位、区位协同,以及流的空间动态建构。当前我国区域中心城市产业发展多元动力机制已然形成,一定程度上代表了区域中心城市发展的成功转型。

(5) 利用 TOPSIS 模型、投入产出关联模型等方法,从生产性服务业关联效应、生产性服务业发展对区域经济的效应和生产性服务业空间绩效三个层面,对郑州市生产性服务业空间绩效进行了分析。研究发现:① 在河南省省域层面尚不存在经济发展中具有举足轻重地位的生产性服务业主导行业;② 生产性服务业的崛起有助于区域中心城市服务业战略的推进和区域经济发展,交通运输、仓储和邮政业,金融业和房地产业对郑州市服务业发展起到了更大的带动和拉动作用;③ 郑州市作为中心城市,以生产性服务业建构的中心性作用已见端倪;④ 根据城市生产性服务业评价空间绩效指标体系对我国部分区域中心城市进行了总体评价,可以看出,郑州市整体上生产性服务业发展不仅与东部沿海中心城市有很大差距,甚至在发展增速上也落后于其他内陆中心城市。目前以郑州市为中心的中原经济区还没有形成合理的生产性服务业产业分工体系,在我国区域中心城市中的绩效水平较为靠后,且处于"弱核牵引"态势。

4. 生产性服务业空间重构是实现城市产业空间可持续性建构的有效途径

对区域中心城市生产性服务业多尺度空间系统的研究是进行区域中心城市生产性服务业空间重构的前置性条件。在前述研究的基础上,系统提出了郑州市生产性服务业空间重构的发展取向,即高度集聚的产业空间内核、紧密关联的产业空间网络、有序分布的产业空间层级和动态转型的产业空间重构,提出了城市多中心网络化生产性服务业空间发展的重构模式。在一个区域中心城市空间范围内,按照生产性服务业发展在城市空间的集聚形态、产业关联与发展潜力,内聚发展各具特色的城市生产性服务业专业化分工、配套与产业链服务,依托城市发达的交通、互联网络与流的空间,动态建构产业紧密关联、多中心网络化有序发展的城市产业空间——T形生产性服务业空间,指出生产性服务业空间重构所隐喻的多中心网络化发展模式应成为未来产业空间政策的重要方向。郑州市多中心网络化产业空间发展依赖于城市历史演变与转型发展的逻辑,发挥城市比较优势,建构城市产业竞争能力,提高城市产业关联、功能复合与综合绩效,从适度超前规划生产性服务业发展、适时推进区划调整与功能区建设、开放生产性服务业发展与竞合、推进产业分工协作与职能分解、有序承接生产性服务业产业转移、规范服务业制度建设与市场发育等方面强化建设,推进郑州市生产性服务业空间可持续性建构。

8.2 创新点

本书的创新主要包括以下几点：

（1）建立了我国区域中心城市生产性服务业空间重构的理论分析框架。本研究立足于城市产业空间问题，将城市生产性服务业空间结构与重构看作一个完整的动态有机综合体，全面系统地剖析了城市经济转型下的生产性服务业空间特征与特质，揭示了产业空间重构的时空耦合机理，从而形成完整的城市生产性服务业空间辨识、分解、耦合、评价、重构与调控的理论与方法架构。城市生产性服务业空间研究的理论与方法体系的建立，需要多学科的交叉、学习与融合；反过来它也能够有力地推动我国城市生产性服务业空间及相关学科的发展，并极大地推进城市现代服务业空间系统识别、模拟、预测、规划、管理与调控等领域的科学研究。

（2）研究拓展了产业地理空间研究的格局—过程—机理—绩效研究的内容，从宏观视域上将其延伸到对生产性服务业产业关联与综合绩效的研究中。以城市生产性服务业多尺度问题识别和促进生产性服务业可持续性空间建构的发展取向为导向，有针对性地提出生产性服务业空间重构的理论模式。

（3）立足于区域中心城市生产性服务业空间发展的点—面—体—动逻辑，提出区域中心城市多中心网络化生产性服务业空间发展的重构模式，这是本书研究的特色与创新。基于对我国中部地区中心城市郑州市生产性服务业空间系统开展多维研究与对比分析，建立基于投入产出模型、空间计量统计与互反馈机制的产业空间重构实证研究与综合评价体系，以动态模型来综合考察转型背景下区域中心城市生产性服务业空间重构的格局—过程—机理—绩效，并将这一系统理论与方法体系应用于我国典型区域中心城市的评价与对比分析，进一步验证和完善了产业网络化结构理论。转型与城市产业空间重构不仅是全球城市科学研究的前沿，同时也是 21 世纪以来我国城市经济发展与可持续空间构建所迫切需要解决的重大问题。因此，本研究体现了解决城市产业空间发展问题，实现城市转型—空间重构—可持续发展的国家战略需求,具有鲜明的时代性。

8.3 展望

当前,空间正逐步成为我们理解经济社会结构与文明演进的关键基点。列斐伏尔、卡斯特尔和哈维等对空间的经济、社会学意义做了开创性工作,福柯(2006)甚至预言未来社科研究的"空间时代"已然来临。在我国,空间和地方是经济社会发展必须首要考虑的问题,包括地理位置、产业布局、社会结构等都是空间效应作用的领域。当前,地理学确立了空间关系的多重感知与"标准化"描述,实现了不同空间视角的协调。而从思想范式上看,空间作为一个必不可少的思维框架的理论建构尚显不足,尤其是面对当下经济社会急剧转型的新型产业空间,生产性服务业即为这一经济服务化转型下的主导产业形态之一,利用科学方法探讨生产性服务业空间特性如何影响人类行为、如何评价产业空间的意义,就显得尤为重要。

转型是一个复杂的系统工程,涉及城市经济发展的方方面面,影响城市生产性服务业空间的因素与机制也非常复杂。一方面,立足于区域中心城市宏观和微观层面的分析应更进一步整合,辨析其多维尺度的互动关系,深化对其作用机制与综合绩效的定量研究,对生产性服务业空间重构的理论模式应进行再思考和凝练;另一方面,由于资料数据的可获得性,定量研究中的指标体系、序列研究、人口—经济普查数据应用等方面都有进一步拓展的空间,后续研究应深化对微观企业层面产业关联与网络建构的调研与分析,细化对郑州市 T 形生产性服务业空间建构的组织与安排。如能建立长时间序列数据库与横向城市对比分析,将能够更加鲜明地刻画区域中心城市生产性服务业空间发展的逻辑与脉搏。

图 索 引

图 1-1　研究技术路线（21）

图 2-1　不同层次城市产业附加值曲线（46）

图 2-2　IT 产业生产性服务功能变革（48）

图 2-3　东京生产性服务业发展模式（54）

图 3-1　生产性服务业产业的特点（60）

图 3-2　城市产业空间层次结构示意图（64）

图 3-3　城市产业空间结构—解构—重构的关系（65）

图 3-4　区域中心城市中心性功能（66）

图 3-5　城市中心性功能跃迁示意图（67）

图 3-6　内生型自主诱导模式（75）

图 3-7　外生型产业转移模式（75）

图 3-8　嵌入式引导培育模式（76）

图 3-9　产业空间重构的一般逻辑（77）

图 3-10　转型期城市产业空间重构的形成机理（78）

图 3-11　城市产业空间重构理论分析框架（78）

图 4-1　2014 年全球城市化率与城市群空间分布（84）

图 4-2　2012 年全球 308 个主要城市高级生产性服务业企业服务网络（85）

图 4-3　《伦敦 2062》远景规划目标（87）

图 4-4　1978—2012 年我国部分生产性服务业占服务业的比重（92）

图 4-5　2005 年和 2011 年生产性服务业内部占比情况（92）

图 4-6　2010 年中心城市市辖区人口与建成区面积散点图（98）

图 4-7　2010 年中心城市第三产业就业情况对比（99）

图 4-8　2010 年中心城市市辖区生产性服务业就业结构（101）

图 索 引

图 4-9　对比城市产业空间示意图（106）
图 4-10　5 个中心城市历年三次产业结构（108）
图 4-11　2012 年 5 个中心城市第三产业发展概况（109）
图 4-12　2000－2010 年 5 个中心城市服务业密度对比（110）
图 4-13　2000－2010 年 5 个中心城市服务业劳动生产率对比（111）
图 4-14　2010 年 5 个中心城市生产性服务业就业比重（111）
图 5-1　研究区范围（115）
图 5-2　郑州市中心城区法人单位对比（118）
图 5-3　郑州市 2005－2012 年基本单位数及占比（118）
图 5-4　新中国成立以来郑州市第三产业发展概况（119）
图 5-5　郑州市生产性服务业企业空间分布（122）
图 5-6　郑州市各产业区基本情况（130）
图 5-7　郑东新区 CBD 空间布局（134）
图 5-8　郑州市在中原城市群交通网络中的枢纽地位（137）
图 5-9　2012 年中原城市群互联网流量系数（139）
图 5-10　$ROXY$ 和 $\Delta ROXY$ 指数不同阶段的评价状态（141）
图 5-11　1996－2012 年中原城市群城市人口—产业—用地 $ROXY$ 指数演进（147）
图 6-1　产业分工的自增强机制（152）
图 6-2　郑州市 2000－2012 年投资来源比重（155）
图 6-3　流的空间与地方空间下的产业组织（168）
图 6-4　城市生产性服务业空间绩效评价指标体系（173）
图 7-1　郑州市生产性服务业 T 形空间形态（184）

表　索　引

表 2-1　城市发展的战略范式转型（32）

表 2-2　近年来召开的城市转型与创新发展相关学术会议（34）

表 2-3　产业变革的阶段性特征（36）

表 2-4　国内城市产业空间研究的主要视角与观点（37）

表 2-5　系统模拟方法比较（43）

表 2-6　近年来典型城市产业空间测度与模拟研究（44）

表 2-7　全球城市服务功能（50）

表 3-1　经济转型前后基本特征（63）

表 3-2　国家区域中心城市汇总表（67）

表 3-3　城市内部空间功能与空间形态（72）

表 3-4　国内外产业集聚发展模式（74）

表 4-1　主要国家第三产业占比 GDP 与人均 GNI（83）

表 4-2　主要国家部分生产性服务业占 GDP 的比重（84）

表 4-3　我国城市与全球城市综合竞争力排名（86）

表 4-4　上海市、重庆市与河南省 2007 年生产性服务业中间需求率（89）

表 4-5　2004－2011 年中国生产性服务业对外直接投资（93）

表 4-6　中心城市经济发展概况（94）

表 4-7　1990－2010 年中心城市人口与建成区面积变化（96）

表 4-8　城市就业规模的首位度与位序规模率（100）

表 4-9　城市生产性服务业集聚水平主要测度方法（102）

表 4-10　2006 年和 2011 年区域中心城市生产性服务业就业集聚水平（103）

表 4-11　跨国公司区位因子（104）

表 4-12　我国七大区域性金融中心及其定位（105）

表 索 引

表 4-13　工业化阶段划分标准（107）

表 4-14　2012 年 5 个中心城市工业化阶段特征（107）

表 4-15　2012 年 5 个中心城市宏观经济指标对比（109）

表 4-16　2010 年 5 个中心城市第三产业发展概况（110）

表 4-17　2011 年 5 个中心城市生产性服务业就业区位商（112）

表 5-1　2012 年郑州市生产性服务业法人单位数（116）

表 5-2　郑州市生产性服务业法人单位经济普查数据（117）

表 5-3　郑州市建成区面积年度变化（129）

表 5-4　郑州市产业集聚区主要产业类型（130）

表 5-5　郑州市商务中心区和特色商业区规划基本情况（131）

表 5-6　CBD 与 CAZ 服务对比（133）

表 5-7　2000 年和 2010 年郑州市与中原城市群各城市间经济联系强度（136）

表 5-8　城镇化不同阶段的 ROXY 指数及其演化路径（143）

表 5-9　城镇化不同阶段各要素平均增长率（144）

表 6-1　我国城市定位的转型历程（157）

表 6-2　郑州市城市（总体）规划的演进历程（158）

表 6-3　郑州市中心性功能与城市建设承载平台（160）

表 6-4　2007 年河南省生产性服务业直接消耗系数（170）

表 6-5　河南省生产性服务业投入产出关联系数（170）

表 6-6　2005 年以来郑州市生产性服务业对 GDP 贡献度（172）

表 6-7　2011 年区域中心城市产业空间接近度（175）

表 7-1　加快生产性服务业发展方面的政府文件(2014 年)（186）

附　表

附表1　国务院批复的国家区域中心城市城市(乡)总体规划汇总

城市	规划名称	城市定位	城市规模	空间布局	批复文件
南昌	《南昌市城市总体规划(2001—2020年)》	江西省省会,长江中游地区重要的中心城市,国家历史文化名城	规划区面积1400 km²。到2020年,中心城区城市人口控制在280万人以内,城市建设用地控制在265km²以内	形成以赣江为主轴,一江两岸、南北双城为核心,外围组团环绕的城市产业空间格局	国函〔2012〕201号
长春	《长春市城市总体规划(2011—2020年)》	吉林省省会,东北地区中心城市之一,我国重要的工业基地城市	规划区面积3891 km²。到2020年,中心城区城市人口控制在425万人以内,城市建设用地控制在445 km²以内	坚持集中紧凑的发展模式,以中心城区发展为重点,构建"一核,三轴,多点"市镇格局	国函〔2011〕166号
重庆	《重庆市城市总体规划(2007—2020年)》	我国重要的中心城市之一,国家历史文化名城,长江上游地区经济中心,国家重要的现代制造业基地,西南地区综合交通枢纽	规划区面积5473 km²。到2020年,中心城区城市人口控制在700万人以内,城市建设用地控制在561 km²以内	逐步疏解老城,高起点规划建设两江新区,按照全国统筹城乡试验区的要求引导渝东北和渝东南协调发展,突出山水城市特色	国函〔2011〕123号

续表

城市	规划名称	城市定位	城市规模	空间布局	批复文件
哈尔滨	《哈尔滨市城市总体规划（2011—2020年）》	黑龙江省省会，我国东北地区重要的中心城市，国家重要的制造业基地，国家历史文化名城	规划区面积7086 km^2。到2020年，主城区城市人口控制在460万人以内，城市建设用地控制在458 km^2以内	形成一个中心，十字形交通干线为主轴，三大圈层逐级拓展，三个城市经济亚区相互补充的点轴式空间体系	国函〔2011〕53号
郑州	《郑州市城市总体规划（2010—2020年）》	河南省省会，国家历史文化名城，我国中部地区重要的中心城市，国家重要的综合交通枢纽	规划区面积7446 km^2。到2020年，中心城区城市人口控制在450万人以内，城市建设用地控制在400 km^2以内	合理定位老城区与郑东新区的功能，提高对周边地区经济社会发展的辐射带动能力	国函〔2010〕80号
深圳	《深圳市城市总体规划（2010—2020年）》	我国的经济特区，全国性经济中心城市和国际化城市	规划区面积1953 km^2。到2020年，城市常住人口控制在1100万人以内，城市建设用地控制在890 km^2以内	以中心城区为核心，完善城市功能，形成"三轴两带多中心"的轴带组团结构	国函〔2010〕78号
武汉	《武汉市城市总体规划（2010—2020年）》	湖北省省会，国家历史文化名城，我国中部地区的中心城市，全国重要的工业基地、科教基地和综合交通枢纽	规划区面积8494 km^2。到2020年，主城区城市人口控制在502万人以内，城市建设用地控制在450 km^2以内	依托"两江交汇、三镇鼎立"的自然格局，建成以主城区为核心的多轴、多中心、开放式的城市产业空间布局	国函〔2010〕24号

续表

城市	规划名称	城市定位	城市规模	空间布局	批复文件
西安	《西安市城市总体规划(2008—2020年)》	陕西省省会,国家重要的科研、教育和工业基地,我国西部地区重要的中心城市,国家历史文化名城	规划区面积10108 km²。到2020年,主城区城市人口控制在528万人以内,城市建设用地控制在490 km²以内	优化主城区"九宫格局、棋盘路网"等传统布局,强化主城区与周边城镇的经济联系	国函〔2008〕44号
天津	《天津市城市总体规划(2005—2020年)》	我国直辖市之一,环渤海地区的经济中心	规划区范围为天津市全部行政区域。2020年中心城区和滨海新区核心区人口控制在630万人左右,城市建设用地规模控制在580 km²以内	形成"一轴两带三区"的市域空间布局结构,充分发挥中心城区、滨海新区以及武清等新城的辐射带动作用	国函〔2006〕62号
北京	《北京市城市总体规划(2004—2020年)》	中华人民共和国的首都,是全国的政治中心、文化中心,是世界著名的古都和现代国际城市	规划区范围为北京市全部行政区域。2020年中心城用地规模控制在778 km²,中心城实际居住人口控制在850万人左右	不断增强城市综合辐射带动能力。中心城以调整功能、改善环境为主,加强新城规划与组团建设	国函〔2005〕2号
大连	《大连市城市总体规划(2001—2020年)》	我国北方沿海重要的中心城市和港口、旅游城市	规划区面积4105 km²。到2020年,主城区实际居住人口控制在355万人以内,城市建设用地控制在321.9 km²以内	形成由中心城区、新城区、金州城区和旅顺口城区等组成的组团式城市布局	国函〔2004〕9号

续表

城市	规划名称	城市定位	城市规模	空间布局	批复文件
长沙	《长沙市城市总体规划(2003—2020年)》	湖南省省会,长江中游地区重要的中心城市,国家历史文化名城	规划区面积2893 km^2。到2020年,主城区居住人口控制在264万人以内,城市建设用地控制在253 km^2以内	"多中心、分散组团式"城市布局	国函〔2003〕117号
上海	《上海市城市总体规划(1999—2020年)》	我国直辖市之一,全国重要的经济中心	规划区面积6340 km^2。到2020年,中心城实际居住人口控制在800万人以内,城市建设用地控制在600 km^2以内	中心城建设坚持"多心、开敞"的布局结构,增强CBD的功能,拓展沿江海发展空间,增强浦东新区的功能	国函〔2001〕48号

资料来源:国务院关于各市总体规划的批复,见中国政府网 http://www.gov.cn/zfwj/gwyh.htm。

附表2 我国五年计(规)划区域战略定位

五年计(规)划（时期）	区域战略	战略原则与根据
一五计划（1953—1957年）	156项工业项目建设配置在东北、中部和西部	国家安全，重工业优先，区域发展均衡
二五计划（1958—1962年）	七大协作区均建立完善而各有特色的工业体系，后由六个中央局计划管理	多快好省地建设社会主义，大跃进，消除工农、城乡差距
三五计划（1966—1970年）	大三线后方工业基地建设	首抓农业、国防、基础工业，对外形势堪忧
四五计划（1971—1975年）	建立十大经济协作区，重点建设内地战略后方，适当发挥沿海潜力	前期"靠山、分散、隐蔽"，后期抓经济整顿与长远规划
五五计划（1976—1980年）	六大区内部协调、各有特色，建设经济特区	《1976—1985年发展国民经济十年规划》，跨越历史转折时期
六五计划（1981—1985年）	划分内地与沿海，发挥沿海，开发内陆，编制长三角等经济区划	由特区向开放城市、由经济开放区到内地开发，城市带动农村
七五计划（1986—1990年）	划分东、中、西三大地带，建立以大城市为中心的三级经济区网络	双梯度由东向西逐步推进，"两个大局"构想
八五计划（1991—1995年）	恢复沿海、内地划分，推进不同层次的专业化协作，跨省横向联合	区域差距拉大，重复布局严重，发挥地区优势，全国统筹规划
九五计划（1996—2000年）	以中心城市和交通要道为依托形成若干经济区和重点产业区	提出区域协调可持续发展战略，西部大开发
十五计划（2001—2005年）	实施西部大开发，促进地区协调，培育新的经济增长点和经济带，外向经济	加强基础建设，开展多形式的地区经济技术合作
十一五规划（2006—2010年）	西部大开发，东北振兴，中部崛起，东部率先发展，促进区域协调发展	形成东中西互动、优势互补，提出主体功能区战略
十二五规划（2011—2015年）	实施区域发展总体战略和主体功能区战略，把西部大开发放在区域发展总体战略优先位置	充分发挥各地区比较优势，促进区域间生产要素合理流动和产业有序转移

注："一五"至"十五"为五年计划，"十一五"和"十二五"为五年规划，其中，"二五"至"五五"计划无正式文本发布。

资料来源：① 刘国光的《中国十个五年计划研究报告》，人民出版社，2006年；
② 陈占彪的《行政组织与空间结构的耦合》，东南大学出版社，2009年。

附表3 郑州市上市公司名录

公司代码	公司简称	公司全称	注册地址	A股上市日期（年.月.日）	所属行业	公司网址
000544	中原环保	中原环保股份有限公司	河南省郑州市郑东新区商务外环路3号	1993.12.8	水电煤气	www.zhongyuanep.com
000676	思达高科	河南思达高科技股份有限公司	郑州市高新技术产业开发区玉兰街101号	1996.12.24	制造业	www.hnstar.com
000885	同力水泥	河南同力水泥股份有限公司	郑州市农业路41号投资大厦5层	1999.3.19	制造业	www.tlcement.com
001896	豫能控股	河南豫能控股股份有限公司	郑州市农业路东41号投资大厦B座8—12层	1998.1.22	水电煤气	www.yuneng.com.cn
002216	三全食品	三全食品股份有限公司	郑州市综合投资区长兴路中段	2008.2.20	制造业	www.sanquan.com
002296	辉煌科技	河南辉煌科技股份有限公司	郑州市高新技术产业开发区重阳街74号	2009.9.29	制造业	www.hhkj.cn
300007	汉威电子	河南汉威电子股份有限公司	郑州高新技术开发区雪松路169号	2009.10.30	制造业	www.hwsensor.com
300064	豫金刚石	郑州华晶金刚石股份有限公司	郑州市高新区碧桃路20号30号楼	2010.3.26	制造业	www.sinocrystal.com.cn
300179	四方达	河南四方达超硬材料股份有限公司	郑州市经济技术开发区第七大街151号	2011.2.15	制造业	www.sf-diamond.com.cn
300248	新开普	郑州新开普电子股份有限公司	郑州高新技术产业开发区翠竹街6号	2011.7.29	信息技术	www.newcapec.com.cn

续表

公司代码	公司简称	公司全称	注册地址	A股上市日期（年.月.日）	所属行业	公司网址
300259	新天科技	新天科技股份有限公司	郑州高新技术产业开发区国槐街19号	2011.8.31	制造业	www.suntront.com
601717	郑煤机	郑州煤矿机械集团股份有限公司	郑州市经济技术开发区第九大街167号	2010.8.3	制造业	http://www.zzmj.com
600121	郑州煤电	郑州煤电股份有限公司	郑州市中原区中原西路188号	1998.1.7	采矿业	//www.zzce.com.cn
600020	中原高速	河南中原高速公路股份有限公司	郑州市郑东新区农业东路100号	2003.8.8	交通运输、仓储和邮政业	http://www.zygs.com
600222	太龙药业	河南太龙药业股份有限公司	郑州市高新技术产业开发区金梭路8号	1999.11.5	批发和零售业	http://www.taloph.com
600066	宇通客车	郑州宇通客车股份有限公司	郑州市管城回族区宇通路宇通工业园	1997.5.8	制造业	http://www.yutong.com

注：信息来源于上海证券交易所和深圳证券交易所，登记日期截至2013年12月31日。

参 考 文 献

[1] Amin A. Post-Fordism: A Reader[M]. Oxford: Blackwell, 1994.

[2] Amin A., Graham S. Transactions of the Institute of British[J]. Geographers, 1997(4): 411—429.

[3] Fagerberg J., Mowery D. C., Nelson R. R. The Oxford Handbook of Innovation[M]. Oxford: Oxford University Press, 2006.

[4] Audirac I. Stated preference for pedestrian proximity: an assessment of New Urbanist sense of community[J]. Journal of Planning Education and Research, 1999(1): 53—66.

[5] Bailly A. S. Producer Services research in Europe. Professional Geography, 1995(1): 70—74.

[6] Bar A. Social capital and technical information flows in the Ghanaian manufacturing sector[J]. Oxford Economic Paper, 2000(3): 539—559.

[7] Barber. Instant modernity[J]. The globe and mail, 2004(23): 1—3.

[8] Barnett J. Urban design as public police[M]. New York: Architectural Record Books, 1974.

[9] Batty M. New ways of looking at cities[J]. Nature, 1995(19): 574.

[10] Beauregard R. New urbanism: Ambiguous certainties[J]. Journal of Architectural and Planning Research, 2002(3): 181—194.

[11] Beaverstock J. V., Smith R. G., Taylor P. J. et al. Globalization and World Cities: Some Measurement Methodologies[J]. Applied Geography, 2000(1): 43—63.

[12] Bell D. The coming of post-industrial society: a venture in social

forecasting[M]. New York: Basic Books, 1973.

[13] Bell S., Paskins J. Imagining the Future City: London 2062[M]. London: iquity press, 2013.

[14] Boschma R., Martin R. Constructing an evolutionary economic geography[J]. Journal of Economic Geography, 2007(7): 537−548.

[15] Bourne L. S. Internal structure of the city[M]. New York: Oxford University Press, 1971.

[16] Breheny M. J. Sustainable development and urban form[M]. London: pion, 1992.

[17] Browning H. C., Singelmann J. Theemergence of a service society national technical information service [M]. Springfield: National Technical Information Service, 1975.

[18] Calthorpe P. The next American metropolis: ecology, community and the American dream[M]. New York: Princeton Architectural Press, 1993.

[19] Calthorpe P. The region. In: Katz P. The New Urbanism: towards an architecture ofcommunity[M]. New York: McGraw-Hill Inc, 1994.

[20] Castells M. The rise of the network society[M]. Malden Mass.: Blackwell Publishers, 1996.

[21] Castells M. Materials for an exploratory theory of the network society [J]. British journal of sociology, 2000(1):5−24.

[22] Clark D. Urban World, Global City[M]. London: Routledge Press, 1996.

[23] Coffey W. J. Producer Services research in Canada[J]. Professional Geography, 1995(1): 74−81.

[24] Coffey W. J. The geographies of Producer Services[J]. Urban Geography, 2000 (2):170−183.

[25] Coffey W. J., Drolet R., Polese M. The intrametropolitan location of high order services: Patterns, factors and mobility in Montreal[J]. Papers in Regional Science, 1996(3): 293—323.

[26] Coffey W. J., Polese M. Producer Services and Regional Development: A Policy-Oriented Perspective[J]. Regional Science Association, 1989(1):13—27.

[27] Coffey W. J., Shearmur R. G. Agglomeration and dispersion of high order services employment in the Montreal Metropolitan Region 1981—1996[J]. Urban Study, 2002(3):359—378.

[28] Commission of the European Communities (CEC). Green paper on the urban environment[C]. Brussels,1990.

[29] Cooke P., Asheim B., Boschma R., et al. Handbook of regional innovation and growth[M]. Cheltenham: Edward Elgar,2011.

[30] Cuthbert A. R. The form of cities: political economy and urban design [M]. Oxford: Blackwell Publishing Ltd,2006.

[31] Daniels P. W. Producer Services research in the United Kingdom[J]. Professional Geography,1995(1): 82—87.

[32] Dantzig G., Saaty T. Compact city: A plan for a livable urban environment[M]. San Francisco: Freshman,1973.

[33] Davis D. S., Kraus R., Naughton B., et al. Urban Space in temporary China[M]. Washington, D. C. and NY: Woodrow Wilson,1995.

[34] Derudder, B., Taylor, P. J., Ni, P. et al. Pathways of change: shifting connectivities in the world city network, 2000—2008[J]. Urban Studies, 2010(9):1861—1877.

[35] Downs A. New Visions for Metropolitan America[M]. Washington: The Brookings Institution and Lincoln Institution of Land Policy, 1994.

[36] DPZ., Speck J. The Rise of Sprawl and the Decline of the American

Dream[M]. New York: North Point Press, 2000.

[37] Duany A., Talen E. Transect Planning[J]. Journal of American Planning Association, 2002(3):245—266.

[38] Duany A., Talen E. Making the Good Easy: The Smart Code Alternative[J]. Fordham Urban Law Journal, 2002(4):1445—1468.

[39] Dunning J. H., Lundan, S. M. Multinational Enterprises and the Global Economy, Second Edition[M]. Cheltenham: Edward Elgar, 2008.

[40] Dutton J. A. New American Urbanism: Reforming the suburban metropolis[M]. NY: Abbeville Pub. Group, 2000.

[41] Elkin T, McLaren D. and Hillman M. Reviving the City: Towards Sustainable Urban Development[M]. London: Friends of the Earth, 1991.

[42] Euro Council. Euro new urbanism[EB/OL]. www. eurocouncil. net/id21-m. htm, 2003-10-05.

[43] Fagerberg J., Mowery D. C. Nelson R. R., et al. The Oxford handbook of innovation [M]. Oxford: Oxford University Press, 2006.

[44] Feng J., Y. X. Zhou. The social spatial structure of Beijing metropolitan area and its evolution: 1982—2000[J]. Geographical Research, 2003(4):465—483.

[45] Feng X., Fujiware A., Zhang J. Exploring sustainable urban forms for developing city based on new integrated model[J]. Journal of Transportation Systems Engineering and Information Technology, 2008.(5):50—60.

[46] Florida R. The Rise of the Creative Class: And How It's Transforming Work, Leisure, Community and Everyday Life[M]. New York: Basic Books, 2002.

[47] Florida R. The Flight of the Creative Class: the New Global Competition for Talent[M]. New York: Harper Business,2005.

[48] Foley L. D. An approach to metropolitan spatial structure. In: Webber M. M. et al. Exploration into urban structure[M]. Philadelphia: University of Pennsylvania Press,1964.

[49] Frey H. Designingthecity: towards a more sustainable urban form [M]. London: Routledge, 1999.

[50] Friedmann J. The World City Hypothesis[J]. Development and Change, 1986(17): 69—83.

[51] Fujita, M. , Krugman P. R. , Venables. The spatial economy: cities, regions and international trade[C]. Wiley Online Library,1999.

[52] Gaubatz P. China's urban Transition: patterns and processes of morphological change in Beijing, Shanghai and Guangzhou[J]. Urban Studies,1999(9):1495—1521.

[53] Gideon S. Golany. Ethics and Urban Design: Culture, Form, and Environment[M]. New York: John Wiley & Sons, Ltd,1995.

[54] Gilbert G. N. ,Troitzsch K. G. Simulation for the Social Scientist[M]. Buckingham: Open University Press,1999.

[55] Gillespie, A. E. , Green A. E. The Changing Geography of Producer Services Employment in Britain[J]. Regional Studies, 1987(5):397 —411.

[56] Giroir G. Gated communities, clubs in a club system: the case of Beijing (China)[EB/OL]. www. bristol. ac. uk/sps/ cnrpaperword/ gated/giroir. doc, 2004-08-20.

[57] Gottmann J. , Robert A. Harper. Metropolis on the Move: Geographers Look at Urban Sprawl[M]. New York: Wiley,1967.

[58] Grant J. Life with less sprawl: Japanese communities demonstrate designs for more compact living[J]. Alternatives Journal, 2000(3): 24.

[59] Grant J. Planning the good community: New urbanism in theory and practice[M]. Oxford: Taylor & Francis, 2006.

[60] Grant J., Saito H., Itoh K. The effects of administrative structure on planning outcomes: comparing Canada andJapan[J]. Faculty of Sociology Bulletin, 2002(1): 87-107.

[61] Greenfield H. I. Manpower and the Growth of Producer Services[M]. New York: Columbia University Press, 1966.

[62] Gu C. L., F. H. Wang G. L. Liu. The Structure of Space in Beijing in 1998: A socialist cityin Transition[J]. Urban Geography, 2005(2): 167-192.

[63] Gu C. L., F. H. Wang. Social Polarization and Segregation in Beijing[J]. Chinese Geographical Science, 2001(1): 17-26.

[64] Gu C. L., Kesteloot C. Beijing's socio-spatial structure in transition. In: Schnell & Ostendrof et al. Studies in segregation and desegregation[M]. UK: Ashgate, 2002.

[65] Hall P. Urban and Regional Planning[M]. London: Unwin and Hyman, 1975.

[66] Hall P. Modelling the Post-industrial City[J]. Future, 1997(4/5): 311-322.

[67] Hall P., Ward C. Sociable cities: the legacy of Ebenezer Howard[M]. New York: John Wiley & Sons, Ltd, 1998.

[68] Hall T., Hubbard P. The entrepreneurial city: geographies of politics, regime, and representation[M]. Chichester: John Willy and Sons, 1998.

[69] Han S. S., Qin B. The Spatial Distribution ofProducer Services in Shanghai[J]. Urban Studies, 2009(4): 877-896.

[70] Hansen N. The Strategic Role of Producer Services in Regional Development[J]. International Regional Science Review, 1994(1): 187-195.

[71] Harvey D. Social justice and city[M]. Baltimore: Johns Hopkins University Press, 1973.

[72] Harvey D. Limit to capital[M]. Oxford: Basil Blackwell and Chicago: University of Chicago Press, 1982.

[73] Harvey D. The new urbanism and the communitarian trap[M]. Harvard Design Magazine, Winter/Spring, 1997.

[74] Hipp C., ThetherB., Miles I. The Incidence and Effects of Innovation in Services[J]. International Journal of Innovation Management. 2000(4):47—54.

[75] Hiraoka N. Urban Spatial-cycle of Functional Urban Regions in Japan and the Coupled Oscillation Hypothesis[J]. Interdisciplinary Information Sciences, 1995(2):199—220.

[76] Illeris S., Sjoholt P. The Nordic countries: high quality service in a low density environment[J]. Progress in planning, 1995(2/3):205—221.

[77] Ingram G. K., Carbonell A., Hong Y H., et al. Smart growth policies: an evaluation of programs and outcomes[C]. Lincoln Institute of Land Policy, 2009.

[78] Jacobs W., Koster H., Hall P. The Location and Global Network Structure of Maritime Advanced Producer Services[J]. Urban Studies, 2011(13): 2749—2769.

[79] Jenks M., Burton, E., Williams, K. The Compact city: a sustainable urban form?[M]. London: E & FN Spon, 1996.

[80] Jiang F., Liu S., Yuan H., et al. Measuring urban sprawl in Beijing with geo-spatial indices[J]. Journal of Geographical Sciences, 2007(6): 469—478.

[81] Jim Yong Kim. One Group, Two Goals[EB/OL]. www.worldbank.org/en/news/speech, 2013-10-11.

[82] Katz P. The New Urbanism: Toward an Architecture of Community

[M]. New York: McGraw Hill Inc,1994.

[83] Kelbaugh D. S. Common Place: Toward Neighborhood and Regional Design[M]. Seattle: University of Washington Press,1997.

[84] Kogut, B. Designing global strategies: comparative and competitive value-added chains[J]. Sloan Management Review, 1985(4): 15—28.

[85] Krier R. Urban Space[M]. New York: Rizzoli, 1991.

[86] Krugman P. Growing world trade: causes and consequences, brookings, economic studies program [J]. The Brookings Institution,1995(26):327—377.

[87] Lefebvre H. , Nicholson D. The production of space[M]. Cambridge: Basic Blackwell Ltd,1991.

[88] Leung H-L. A New Kind of Sprawl[J]. Plan Canada,1995 (5):4—5.

[89] Logan J. The New Chinese City: Globalization and Market Reform [M]. Oxford: Blackwell Publishers, 2001.

[90] Ma L. J. C. Urban Transition in China, 1949—2000: a review and research agenda[J]. Environment and Planning A, 2002(34): 1545—1569.

[91] Machlup F. The Production and Distribution of Knowledge in the United States[M]. Princeton: Princeton University Press, 1962.

[92] Makse H. A. , Havlin S. , Stanley H. E. Modelling urban growth patterns[J]. Nature, 1995(377): 608—612.

[93] Malecki E. The Geography of Innovation. In: Fischer M. , Nijkamp P. Handbook of Regional Science [M]. New York: Springer Heidelberg, 2013.

[94] Marcuse P. The new urbanism: the dangers so far[J]. DISP, 2000 (14):4—6.

[95] Marcuse P. , Kampen R. V. Globalizing cities: a new spatial order

[M]. London: Blackwell, 2000.

[96] Markusen A. Sticky places in slippery space: a typology of industrial distinct[J]. Economic Geography,1996(72):293-313.

[97] Markusen J. R. Trade in producer services and in other specialized intermediate inputs[J]. American Economic Review, 1989(1):85-95.

[98] Marshall A. A principal of economics[M]. London: Macillan,1920.

[99] Marshall A. Suburb in Disguise[J]. Metropolis Magazine, 1995(16):70-71.

[100] Marshall J. N., Jaeger C. Service activities and uneven spatial developmentin Britain and its European partners: Development fallacies and new options[J]. Environment and Planning A, 1990(10):1337-1354.

[101] Martin P., Ottaviano G. Growth and agglomeration [J]. International Economic Review, 2001(4):947-968.

[102] Martinelli F. Branch plants and services underdevelopment in Peripheral regions: the case of Southern Italy. In Daniels P. W., Moulaert F. The changing geography of advanced producer services [M]. London: Blehaven,1991.

[103] McCann E. Neotraditional developments: The anatomy of a new urban form[J]. Urban Geography,1995(3): 210-233.

[104] Mills E. S. Book review of urban sprawl causes, consequences and policy responses[J]. Regional Science and Urban Economics, 2003(33):251-252.

[105] Moullaert F., Gallouj C. The Locational Geography of Advanced Producer Firms: the Limits of Economies of Agglomeration[J]. Service Industries Journal, 1993(2):91-106.

[106] Murphy R E. The Central Business District[M]. Chicago: Aldine-Atherton Inc, 1972.

[107] Mytelka L. K., Smith K. Policy learning and innovation theory: an interactive and coevolving process[J]. Res Policy, 2002(8/9):1467 −1479.

[108] Nelson A. C., Duncan J. B. Growth management principles and practices[M]. Chicago IL: America Planning Association, 1995.

[109] Nicolaides P. Services in Growing Economies and Global Markets [J]. Informal Workshops with Dynamic Asia Economies, 1990(3): 283−295.

[110] Northam R. M. Urban geography[M]. New York: John Wiley &Sons, Ltd,1975.

[111] ó hUalIacháin B., Leslie T. F. Producer services in the urban core and suburbs of Phoenix, Arizona[J]. Urban Studies, 2007(8):1581 −1601.

[112] Ochel W., Wegner M. Service Economy in Europe: Opportunities for Growth[M]. Boulder: Westview Press,1987.

[113] OECD. Promoting Innovation and Growth in Services[C]. OECD working paper DSTI/ STP/TIP, 1999.

[114] OECD. The contribution of business services to industrial performance: a common policy framework[C]. Office for Official Publications of the European Communities,1999.

[115] Pendall R. Do land−use controls cause sprawl[J]. Environment and Planning B: Planning and Design,1999(4):555−571.

[116] Petit P. Slow growth and service economy[M]. London: Bloomsbury Academic, 1986.

[117] Porter M E. The Competitive Advantage[M]. New York: Free Press,1985.

[118] Putnam R., Leonardi R., Nanetti R. Making democracy work: civic traditions in modern Italy[M]. Princeton: Princeton University Press,1993.

[119] Qiang C Z. China's information revolution: managing the economic and social Transition[M]. Washington, D. C. : World Bank,2007.

[120] Riddle D. Service-led Growth: the Role of the Service Sector in the World Development[M]. New York: Praeger Publishers,1986.

[121] Rogers R. Cities for a small planet[M]. London: Perseus,1998.

[122] Sassen S. The Global City[M]. Princeton: Princeton University Press,1991.

[123] Sassen S. Cities in the World Economy[M]. Pine Forge: Thousand Oaks, CA,1994.

[124] Sassen S. Location cities on global circuits[J]. Environment and Urbanization, 2002(14): 13—30.

[125] Saxenian, A. L. Regional advantage: Culture and competition in Silicon Valley and route 128 [M]. Cambridge, MA: Harvard University Press,1994.

[126] Scott A. New Industrial Spaces[M]. London: Pion,1988.

[127] Scott A. A World in Emergence: Notes toward a Resynthesis of Urban—Economic Geography for the 21st Century[M]. Routledge: Taylor Francis Group,2012.

[128] Scott A. , Agnew J. Soja E. , et al. Global City-Regions[M]. New York: Oxford University Press,2001.

[129] Soja E W. Post metropolis: critical studies of cities and regions[M]. New Jersey:Blackwell Publication Ltd, 2000.

[130] Soule D C. Defining and managing sprawl. Soule. D C. Urban Sprawl: A Comprehensive Reference Guide [M]. Westport: Greenwood Press,2006.

[131] StanbackT. M. The New Suburbanization: Challenge to the Central City[M]. Boulder: Westview Press,1991.

[132] Storper M. Keys to the City How Economics, Institutions, Social Interaction, and Politics Shape Development [M]. Princeton:

Princeton University Press, 2013.

[133] Storper M., Scott A. Pathways to Industrialization and Regional Development[M]. London: Routledge, 1992.

[134] Stull W., Madden J. Post-Industrial Philadelphia: Structural Changes in the Metropolitan Economy [M]. Philadelphia: University of Pennsylvania, 1990.

[135] Taylor, P. J. World City Network: A Global Urban Analysis[M]. London: Routledge, 2004.

[136] Tolley R & Turton B. Transport Systems, Policy and Planning-A Geographical Approach[M]. Longman Group Limited, 1995.

[137] UK Government. Sustainable Development: the UK Strategy. Cm. 2426[M]. London: HMSO, 1994.

[138] UNCTAD. World Investment Report[EB/OL]. www.unctad.org/wir. 2013.

[139] UN-Habitat. State of the World's Cities 2010/2011: Bridging the Urban Divide[M]. London: Sterling, VA, 2010.

[140] UN-habitat. World urbanization prospects: the 2014 revision[C]. 2014.

[141] Ward D. P., Murray A. T., Phinn S. R. A stochastically constrained cellular model of urban growth[J]. Computers, Environment and Urban Systems, 2000(6): 539-558.

[142] WCED. Our Common Future[M]. Oxford: Oxford University Press, 1987.

[143] Wei Y. H. D. Jia Y. J. The Geographical Foundations of Local State Initiatives: Globalizing Tianjin, China"[J]. Cities, 2003(2): 101-117.

[144] Wei Y. H. D. Leung C. K. Development zones, foreign investment, and global city formation in Shanghai[J]. Growth and Change, 2005 (1): 16-40.

[145] Wei Y. H. D. Li W. M. Reforms, Globalization, and Urban Growth in China[J]. Eurasian Geography and Economics, 2002(6): 401—417.

[146] Williams K., Burton E., Jenks M. Achieving Sustainable Urban Form[M]. London and New York: E&FN Spon, 2000.

[147] Wu F. Urban restructuring in China's emerging market economy: towards a framework for analysis[J]. International Journal of Urban and Regional Research, 1997(4): 640—663.

[148] Wu F. China's Changing Urban Governance in the Transition Towards a More Market-oriented Economy[J]. Urban Studies, 2002(7):1071—1093.

[149] Wu F. China's Emerging Cities: The Making of New Urbanism [M]. London:Routledge Press,2007.

[150] Wu F. Debate: Urbanization[N]. China Daily. 2010-08-16.

[151] Wu F. Urbanization and its discontents[N]. China Daily, 2012-02-06.

[152] Wu, F., Li Z. Socio-spatial differentiation: processes and spaces in subdistricts of Shanghai[J]. Urban Geography, 2005(2): 137—166.

[153] Yeh A G O., Li X. A constrained CA model for the simulation and planning of sustainable urban forms by using GIS[J]. Environment and Planning B: Planning and Design, 2001(5): 733—753.

[154] Zagler M. Producer services, Innovation and outsourcing in the new economy[M]. Mimeo: Firenze,2000.

[155] Zheng Yongnian. Globalization and State Transition in China[M]. Cambridge: Cambridge University Press,2004.

[156] Zimmerman, J. The "nature" of urbanism on the New Urbanist frontier: Sustainable development, or defense of the suburban dream? [J]. Urban Geography, 2001(3):249—267.

[157] 克拉克 G. L.,费尔德曼 M. P.,格特勒 M. S. 牛津经济地理学手册[M]. 刘卫东,王缉慈,李小建,等译. 北京:商务印书馆,2005.

[158] 庞特 J. 控制城市形态的可持续发展原则[J]. 于立,叶隽,译. 国外城市规划,2005(6):31-37.

[159] 联合国人居署. 全球化世界中的城市——全球人类住区报告2001[M]. 司然,译. 北京:中国建筑工业出版社,2004.

[160] 亚历山大 R. 卡斯比特. 城市形态——政治经济学与城市设计[M]. 孙诗萌,袁琳,翟炳哲,译. 北京:中国建筑工业出版社,2011.

[161] 柯布西耶 L. 明日之城市[M]. 李浩,译. 北京:中国建筑工业出版社,2009.

[162] 米歇尔·福柯. 另类空间[J]. 王喆,译. 世界哲学,2006(6):52-58.

[163] 布鲁格曼 J. 城变:城市如何改变世界[M]. 董云峰,译. 北京:中国人民大学出版社,2011.

[164] 彼得·卡尔索普.,威廉·富尔顿. 区域城市:终结蔓延的规划[M]. 叶齐茂,倪晓辉,译. 北京:中国建筑工业出版社,2006.

[165] 德鲁克 P. F. 大变革时代的管理[M]. 赵干城,译. 上海:上海译文出版社,1999.

[166] 霍普金斯 L. 都市发展:制定计划的逻辑[M]. 赖世刚,译. 北京:商务印书馆,2009.

[167] 因格鲁姆 G. K.,阿曼多·卡伯内尔. 精明增长政策评估[M]. 贺灿飞,邹沛思,尹薇,译. 北京:科学出版社,2011.

[168] 雅各布斯 J. 美国大城市的死与生[M]. 金横山,译. 北京:译林出版社,2006.

[169] 凯文·凯利. 失控:全人类的最终命运和结局[M]. 东西文库,译. 新星出版社,2010.

[170] 丝奇雅·萨森. 全球城市:纽约、伦敦和东京[M]. 周振华,译. 上海:上海社会科学出版社,2005.

[171] 索亚, E. W. 后大都市:城市和区域的批判性研究[M]. 李钧,译. 上海:上海教育出版社,2006.

[172] 特里 S. 索尔德,阿曼多·卡伯内尔. 理性增长:形式与后果[M]. 丁成日,译. 北京:商务印书馆,2007.

[173] 吉登斯 A. 第三条路:社会民主的更新[M]. 郑武国,译. 台北:联经出版事业公司,1999.

[174] 彼得·霍尔. 城市与区域规划(第四版)[M]. 邹德慈,李浩,陈熳莎,译. 北京:中国建筑工业出版社,2008.

[175] 埃比尼泽·霍华德. 明日的田园城市[M]. 金经元,译. 北京:商务印书馆,2000.

[176] 迈克·詹克斯,伊丽莎白·伯顿,凯蒂·威廉姆斯. 紧缩城市——一种可持续发展的城市形态[M]. 周玉鹏,龙洋,楚先锋,译. 北京:中国建筑工业出版社,2004.

[177] 泰勒 N. 1945 年后西方城市规划理论的流变[M]. 李白玉,陈贞,译. 北京:中国建筑工业出版社,2006.

[178] 艾少伟. 中国开发区技术学习通道研究[D]. 河南大学博士学位论文,2009.

[179] 包亚明. 后现代性与地理学的政治[M]. 上海:上海教育出版社,2001.

[180] 蔡辉,贺旭丹. 新城市主义产生的背景与借鉴[J]. 城市问题,2010(2):8—12.

[181] 蔡中为. 欧美国家城市化实践各具特色[N]. 中国社会科学报,2012-02-08.

[182] 曹小曙,阎小培. 经济发达地区交通网络演化对通达性空间格局的影响——以广东省东莞市为例[J]. 地理研究,2003(3):305—312.

[183] 曾菊新. 空间经济:系统与结构[M]. 武汉:武汉出版社,1996.

[184] 柴彦威,赵莹,刘云刚. 城市地理学研究方法的进展与展望[J]. 中国科学院院刊,2011(4):10—15.

[185] 柴彦威. 城市产业空间[M]. 北京:科学出版社,1999.

[186] 陈才. 区域经济地理学[M]. 北京:科学出版社,2001.

[187] 陈浩,张京祥,宋伟轩. 空间植入:大事件对城市社会空间演化的影响研究——以昆明为例[J]. 城市发展研究,2010(2):110−116.

[188] 陈佳贵. 我国进入工业化中期后半阶段[N]. 中国社会科学院院报,2007-09-02.

[189] 陈杰."汽车城"底特律不转型的教训[N]. 人民日报,2013-04-02.

[190] 陈前虎,徐鑫,帅慧敏. 杭州城市生产性服务业空间演化研究[J]. 城市规划,2008(8):48−52.

[191] 陈睿,吕斌. 城市产业空间增长模型研究的趋势、类型与方法[J]. 经济地理,2007(2):240−244.

[192] 陈维忠. 基于价值链视角的产业转移促进产业升级研究——以河南省为例[D]. 河南大学博士学位论文,2012.

[193] 陈蔚镇,郑炜. 城市产业空间形态演化中的一种效应分析:以上海市为例[J]. 城市规划,2005(3):27−33.

[194] 陈秀山,徐瑛. 中国制造业空间结构变动及其对区域分工的影响[J]. 经济研究,2008(10):104−116.

[195] 陈洋,李立勋,许学强. 1960年代以来西方城市蔓延研究进展[J]. 世界地理研究,2007(3):28−36.

[196] 陈一新. 中央商务区城市规划与实践[M]. 北京:中国建筑工业出版社,2006.

[197] 程大中. 生产者服务论——兼论中国服务业发展与开放[M]. 上海:文汇出版社,2006.

[198] 程开明. 城市自组织理论与模型研究新进展[J]. 经济地理,2009(4):540−544.

[199] 程永宏. 服务业就业比重与失业率的关系研究[J]. 中国软科学,2005(2):46−56.

[200] 仇保兴. 小企业集群研究[M]. 上海:复旦大学出版社,1999.

[201] 储金龙. 城市产业空间形态定量分析研究[M]. 南京:东南大学出

版社,2007.

[202] 崔功豪,魏清泉,刘科伟. 区域分析与区域规划[M]. 北京:高等教育出版社,1999.

[203] 崔宁. 重大城市事件对城市产业空间结构的影响[D]. 同济大学博士学位论文,2007.

[204] 单玉红,朱欣焰. 城市居住空间扩张的多主体模拟模型研究[J]. 地理科学进展,2011(8):956-966.

[205] 丁成日,孟晓晨. 美国城市理性增长理念对中国快速城市化的启示[J]. 城市发展研究,2007(4):120-126.

[206] 丁成日,宋彦,Gerrit Knaap,等. 城市规划与空间结构:城市可持续发展战略[M]. 北京:中国建筑工业出版社,2005.

[207] 丁成日. 中国城市的人口密度高吗?[J]. 城市规划,2004(8):43-48.

[208] 丁疆辉,宋周莺,刘卫东. 企业信息技术应用与产业链空间变化——以中国服装纺织企业为例[J]. 地理研究,2009(4):883-892.

[209] 段进. 城市产业空间发展论[M]. 南京:江苏科学技术出版社,1999.

[210] 段进. 城市形态研究与空间战略规划[J]. 城市规划,2003(2):45-48.

[211] 樊纲. 渐进改革的政治经济学[M]. 上海:上海远东出版社,1996.

[212] 樊杰,陈东. 珠江三角洲产业结构转型与空间结构调整的战略思考[J]. 中国科学院院刊,2009(2):138-144.

[213] 樊杰,蒋子龙,陈东. 空间布局协同规划的科学基础与实践策略[J]. 城市规划,2014(1):16-25.

[214] 方创琳,姚士谋,刘盛和,等. 2010 中国城市群发展报告[M]. 北京:科学出版社,2011.

[215] 方石玉. 大国软实力:生产性服务业国际转移的理论与实证研究[M]. 北京:经济科学出版社,2008.

[216] 冯健,周一星.1990年代北京市人口空间分布的最新变化[J].城市规划,2003(5):55—63.

[217] 冯健.杭州城市形态和土地利用结构的时空演化[J].地理学报,2003(3):343—353.

[218] 冯科,吴次芳,韩昊英.国内外城市蔓延的研究进展与思考:定量测度、内在机理及调控策略[J].城市规划学刊,2009(2):38—43.

[219] 冯雷.理解空间:现代空间观念的批判与重构[M].北京:中央编译出版社,2008.

[220] 付海英,郝晋珉,安萍莉,等.基于精明增长的城市空间发展方向分析——以山东省泰安市为例[J].资源科学,2007(1):63—69.

[221] 高建华,罗丽丽,张文信,等.河南省PRED系统分析评价与可持续发展研究.人文地理,2006(6):104—107.

[222] 高向东,郑敏,孙文慧.上海市人口结构空间分布的模型分析[J].中国人口科学,2006(3):61—66.

[223] 高向东.大城市人口分布变动与郊区化研究:以上海为例[M].上海:复旦大学出版社,2003.

[224] 高雪莲.超大城市产业空间形态的生成与发展机制研究[M].北京:经济科学出版社,2007.

[225] 高运胜.上海生产性服务业集聚区发展模式研究[M].北京:对外经济贸易大学出版社,2009.

[226] 顾朝林,张勤,蔡建明.经济全球化与中国城市发展——跨世纪中国的城市发展战略研究[M].北京:商务印书馆.1999.

[227] 顾朝林,甄峰,张京祥.集聚与扩散——城市空间结构新论[M].南京:东南大学出版社,2000.

[228] 顾朝林.产业结构重构与转移——长江三角洲地区及主要城市比较研究[M].南京:江苏人民出版社,2003.

[229] 顾朝林.长江干流地区建设国际性城市的条件和发展前景分析[J].城市发展研究,1995(4):37—41.

[230] 顾乃华.中国转型期服务业发展焦点问题实证研究[M].北京:经

济科学出版社,2011.

[231] 郭腾云,董冠鹏. 基于 GIS 和 DEA 的特大城市产业空间紧凑度与城市效率分析[J]. 地球信息科学学报,2009(8):482-490.

[232] 国际建协. 北京宪章[J]. 城市发展研究,1999(4):1-5.

[233] 何流,崔功豪. 南京城市产业空间扩展的特征与机制[J]. 城市规划汇刊,2000(6):56-59.

[234] 何琼峰,王良健. 理性增长十周年回顾及展望——以美国马里兰州为例[J]. 国际城市规划,2009(3):96-102.

[235] 侯百镇. 城市转型:周期、战略与模式[J]. 城市规划学刊,2005(5):1-11.

[236] 胡俊. 中国城市:模式与演进[M]. 北京:中国建筑工业出版社,1995.

[237] 黄少军. 服务业与经济增长[M]. 北京:经济科学出版社,2000.

[238] 黄玮. 空间转型和经济转型——二战后芝加哥中心区再开发[J]. 国外城市规划,2006(4):53-60.

[239] 黄宗智. 改革中的国家体制:经济奇迹和社会危机的同一根源[J]. 开放导报,2013(9):75-82.

[240] 蒋三庚. 北京 CBD 现代服务业发展问题及对策分析[J]. 北京市经济管理干部学院学报,2005(4):3-7.

[241] 金碚. 全球竞争新格局与中国产业发展趋势[J]. 中国工业经济,2012(5):5-17.

[242] 金碚. 中国工业的转型升级[J]. 中国工业经济,2011(7):5-15.

[243] 金祥荣. 多种制度变迁方式并存和渐进转换的改革道路[J]. 浙江大学学报,2000(4):138-145.

[244] 匡文慧,张树文,张养贞,等. 1900 年以来长春市土地利用空间扩张机理分析[J]. 地理学报,2005(5):841-850.

[245] 黎孔清,陈银蓉. 怎样有效控制城市蔓延——美国新城市主义的理念与实践[J]. 中国土地,2010(1):51-53.

[246] 李国平. 世界城市格局演化与北京建设世界城市的基本定位[J].

城市发展研究,2000(1):12-16.

[247] 李国平,杨军. 网络化大都市——杭州市域空间发展新战略[M]. 北京:中国建筑工业出版社,2008.

[248] 李恒. 开放型经济发展的动力机制与模式选择——以内陆省份为例[J]. 华中科技大学学报(社会科学版),2011(3):80-86.

[249] 李江,段杰. 基于GIS和空间句法的城市产业空间形态多尺度描述[J]. 华中师范大学学报,2004(3):383-397.

[250] 李江. 园区整合:产业空间重构的必然选择[J]. 经济地理,2008(4):578-581.

[251] 李江帆,毕斗斗. 国外生产性服务业述评[J]. 外国经济与管理,2004(11):16-19.

[252] 李江帆. 中国第三产业发展研究[M]. 北京:人民出版社,2005.

[253] 李开宇,张艳芳,杨青生. 基于CA模型的西安城市产业空间扩展模拟及误差分析[J]. 测绘科学,2011(5):106-109.

[254] 李琳. 多视角下的城市产业空间扩展与国内研究阶段性进展[J]. 现代城市研究,2008(3):47-55.

[255] 李少星,顾朝林. 全球化与国家城市区域空间重构[M]. 南京:东南大学出版社,2010.

[256] 李王鸣,潘蓉. 精明增长对浙江省城镇空间发展的启示[J]. 城市问题,2006(2):230-232.

[257] 李小建. 经济地理学[M]. 北京:科学出版社,1999.

[258] 李学鑫,田广增,苗长虹. 区域中心城市经济转型:机制与模式[J]. 城市发展研究,2010(4):26-32.

[259] 李彦军. 中国城市转型的理论框架与支撑体系[M]. 北京:中国建筑工业出版社,2011.

[260] 连玉明. 城市转型与城市竞争力[J]. 中国审计,2003(2):11-14.

[261] 梁鹤年. 精明增长[J]. 城市规划,2005(10):65-69.

[262] 梁进社. 经济地理学的九大原理[J]. 地理研究,2008(1):75-

84.

[263] 梁琦. 产业集聚论[M]. 北京:商务印书馆,2004.

[264] 廖桂贤. 遇见好城市[M]. 杭州:浙江大学出版社,2011.

[265] 林广,张鸿雁. 成功与代价——中外城市比较新论[M]. 南京:东南大学出版社,2000.

[266] 林毅夫,蔡昉,李周. 论中国经济改革的渐进式道路[J]. 经济研究,1993(9):3—11.

[267] 刘捷. 城市形态的整合[M]. 南京:东南大学出版社,2004.

[268] 刘君德,舒庆. 论行政区划、行政管理体制与区域经济发展战略[J]. 经济地理,1993(1):1—5.

[269] 刘君德,汪宇明. 制度与创新——中国城市制度的发展与改革新论[M]. 南京:东南大学出版社,2000.

[270] 刘志彪. 论以生产性服务业为主导的现代经济增长[J]. 中国经济问题,2001(1):10—17.

[271] 刘志玲,李江风,龚健. 城市产业空间扩展与"精明增长"中国化[J]. 城市问题,2006(5):17—20.

[272] 柳新. 中国快速城市化相当于每年建造一座芝加哥[EB/OL]. http://intl.ce.cn/specials/zxxx/201106/09/t20110609_22470765.shtml. 2011-06-09.

[273] 龙瀛,沈振江,毛其智,等. 基于约束性CA方法的北京城市形态情景分析[J]. 地理学报,2010(6):643—655.

[274] 陆剑宝,梁琦. 生产性服务业与制造业的空间与产业二重协同:研究述评与展望[J]. 中大管理研究,2012(2):106—119.

[275] 陆玉麒. 经济地理区位分析的思路与方法——以江苏省灌河口地区为例[J]. 地理科学进展,2009(2):301—306.

[276] 陆玉麒. 区域空间结构模式的发生学解释——区域双核结构模式理论地位的判别[J]. 地理科学,2011(9):1035—1042.

[277] 罗震东,张京祥. 发展环境转型与中国都市区空间增长战略重构[J]. 规划师,2007(9):76—80.

[278] 罗震东. 中国都市区发展:从分权化到多中心治理[M]. 北京:中国建筑工业出版社,2007.

[279] 吕斌,曹娜. 中国城市产业空间形态的环境绩效评价[J]. 城市发展研究,2011(7):38—46.

[280] 吕拉昌,魏也华,林初升. 中国城市地理研究的若干问题:海外学者的观点[J]. 人文地理,2006(2):67—71.

[281] 马国霞,朱晓娟,田玉军. 京津冀都市圈制造业产业链的空间集聚度分析[J]. 人文地理,2011(3):116—121.

[282] 吴缚龙,马润朝,吴京祥. 转型与重构:中国城市发展多维透视[M]. 南京:东南大学出版社,2007.

[283] 马祖琦. 从"城市蔓延"到"理性增长":美国土地利用方式之转变[J]. 城市问题,2007(10):86—95.

[284] 茅明睿. 规划行业微博人脉特征分析[J]. 北京规划建设,2013(5):54—62.

[285] 孟晓晨,王滔,王家莹. 北京市制造业和服务业空间组织特征与类型[J]. 地理科学进展,2011(2):186—197.

[286] 苗建军. 城市发展路径:区域性中心城市发展研究[M]. 南京:东南大学出版社,2004.

[287] 苗建军. 论区域性中心城市的发展道路[D]. 四川大学博士学位论文,2003.

[288] 苗长虹. 变革中的西方经济地理学:制度、文化、关系与尺度转向[J]. 人文地理,2004(4):68—76.

[289] 苗长虹. "产业区"研究的主要学派与整合框架:学习型产业区的理论建构[J]. 人文地理,2006(6):97—103.

[290] 苗长虹. 欧美经济地理学的三个发展方向[J]. 地理科学,2007(5):617—623.

[291] 倪鹏飞,Kresl P. 全球城市竞争力报告2011—2012[M]. 北京:社会科学文献出版社,2012.

[292] 倪鹏飞. 中国城市竞争力报告No.1[M]. 北京:社科文献出版社,

2003.

[293] 倪毅,冯健. 基于遥感和地理信息系统的经济发达地区城市产业空间形态重构[J]. 现代城市研究,2011(3):25-32.

[294] 宁越敏. 上海大都市区空间结构的重构[J]. 城市规划,2006(S1):44-45.

[295] 宁越敏. 世界城市的崛起和上海的发展[J]. 城市问题,1994(6):16-21.

[296] 覃成林,李红叶. 西方多中心城市区域研究进展[J]. 人文地理,2012(1):6-10.

[297] 覃成林. 国家区域发展战略转型与中部地区经济崛起研究[J]. 中州学刊,2006(1):59-63.

[298] 邱灵,申玉铭,任旺兵. 北京生产性服务业与制造业的关联及空间分布[J]. 地理学报,2008(12):1299-1310.

[299] 上海市经济委员会. 世界服务业重点行业发展动态[M]. 上海:上海科学技术文献出版社,2006.

[300] 沈丽珍. 流动空间[M]. 南京:东南大学出版社,2010.

[301] 盛洪. 中国的过渡经济学[M]. 上海:上海人民出版社,1994.

[302] 石敏俊,赵曌,金凤君. 中国地级行政区域市场潜力评价[J]. 地理学报,2007(10):1063-1072.

[303] 石忆邵,谭文垦. 从近域郊区化到远域郊区化:上海大都市郊区化发展的新课题[J]. 城市规划学刊,2007(4):103-107.

[304] 史雅娟,朱永彬,王发曾. 基于ROXY模型的中原城市群空间发展态势研究[J]. 地域研究与开发,2013(2):62-67.

[305] 史雅娟. 中原城市群空间格局的多中心网络化研究[D]. 河南大学博士学位论文,2013.

[306] 苏建忠,魏清泉,郭恒亮. 广州市的蔓延机理与调控[J]. 地理学报,2005(6):626-636.

[307] 孙素侠. 发展生产性服务业的问题及对策[N]. 光明日报,2013-09-08.

[308] 孙中伟,路紫. 流空间基本性质的地理学透视[J]. 地理与地理信息科学,2005(1):109—112.

[309] 谭婧,陶小马,陈旭. 基于改进熵值法的城市"精明增长"综合测度——以长江三角洲16市为例[J]. 长江流域资源与环境,2012(2):137—144.

[310] 唐子来,峦峰. 1990年代上海城市开发与城市结构重组[J]. 城市规划汇刊,2000(4):32—37.

[311] 田家欣. 企业网络、企业能力与集群企业升级[D]. 浙江大学博士学位论文,2007.

[312] 宛素春. 城市产业空间形态解析[M]. 北京:科学出版社,2004.

[313] 万强,钟栎娜. 西方城市设计与社会思潮的相互呼应[J]. 规划师,2007(1):87—89.

[314] 王昊,莫飞. 从美国新城市主义的角度看北京的郊区化趋势[J]. 国际城市规划,2005(6):44—48.

[315] 王鹤,董卫. 沈阳城市形态历史变迁研究[J]. 城市规划学刊,2011(1):112—118.

[316] 王缉慈. 创新的空间——企业集群与区域发展[M]. 北京:北京大学出版社,2001.

[317] 王家庭,张俊韬. 我国城市蔓延测度:基于35个大中城市面板数据的实证研究[J]. 经济学家,2010(10):56—62.

[318] 王伟光. 中原经济区核心增长极:大郑州都市区发展战略研究[M]. 北京:经济管理出版社,2010.

[319] 王新生,刘纪远. 中国特大城市产业空间形态变化的时空特征[J]. 地理学报,2005(3):392—400.

[320] 王兴平. 中国城市新产业空间:发展机制与空间组织[M]. 北京:科学出版社,2005.

[321] 王颖. 信息化城市的负面效应探析[J]. 城市规划汇刊,1998(3):62—63.

[322] 王铮,李国平,苗长虹,等. 中国城市与区域管理研究进展与展望

[J]. 地理科学进展,2011(12):1527-1533.

[323] 魏江. 知识密集型服务业的概念和分类研究[J]. 中国软科学,2007(1):33-41.

[324] 邬滋. 珠江三角洲地区专业化与制造业空间转移[J]. 亚太经济,2008(4):95-98.

[325] 吴殿廷,朱桃杏,鲍捷,等. 中国特色世界城市建设的空间模式和基本策略[J]. 城市发展研究,2013(5):98-104.

[326] 吴缚龙. 超越渐进主义:中国的城市革命与崛起的城市[J]. 城市规划学刊,2008(1):18-22.

[327] 吴缚龙. 市场经济转型中的中国城市管治[J]. 城市规划,2002(9):33-35.

[328] 吴启焰,陈辉,Belinda Wu,等. 城市产业空间形态的最低成本——周期扩张规律——以昆明为例[J]. 地理研究,2012(3):484-494.

[329] 吴启焰. 大城市居住空间分异研究的理论与实践[M]. 北京:科学出版社,2001.

[330] 吴唯佳. 中国特大城市地区发展现状、问题与展望[J]. 城市与区域规划研究,2009(3):85-103.

[331] 吴欣望,夏杰长. 知识密集型服务业与结构调整[J]. 财贸经济,2006(1):86-88.

[332] 吴志强,姜楠. 全球化理论的实证研究:上海城市土地开发空间布局的特征[J]. 城市规划汇刊,2000(4):38-46.

[333] 吴志强,肖建莉. 世博会与城市规划学科发展[J]. 城市规划学刊,2010(3):14-19.

[334] 吴志强. 重大事件:机遇和创新[J]. 城市规划,2008(12):9-11+48.

[335] 吴志强. 重大事件对城市规划学科发展的意义及启示[J]. 城市规划学刊,2008(6):16-19.

[336] 武进. 中国城市形态:结构特征与演变[M]. 南京:江苏科技技

出版社,1990.

[337] 夏杰长. 生产性服务业:打造中国产业升级版的"利器"[N]. 光明日报,2013-09-06.

[338] 夏书章,王枫云. 中国城市郊区化进程中的无序蔓延:表征、隐患及政府应对策略[J]. 行政论坛,2010(1):1-5.

[339] 肖荣波,丁琛. 城市规划中人口空间分布模拟方法研究[J]. 中国人口·资源与环境,2011(6):13-19.

[340] 谢守红,宁越敏. 城市化与郊区化:转型期都市空间变化的引擎——对广州的实证分析[J]. 城市规划,2003(11):24-29.

[341] 谢守红. 广州市人口空间分布变动与郊区化研究:兼与北京、上海的比较[J]. 人口与经济,2007(1):5-9.

[342] 徐斌. 五千年未有之大变局:城镇化进程推动中国经济转型[M]. 北京:中国经济出版社,2013.

[343] 许学强,姚华松. 百年来中国城市地理学研究回顾及展望[J]. 经济地理,2009(9):1412-1420.

[344] 轩敏收. 郑州市生产性服务业空间格局研究[D]. 河南大学硕士学位论文,2012.

[345] 薛领. 基于agent的商业中心地空间结构动态模拟[J]. 地理研究,2010(9):1659-1669.

[346] 薛领,翁瑾. 转型升级与区域服务业发展:理论、规划与案例[M]. 北京:北京大学出版社,2013.

[347] 闫水玉,王正,赵珂. 重庆云阳县城可持续的城市形态规划[J]. 城市规划,2010(6):75-79.

[348] 闫小培,林彰平. 20世纪90年代中国城市发展空间变异变动分析[J]. 地理学报,2004(3):445-453.

[349] 杨东峰,毛其智,龙瀛. 迈向可持续的城市:国际经验解读[J]. 国际城市规划,2010(1):49-57.

[350] 杨建涛,高建华,史雅娟. 基于PIL的中原城市群城镇化演进与态势研究[J]. 中国土地科学,2014(3):59-66.

[351] 杨乐平,张京祥. 重大事件项目对城市发展的影响[J]. 城市问题, 2008(2):11-15.

[352] 杨汝万. 全球化背景下的亚太城市[M]. 北京:科学出版社,2004.

[353] 杨小凯,张永生. 新古典经济学和超边际分析[M]. 北京:中国人民大学出版社,2000.

[354] 杨治. 产业经济学导论[M]. 北京:中国人民大学出版社,1985.

[355] 姚士谋,陈振光,朱英明. 中国城市群[M]. 合肥:中国科学技术大学出版社,2006.

[356] 姚士谋,王成新,朱振国. 城市地理研究新的领域思考[J]. 经济地理,2003(5):625-629.

[357] 姚士谋,朱振国,陈爽,等. 香港城市产业空间扩展的新模式[J]. 现代城市研究,2002(2):61-64.

[358] 姚士谋. 中国大都市的空间扩展[M]. 合肥:中国科技大学出版社,1998.

[359] 姚洋. 人的城市化[EB/OL]. www.chinareform.org.cn/area/city/Practice/201104/t20110402_105276.htm. 2011-04-02.

[360] 叶嘉安,宋小冬,钮心毅,等. 地理信息与规划支持系统[M]. 北京:科学出版社,2006.

[361] 叶强,谭怡恬,谭立力. 大型购物中心对城市商业空间结构的影响研究——以长沙市为例[J]. 经济地理,2011(3):426-431.

[362] 殷洁,张京祥,罗小龙. 基于制度转型的中国城市产业空间结构研究初探[J]. 人文地理,2005(3):59-62.

[363] 于英. 城市产业空间形态维度的复杂循环研究[D]. 哈尔滨工业大学博士学位论文,2009.

[364] 余颖,扈万泰. 紧凑城市——重庆都市区空间结构模式研究[J]. 城市发展研究,2004(4):59-63.

[365] 俞孔坚,李迪华,韩西丽. 论"反规划"[J]. 城市规划,2005(9):64-69.

[366] 张京祥,罗震东,何建颐. 体制转型与中国城市产业空间重构[M].

南京:东南大学出版社,2007.

[367] 张京祥,吴缚龙,马润潮. 体制转型与中国城市产业空间重构:建立一种空间演化的制度分析框架[J]. 城市规划,2008(6):55—60.

[368] 张京祥. 城市群体空间组合[M]. 南京:东南大学出版社,2000.

[369] 张丽娟,李文亮,刘栋,等. 哈大齐工业走廊土地利用空间变化动态模拟[J]. 地理科学进展,2011(9):1180—1186.

[370] 张庭伟,王兰. 从CBD到CAZ:城市多元经济发展的框架需求与规划[M]. 北京:中国建筑工业出版社,2010.

[371] 张庭伟,吴浩军. 转型的足迹:东南亚城市发展与演变[M]. 南京:东南大学出版社,2008.

[372] 张庭伟. 1990年代中国城市产业空间结构的变化及其动力机制[J]. 城市规划,2001(7):7—14.

[373] 张庭伟. 当代美国规划研究与芝加哥经济转型[J]. 国外城市规划,2006(4):1—5.

[374] 张庭伟. 全球转型时期的城市对策[J]. 城市规划,2009(5):9—22.

[375] 张文忠. 大城市服务业区位理论及其实证研究[J]. 地理研究,1999(3):273—281.

[376] 张雯. 美国的"精明增长"发展计划[J]. 现代城市研究,2001(5):19—22.

[377] 张中华,张沛,王兴中,等. 国外可持续性城市产业空间研究的进展[J]. 城市规划学刊,2009(3):99—107.

[378] 赵和生. 城市规划与城市发展[M]. 南京:东南大学出版社,1999.

[379] 赵燕菁. 高速发展与空间演进:深圳城市结构的选择及其评价[J]. 城市规划,2004(6):32—42.

[380] 甄峰,王波,陈映雪. 基于网络社会空间的中国城市网络特征——以新浪微博为例[J]. 地理学报,2012(8):1031—1043.

[381] 郑国. 北京市制造业空间结构演化研究[J]. 人文地理,2006(5):

84—88.

[382] 郑国. 城市发展阶段理论研究进展与展望[J]. 城市发展研究, 2010(2):83—87.

[383] 郑莘,林琳. 1990年以来国内城市形态研究述评[J]. 城市规划, 2002(7):59—64.

[384] 郑蔚,梁进社,张华. 中国省会城市紧凑程度综合评价[J]. 中国土地科学,2009(4):11—17.

[385] 郑永年. 全球化与中国国家转型[M]. 杭州:浙江人民出版社,2009.

[386] 钟韵,闫小培. 我国生产性服务业与经济发展关系研究[J]. 人文地理,2003(5):46—51.

[387] 周春山. 城市产业空间结构与形态[M]. 北京:科学出版社,2007.

[388] 周维颖. 新产业区演进的经济学分析[M]. 上海:复旦大学出版社,2004.

[389] 周伟林,吴建峰,郝前进. 中国城市化:精明增长势在必行[N]. 中国社会科学报,2012-02-08.

[390] 周一星. 21世纪中国世界城市展望[J]. 管理世界,2000(3):18—25.

[391] 周一星. 主要经济联系方向论[J]. 经济地理,1998(2):22—25

[392] 周振华,陈向明,黄建富. 世界城市——国际经验与上海发展[M]. 上海:上海社会科学院出版社,2004.

[393] 朱传耿. 跨国公司空间结构研究[D]. 南京大学博士学位论文,2002.

[394] 朱铁臻. 城市转型与创新[J]. 城市,2006(6):3—5.

[395] 朱喜钢. 城市产业空间集中与分散论[M]. 北京:中国建筑工业出版社,2002.

[396] 邹德慈. 城市规划导论[M]. 北京:中国建筑工业出版社,2002.

[397] 左学金. 世界城市产业空间转型与产业转型比较研究[M]. 北京:社会科学文献出版社,2011.

后　　记

　　白驹过隙,时光飞逝。在美丽的八朝古都开封,在辉煌的百年名校河南大学,我度过了人生中重要的十年。自博士毕业已然三个春秋,幸运的是仍徜徉在母校河大园中,这里文化积淀深厚、学术氛围浓郁、优秀人才辈出。在各位领导和师友的帮助下,经过不断修改与完善,博士论文得以出版。这本拙作如今呈于大家面前,实赖许多人的支持与协助。首先要感谢恩师高建华教授,是他带领我走上了学术研究的道路。高老师博大的胸襟、严谨的态度,以及对学生慈父般的关怀与指导,令我非常感动。同样要感谢恩师苗长虹教授,苗老师对理论知识的挖掘、研究问题的视角以及独到的见解,着实令人钦佩,给了我不断前行的动力。还要感谢中原发展研究院院长耿明斋教授,耿老师给了我不断钻研、潜心学术的宽阔平台,他渊博的知识、丰硕的成果和大家风范令人叹服,使我受益匪浅。从学生到学术,能追随三位老师的步伐不断前行,我感到无比骄傲!在书稿写作和调研的过程中还得到了环境与规划学院、黄河文明与可持续发展研究中心各位领导老师的关心与照顾,感谢在论文开题、答辩中给予我指导的各位专家学者,感谢河南大学出版社董庆超老师,感谢所有在背后默默支持我的朋友们。对于以上诸位,在此谨致我由衷的谢意。受限于个人能力以及对相关问题的认识,疏漏舛误之处恐在所难免,尚祈大家惠予指正。

杨建涛
2018 年 6 月